Willi Näf

Seit ich tot bin, kann ich damit leben

WILLI NÄF

SEIT ICH TOT BIN, KANN ICH DAMIT LEBEN

GEISTREICHE RÜCKBLICKE INS DIESSEITS

adeo

Inhalt

Zeittafel 6

Danke 8

Sie waren nett. Fast alle. 9

Alice von Battenberg, 1885 – 1969 11
Schwiegermutter von Queen Elizabeth II.
»Das Rauchen habe ich erst bei meinem Tod aufgegeben.«

Lutz Baumgartner, 1909* (Todesdatum nicht bekannt) 41
Zuständig für die Hinrichtung von Dietrich Bonhoeffer
»Verabscheuen Sie mich?«

Winston Churchill, 1874 – 1965 71
Versager und Staatsmann
»Ich war ein Befürworter der Wahrheit, wo immer sie Sinn machte.«

Mary Ann Graves, 1826 – 1891 85
Überlebende des Dramas am Donnerpass
»Ich habe jeden Herbst geweint, wenn der erste Schnee fiel.«

Elisabeth Christ Trump, 1880 – 1966 113
Deutsche Auswanderin
»Humor ist Firlefanz.«
»Zweite Wahl zu sein war schon als Kind meine Hauptbeschäftigung.«
(Frederick Crist Trump Jun., 1938 – 1981)

James Bedford, 1893 – 1967 147
Der Mann, der sich als Erster tiefgefrieren ließ
»So wahr ich hier mit Ihnen spreche!«

Charles A. Lindbergh Jun., 1930 – 1932 167
Opfer der Medien
»Ich habe meinen Tod gar nicht mitbekommen.«

Katharina Morel, 1790 – 1876 215
Gastgeberin und Unternehmerin in der Fremde
»Die blöde Klarinette hätte ich schon viel früher versetzt.«

Sarah Forbes Bonetta, 1843 – 1880 247
Queen Victorias »little negro princess»
»Ich dachte, die Engländer sind weiß, weil der Nebel die Haut bleicht.«

Bonustrack:
Gespräch mit Maria von Nazareth, ca. 17 v. Chr. 273
»Ich heiße Maria und du darfst mich duzen.«

Quellen 283

| 1790 | 1815 | 1840 | 1860 |

Mary Ann Graves · 1826 – 1891

Katharina Morel · 1790 – 1876

Sarah Forbes Bonetta · 1843 – 1880

1890   1930   1955   1981

Alice von Battenberg · 1885 – 1969

Lutz Baumgartner · 1909 – ?

Dietrich Bonhoeffer
1906 – 1945

Winston Churchill · 1874 – 1965

Elizabeth Christ Trump · 1880 – 1966

Freddy Crist Trump Jun. · 1938 – 1981

Dr. James Bedford · 1893 – 1967

Charles A. Lindbergh Jun. · 1930 – 1932

Danke

Danke, Andreas Malessa. Dass du meine Buchidee von der Schweiz nach Deutschland getragen und Annette Friese davon erzählt hast. Und dass ich von dir immer wieder lerne.

Danke, Annette Friese von elayz. Dass du Andreas Malessa geglaubt hast. Mich angerufen hast. Mehr über die Buchidee wissen wolltest. Und sie mit deiner ganzen Begeisterung zu adeo gebracht und begleitet hast.

Danke, Sarah Koller, Renate Hübsch und dem Team beim adeo Verlag. Da steckt viel Liebe drin!

Danke, Rebekka, meine Frau. Da steckt auch viel Liebe drin. Und Geduld, wenn ich nächtelang versuchte, aus drei widersprüchlichen Angaben die am wenigsten falsche zu ermitteln. Und erst das Augenrollen, wenn ich in der Woche darauf den ganzen Absatz rausgekippt habe.

Danke Dominique und Leonie, meine Töchter. Für alle Ermunterung, fürs Zuhören, fürs Gegenlesen. Ich bin stolz auf euch.

Danke meinen verblichenen Interviewpartnerinnen und -partnern. Dass ihr nicht sauer seid, falls ich was geschrieben haben sollte, das ihr so nicht gesagt habt – und anders auch nicht.

Danke dir, meiner Leserin und meinem Leser. Dieses Buch habe ich extra für dich geschrieben. Und für einen prima Mitmenschen deiner Wahl. Damit du ein zweites Exemplar kaufen und ihm schenken kannst. Und wenn das ganz irre viele tun, dann kann ich noch eins schreiben. Extra für euch zwei tolle Mitmenschen.

Willi Näf

Sie waren nett. Fast alle.

»Gespräche mit Verstorbenen«, werden Sie sagen, »okay, sonst noch was?«

Ja, ich gebe zu, die Interviews fanden unter krass ungeklärten Umständen statt. Aber was wahrhaft lebensecht ist, hat ja wohl nicht auch noch Tatsächlichkeit nötig?

Eben, Sie sagen es.

Nicht, dass ich alles selbst erfunden hätte. Vieles habe ich auch selbst abgekupfert. Eiskalt, aber pingelig. Die Porträts orientieren sich am für mich greifbaren Wissen über die Gesprächspartnerinnen und Gesprächspartner. Und in den Interviews waren sie so nett, mir Jahrzehnte nach ihrem Abgang neue Blickwinkel auf ihr Leben zu eröffnen, auf das Ernsthafte im Komischen zu verweisen und dabei auch das Skurrile im Gravierenden nicht zu vergessen. Und das taten sie postmortal reflektiert und überaus erhellend. Und nett. Fast alle. Meistens.

Und ja, die Menschlein auf diesem Planeten sind wohl alle irgendwie miteinander verwandt. Ein grauenhafter Gedanke. Da hilft nur Augenzwinkern. Anhaltend. Lebenslang.

Willi Näf

Alice von Battenberg · 1885 – 1969

Schwiegermutter von Queen Elizabeth II.

Die alte Queen Victoria wiegt ein winziges Baby in ihren Armen. Es ist ihre deutsche Urenkelin und erst einige Stunden alt. Die Queen weiß nicht, dass das Kind gehörlos ist. Dass es das wohl verrückteste Leben in der Geschichte des deutsch-englischen Adels hinlegen wird. Dass es im Buckingham Palace sterben wird. Als Nonne, als Kettenraucherin und als Schwiegermutter der Ururenkelin von Queen Victoria, Queen Elizabeth II.

Alice kommt ganz schön auf die Welt. Im Gobelin-Zimmer. Auf Schloss Windsor. Man schreibt den 25. Februar 1885, es ist 16.40 Uhr, die Geburt ist schwer, und die frisch gegarte Frau Mama, Prinzessin Viktoria, Enkelin von Queen Victoria, ist ziemlich fertig.

Prinzessin Viktoria von Hessen-Darmstadt und Prinz Ludwig von Battenberg sind zwar beide in Darmstadt aufgewachsen, aber Ludwig ist zur britischen Marine gegangen und Brite geworden. Das Paar lebt auf Schloss Heiligenberg bei Darmstadt sowie in seinen Häusern in England. Die von Battenbergs sind oft unterwegs, ihre adeligen Verwandten in ganz Europa sorgen schließlich immerfort für Hochzeiten, Taufen, Krönungen und Beerdigungen.

Mit etwa vier Jahren erweist Alice sich als so gut wie gehörlos. Verdickungen der Eustachi-Röhre werden erst Jahrzehnte später heilbar sein. Mama Viktoria wird klar, dass ihre Tochter lernen muss, von den Lippen zu lesen. Auf Deutsch und Englisch. Sie hält die Familie an, keine Zugeständnisse zu machen und sich stets normal zu unterhalten.

Alice und Andreas

Alice gilt als attraktiv. »Sie hat das perfekteste kleine Gesicht, diese schönen braunen Augen und dunklen Augenbrauen!«, schwärmt ihre Tante Victoria, genannt Vicky, die Witwe des deutschen Kaisers Friedrich III. »Für Alice ist kein Thron in Europa zu gut«, findet auch ihr Onkel Albert Edward, genannt Bertie, der Dandy der Familie, der dem Glücksspiel so wenig abgeneigt ist wie alten Whiskeys und jungen Frauen.

1902 segnet Queen Victoria das Zeitliche, und Dandy Bertie besteigt den Thron. Am Fest zur Krönung entdeckt die siebzehnjährige Prinzessin Alice ihren Prinzen, den vierten Sohn von König Georg I. und Olga von Griechenland, Andreas.

Die Hochzeit wird auf den 7. Oktober 1903 festgesetzt, damit der russische Zar noch mit dem österreichischen Kaiser auf die Jagd gehen kann. Von der beeindruckenden Trauung zu Darmstadt wird man später sagen, es sei das letzte große Familientreffen der europäischen Adelshäuser vor dem Ersten Weltkrieg gewesen.

Das deutsche Königshaus von England
Jahrhundertelang verheiraten Königshäuser ihre Prinzessinnen und Prinzen untereinander. Liebe ist hilfreich, Einfluss ist wichtiger. Doch verschwägert ist weder verbrüdert noch verschwestert, und die friedensfördernde Wirkung der arrangierten Ehen ist überschaubar.
Im Ersten Weltkrieg geraten dem englischen Königshaus Sachsen-Coburg und Gotha die deutschen Wurzeln zur Hypothek. Als deutsche Bomber des Typs Gotha G.IV. London angreifen, legt König Georg V. den Namen Sachsen-Coburg und Gotha demonstrativ nieder und benennt seine Dynastie nach dem königlichen Schloss südwestlich Londons im Städtchen Windsor. Es ist die Geburtsstunde der »Windsors«.
Weitere deutschstämmige Adelige anglisieren ihre Familiennamen, und Prinz Ludwig von Battenberg nennt sich fortan Louis Mountbatten. Bei der Hochzeit von Thronfolgerin Elizabeth und Prinz Philip 1947 finden mit den Windsors und den Mountbattens zwei ursprünglich deutsche Geschlechter zusammen.

Alice' neues Zuhause, der Palast in Athen, ist riesig, kalt und wenig komfortabel. Doch König Georg I. und Olga geben ihr Bestes, ihrer Schwiegertochter ein warmes Nest zu bereiten. Griechisch ist für Alice eine Fremdsprache, und die Athener Lippen, die sie lesen lernen muss, verstecken sich oft genug unter stolzen Schnurrbärten. Aber die junge Frau ist entschlossen, Griechenland zu ihrer Heimat zu machen.

Stammbaum des Hauses Windsor

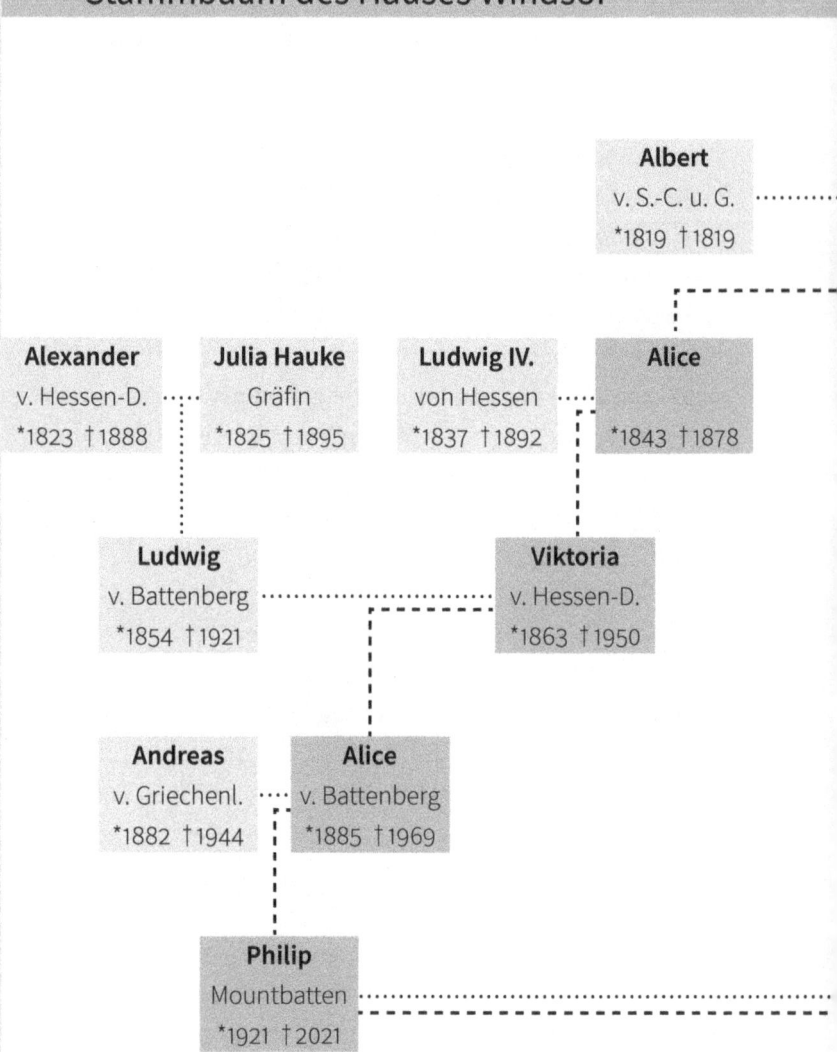

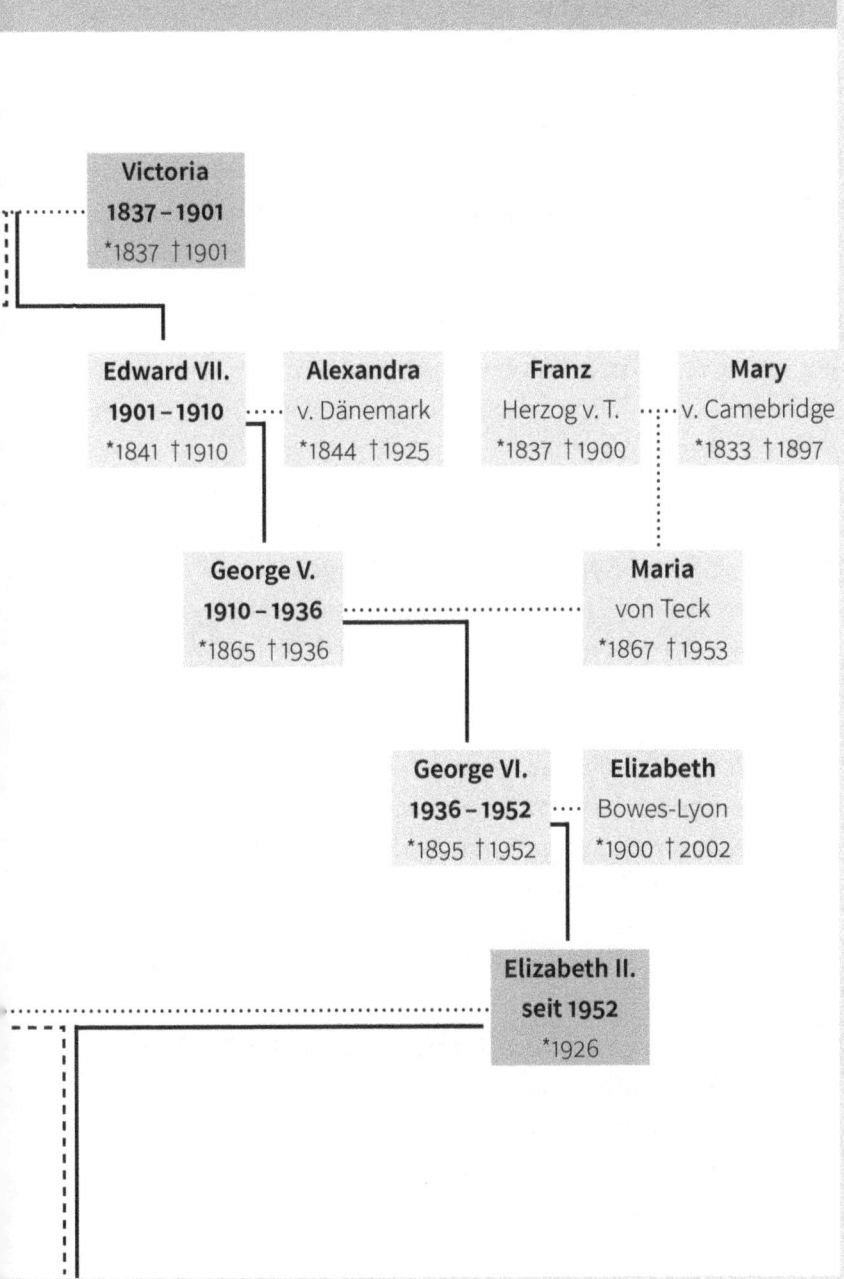

Victoria
1837 – 1901
*1837 †1901

Edward VII.
1901 – 1910
*1841 †1910

Alexandra
v. Dänemark
*1844 †1925

Franz
Herzog v. T.
*1837 †1900

Mary
v. Camebridge
*1833 †1897

George V.
1910 – 1936
*1865 †1936

Maria
von Teck
*1867 †1953

George VI.
1936 – 1952
*1895 †1952

Elizabeth
Bowes-Lyon
*1900 †2002

Elizabeth II.
seit 1952
*1926

Als Offizier der griechischen Armee ist Andreas oft monatelang abwesend. Alice engagiert sich in der Fürsorge und bringt zwischen 1905 und 1914 vier Töchter zur Welt: Margarita, Theodora, Cécile und Sophie.

Zu den Traditionen, die Alice' neue Heimat Griechenland liebevoll pflegt, gehören regelmäßige Unruhen. Regierungen und Launen kommen und gehen, mit ihrem Königshaus pflegen die Hellenen einen spontan-rustikalen Umgang. 1909 wird Alice' Schwiegervater, König Georg I., von seinen Offizieren gezwungen, alle Prinzen aus der Armee zu entlassen, darunter auch Andreas. Drei Jahre später steht ein Krieg an – der erste Balkankrieg –, und die Prinzen werden wieder in Betrieb genommen.

Alice arbeitet in Krankenhäusern und Feldlazaretten. »Mein Gott, was sah ich!«, schreibt sie an ihre Mutter: »Zerschmetterte Arme, Beine und Köpfe, schreckliche Anblicke – und all diese Gräulichkeiten drei Tage und drei Nächte lang verbinden zu müssen. In den Korridoren überall Blut und weggeworfene Verbände, kniehoch.«

> »Es würde dich stolz machen zu hören, wie jeder von Prinzessin Alice spricht. Sie hat Wunder getan. Wo immer sie arbeitete, hat sie ein gut organisiertes Krankenhaus hinterlassen. Sie ist sehr dünn, sagt aber, dass es ihr gut geht.«
> Brief von Zofe Nona Kerr an Alice' Mutter Viktoria während des ersten Balkankrieges 1912

1913 wird der König erschossen. Prinz Andreas' ältester Bruder Konstantin folgt ihm auf den Thron. Andreas erbt Mon Repos auf Korfu. Das Schlösschen am Meer mit seinem 25 Hektar großen Park wird zu einem neuen Zuhause der Familie.

Akropolis adieu

Im Ersten Weltkrieg zieht es Premierminister Venizelos auf die britische Seite. König Konstantin mit seinen deutschen Wurzeln setzt auf Neutralität, verliert aber den Machtkampf gegen den Premierminister und muss 1917 ins Exil. Andreas, Alice und ihre vier Töchter folgen der Sippe in die beschauliche Schweiz. Nach drei Jahren voller Tumulte wollen die Griechen ihren König zurück. Konstantin zieht wieder nach Athen in den Palast und Alice und Andreas mit ihrer Familie wieder nach Korfu.

1921 zieht Konstantin gegen die Türken in den Krieg. Auch Prinz Andreas muss an die Front. Am Tag nach seiner Abreise, dem 9. Juni 1921, bringt Alice auf dem Esszimmertisch auf Korfu ihr letztes Kind zur Welt, Prinz Philip.

Der Krieg gerät zur griechischen Tragödie. Der Niederlage folgt ein Staatsstreich, Konstantin muss erneut seine Sachen packen, das Revolutionskomitee sucht Schuldige für das Desaster und verhaftet Offiziere. Am 3. Dezember 1922 wird Andreas wegen Landesverrats und Befehlsverweigerung verurteilt und in die Verbannung geschickt. Ein englisches Kriegsschiff bringt die Familie außer Landes. Den kleinen Philip legt Alice mangels eines Kinderbettes in einer Orangenkiste schlafen.

In England ist Andreas aufgrund innenpolitischen Drucks nicht willkommen, doch die Familie findet Unterschlupf in Paris. Alice wird wieder einmal eine neue Sprache von den Lippen lesen lernen müssen.

Alice wird verrückt

Das Häuschen in Paris Saint-Cloud ist klein und hübsch, aber die Stimmung bleibt trüb. Die Familie lebt von Zuwendungen von Alice' jüngstem Bruder Dickie und seiner Frau Edwina. Andreas sitzt mit anderen Exilgriechen in Restaurants und diskutiert frustriert über Politik. Alice verkauft in einem griechischen Laden im Faubourg

St. Honoré Kunst und Stickereien und sammelt Geld für griechische Expatriierte.

Eigentlich schwebt Alice ja Größeres vor. In ihrem Andreas sieht sie den Präsidenten einer neuen griechischen Republik. Eifrig verschickt sie entsprechende Schreiben an Politiker, Diplomaten und Vertreter des Völkerbundes. Man lässt sie freundlich abblitzen. »Die Prinzessin ist offensichtlich von ihren Hoffnungen mitgerissen und liest ihre eigenen Gedanken in andere hinein«, kommentiert der englische Staatssekretär Sir Eric Drummond.

Im wenig anregenden Pariser Exil kehrt bei Alice eine Leidenschaft zurück, die bereits im genauso wenig anregenden Schweizer Exil zutage getreten war: Spiritismus. Mit Gleichgesinnten übt sie Gläserrücken und empfängt göttliche Botschaften zu möglichen Ehemännern für ihre Töchter.

Der Geisteszustand ihrer Tochter bereitet Victoria Sorgen. 1930 nimmt sie die Fäden in die Hand und lässt Alice in das Sanatorium Schloss Tegel in Berlin überweisen. Eine von Alice' Zofen erzählt Chefarzt Dr. Ernst Simmel, die Prinzessin habe Jahre zuvor eine tiefe Leidenschaft für einen Engländer empfunden, aber nicht ausleben können. Alice selbst schweigt sich aus. Simmel konsultiert Dr. Sigmund Freud, der mit Simmels beipflichtendem Kopfnicken die Diagnose stellt: paranoide Schizophrenie, mitverursacht durch sexuelle Frustration aufgrund einer nicht ausgelebten Leidenschaft.

Sigmund Freuds rabiates Prozedere wird die Mediziner Jahrzehnte später empören: starke Röntgenbestrahlung der Eierstöcke. Ob Alice zustimmt, ist nicht bekannt. Nach acht Wochen im Sanatorium entlässt die bestrahlte Prinzessin sich selbst; sie sei fit und gesund. Mutter Victoria sieht schwarz: »Ihre Wahnvorstellungen sind immer noch da.«

Anfang Mai 1930 treffen sich Victoria, Alice und die Kinder wieder einmal in Darmstadt. Victoria nimmt ihre Enkelkinder mit auf einen Ausflug. Als sie wieder nach Hause kommen, ist Alice verschwunden. Sie sitzt im Fond des Autos von Onkel Ernie, ruhiggestellt mit reichlich Betäubungsmitteln, und ist unterwegs durch den Schwarzwald in Richtung Süden. Ihr Betreuer ist Professor Karl Wilmanns aus Heidelberg, ein nach eigenen Worten hartgesottener Fachmann im Geschäft mit schwierigen Transfers. Der Transfer von Alice ist in der Tat schwierig: Sie hatte sich geweigert, mitzukommen, und Wilmanns musste Gewalt anwenden, um ihr eine Injektion mit Morphium-Scopolamin zu verabreichen.

Nach siebenstündiger Fahrt erreichen Entführer und Entführte spätabends ihr Ziel, das noble Sanatorium Bellevue bei Kreuzlingen in der Schweiz.

… und weggesperrt

Alice ist wütend. Chefarzt Dr. Ludwig Binswanger will sie nicht gehen lassen. Im Juni entschuldigt sie sich mittels Postkarte traurig bei ihrem Jüngsten, Philip, dass sie seinen neunten Geburtstag verpasst hat. Sie rechnet mit ihrer Abberufung, verschenkt ihren Reisepass, verfasst Abschiedsbriefe und legt sich ins Bett. Dann wieder schreibt sie hingebungsvoll krude Briefe an Zeitungsredaktionen oder Politiker und informiert auch Dr. Binswanger ausgiebig schriftlich über seine Defizite in spirituellen Fragen.

Kurz nach ihrem 46. Geburtstag fragt Alice ihn nach ihren Rechten als Patientin. Binswanger gesteht ihr, dass er nicht berechtigt sei, sie festzuhalten. Das zu entscheiden, obliege ihrer Familie. Jetzt erst begreift Alice, wer sie entführen ließ – ihre eigene Mutter. Und das mit dem Einverständnis von Andreas, der mittlerweile als resignierter »Privatier« in Cannes und Monaco lebt. Der zehnjährige Prinz Philip pendelt in den Internatsferien zwischen Großmutter Victoria im Kensington-Palast, Onkel Georgie in Berkshire und seinen vier älteren Schwestern, die mittlerweile alle mit deutschen Adeligen verheiratet sind.

Manchmal ist Alice so lethargisch, dass sie kaum aus dem Bett kommt und sich in einem Rollstuhl herumschieben lässt. Phasenweise ist sie selbstmordgefährdet. Dann wiederum trägt sie Kleider mit tiefem Ausschnitt und ist entzückt, die Braut Gottes zu sein, den sie im Übrigen für ein bisexuelles Wesen hält.

Alice' Zustand verbessert sich nicht. Nach über zwei Jahren gesteht Victoria sich ein, dass es kaum Sinn hat, ihre Tochter noch länger im Sanatorium in Kreuzlingen festzuhalten, zumal ein weiterer Winter in der Schweiz ihre Herzprobleme verschlimmern würde. Am 23. September 1932 verlässt Alice die Klinik in Richtung Meran zu einer Kur in wärmeren Gefilden.

Alice 2.0

Alice mag nicht in den Schoß ihrer Sippe zurückkehren. Die fünffache Mutter und unterdessen auch zweifache Großmutter beginnt ein Nomadenleben, das sechs Jahre dauern wird. Ob in Schweden oder Deutschland, Italien oder Böhmen, England oder der Schweiz, ob im Mietzimmer oder in der Pension, im Kurhaus oder im Hotel: Die alte Prinzessin mit der lockeren Schraube macht vielen Gastgebern nachhaltig Eindruck. Oft weiß nur ihre Mutter, wo Alice sich aufhält.

Im November 1936 wohnt sie als »Gräfin Hohenstein« in einer Pension in Breibach bei Kürten, sitzt gerne auf dem Boden des Gemeinschaftszimmers beim Feuer und hilft beim Kartoffelschälen. »Eine sehr moderne Frau mit einer unglaublichen Vision«, findet die Gästin Käthe Lindlar, mit der Alice indische Philosophen oder die pädagogischen Theorien von Montessori und Fröbel erörtert, und Pensionsleiter Reinhold Markwitz schreibt zwölf Jahre später in seinem Buch *Das Stenogramm Gottes*: »Alice von Battenberg schulde ich die Überzeugung, dass jeder Mensch die Pflicht hat, seinen Fähigkeiten entsprechend zum Fortschritt der Menschheit beizutragen, auch wenn er es für sinnlos hält oder denkt, er habe einen Grund, die Menschheit zu verachten.«

Nach einigen Jahren des Umherziehens wird der Geist der Nomadin klarer. Tochter Cécile organisiert ein Mittagessen in Bonn und bringt den mittlerweile fünfzehnjährigen Prinz Philip mit. Es ist die erste Begegnung von Mutter und Sohn seit fünf Jahren. »Mama schien es sehr zu genießen und interessiert sich für alles, was mit der Familie zu tun hat«, schreibt Cécile nach weiteren Treffen ihrer Großmutter Victoria. »Sie ist dünner, aber viel gesünder. Margarita ist besorgt über Mamas Pläne, in Griechenland ein Kloster zu gründen. Sie möchte auch Papa wiedersehen und hofft sogar, wieder bei ihm zu leben. Ich fürchte, sie wird enttäuscht sein. Außerdem hat sie ein idealistisches Bild von Papa aufgebaut, was leider völlig falsch ist.«

Am Dienstag, 16. November 1937, hebt um 13.45 Uhr in Frankfurt eine dreimotorige Ju 52 in Richtung London ab. Acht der elf Passagiere reisen gut gelaunt zu einer Hochzeit. Das Flugzeug soll in Brüssel zwischenlanden, aber es herrscht dicker Nebel. Man disponiert um, doch auch bei Ostende ist die Sicht schlecht. Beim Landeversuch kollidiert ein Tragflügel mit dem Schornstein einer Ziegelei. Die Maschine fängt Feuer, stürzt ab und brennt auf dem Dach liegend vollständig aus. Cécile und ihre Familie kommen in den Flammen ums Leben. Darmstadt ordnet Trauerbeflaggung an. Die Times bezeichnet den Unfall als »Holocaust of a family«. Das altgriechische Wort »holókaustos« bedeutet so viel wie »vollständig verbrannt«.

Am 23. November 1937 werden die Opfer in Darmstadt zu Grabe getragen. Cécile war im achten Monat schwanger gewesen, die sterblichen Überreste ihres ungeborenen Kindes liegen in einem Kindersarg. Prinz Philip reist mit dem Flugzeug aus Schottland an. Der 16-Jährige besucht dort das Internat Gordonstoun des jüdischen Reformpädagogen Kurt Hahn, der 1933 aus Deutschland geflohen war. Die Männer von Margarita, Theodora und Sophie trauern in Wehrmachts- und SS-Uniform. Telegramme des Mitgefühls von Hitler, Göring und Goebbels treffen ein.

An Céciles Beerdigung sieht Alice zum ersten Mal nach sechseinhalb Jahren ihren Mann Andreas wieder. In den Monaten danach zeigt sich, dass sie den Verlust ihrer Tochter besser verarbeitet als er. Mit 53 Jahren schließlich ist die Prinzessin Alice von Battenberg zurück im Leben. Nicht mehr krank, nur noch sonderbar. Zur finsteren, zur rechten Zeit.

Mutter 2.0

»Mein lieber Philip«, schreibt Alice 1939 ihrem 18-jährigen Sohn aus Athen, »ich habe hier eine kleine Wohnung gemietet, nur für dich und mich. Ich freue mich so sehr, hier mit dir zu leben.« Alice glaubt, Prinz Philip brauche Griechenland und umgekehrt. Aber ein Grieche ist Philip nur auf dem Papier. Geformt haben ihn das Königreich Großbritannien und Onkel Dickie, Admiral in der Royal Navy. Drei Wochen nach Englands Kriegserklärung tritt auch Philip in die Royal Navy ein. Die Front verläuft nun quer durch die Familie: Alice' Sohn Philip kämpft auf englischer, ihre drei Schwiegersöhne auf deutscher Seite.

Der Krieg kommt auch zu Alice nach Athen. Im April 1941 besetzen die Deutschen Griechenland. Die griechische Königsfamilie flieht ins Exil, doch Prinzessin Alice bleibt. Sie will gebraucht werden. Die 56-Jährige organisiert eine der größten Suppenküchen der Stadt, kümmert sich um zwei Waisenhäuser, sorgt für Besuche von Krankenschwestern in Armenvierteln und beschafft mithilfe ihrer Kontakte und Reiseprivilegien Lebensmittelpakete aus Schweden und England.

In Briefen versucht Alice den Eindruck zu erwecken, es gehe ihr gut. Dass die deutsche Prinzessin unter deutscher Besatzung im ersten Winter 26 Kilo an Gewicht abgenommen hat, gesteht sie Philip erst zwei Jahre später.

»Schwester Alice umarmte mich und küsste meinen Kopf. Von diesem Moment an nannte sie mich meine kleine Nachbarin. Diese Frau konnte dir ins Herz schauen. Sie war ein großes Vorbild für mich.«

Maria Karanastasis, Waise in Athen

Kein Wort verliert Alice über die Cohens. Die jüdische Familie und die griechische Königsfamilie kennen sich seit Jahrzehnten. Als die Wehrmacht 1943 mit der Deportation der Athener Juden beginnt, erinnert Freddy Cohen sich an eine Hilfszusage des Königs dreißig Jahre zuvor. Er bittet eine Freundin, den Kontakt zu einem der letzten in der Stadt verbliebenen Mitglieder der Königsfamilie herzustellen, Prinzessin Alice. Am 15. Oktober 1943 schlüpfen Rachel Cohen, Tochter Tilde und Sohn Michel im Schutz der Dunkelheit durch eine Hintertüre in Alice' Haus. Mitarbeitern erzählt Alice, Rachel Cohen sei eine ehemalige Schweizer Gouvernante ihrer Kinder und habe Angst vor Hitler.

Mehr als einmal steht die deutsche Gestapo vor Alice' Tür. Sie stellt sich taub und dumm und zeigt nicht, wie gut sie Lippenlesen kann. Einmal wird die deutschstämmige Prinzessin von einem General besucht. Er fragt sie, ob er irgendetwas für sie tun könne, und sie gibt die Antwort: »Sie können Ihre Truppen aus meinem Land entfernen.«

»Prinzessin Alice rauchte wie ein Schornstein. Sie bekam Zigaretten und Schokolade in Rationen. Mindestens einmal verließ sie trotz Ausgangsverbot in Athen das Haus mit einer Art Kinderwagen, darin Schokolade und Zigaretten zum Verteilen. Ich sagte ihr, sie könnte erschossen werden. Sie antwortete: ›Man hat mir gesagt, dass man den Schuss nicht hört, der einen umbringt. Ich bin ohnehin taub, warum sollte ich mir also Sorgen machen? Außerdem ist es meine Pflicht. Wofür sonst bin ich geboren.‹«

Major Gerald Green, Alice' Kontaktperson in Athen ab 1944

Die Nazis »säubern« Athen gründlich: Allein in Auschwitz kommen 55 000 griechische Juden an. Doch am 12. Oktober 1944 muss die deutsche Wehrmacht sich aus Athen zurückziehen, und drei Wochen darauf verlässt Familie Cohen ihr Versteck. Auf den Tag genau vierzehn Monate nachdem Prinzessin Alice ihnen die Tür aufgemacht hatte. Alice spricht nie darüber.

Schwester Alice

Nach dem Abzug der Deutschen aus Athen geht der Zweite Weltkrieg in Griechenland nahtlos über in den Bürgerkrieg zwischen Kommunisten und Rechtsnationalisten. Alice geht die Arbeit nicht aus. Ein Quell von Glück ist dafür Philips Verlobung mit der britischen Kronprinzessin Elizabeth. Bei der Hochzeit am 20. November 1947 in der Westminster Abbey ist Prinzessin Alice die einzige Verwandte des Bräutigams. Philips drei deutsche Schwestern müssen zu Hause bleiben, zu frisch sind die Wunden des Krieges. Nach der Hochzeit erstattet Alice ihren Töchtern einen detaillierten Hochzeitsbericht von zweiundzwanzig Seiten.

Ein halbes Jahr später schreibt Alice auch Philip einen Brief: »Jetzt, da das letzte meiner Kinder verheiratet ist und ein Zuhause hat, habe ich das Bedürfnis nach einem ganztägigen Job, um mich zu beschäftigen.« Mit 63 Jahren gründet Alice von Battenberg ihre eigene Schwesternschaft, Martha-und-Maria. Mutter Victoria schüttelt den Kopf: »Wer hat jemals von einer Äbtissin gehört, die raucht und Canasta spielt?«

Am 6. Februar 1952 erreicht Alice die Nachricht vom Tod von König George VI. Alice' 25-jährige Schwiegertochter Elizabeth muss nun die Erbfolge antreten.

»Du wirst viele Opfer bringen müssen«, schreibt Alice Philip, »aber jedes Opfer bringt eine unvorhersehbare Belohnung mit sich. Das habe ich erfahren in meinem Leben mit all seinen Hochs und Tiefs. Denk daran, dass Papa mit seinem brillanten Kopf und seinem sportlichen Aussehen im Geiste mit dir sein wird. Kommuniziere mit ihm, dann wirst du seine Unterstützung spüren in den kommenden Jahren, in denen du Verantwortung trägst als Freund und Berater deiner jungen Frau in ihrer neuen Rolle.«

Die Krönung von Elizabeth II. am 2. Juni 1953 ist das erste Ereignis, das im Fernsehen weltweit übertragen wird. 750 Berichterstatter kommentieren den berauschenden Anlass in 39 Sprachen. Prinzgemahl Philip geht vor seiner Königin auf dem Thron in die Knie und schwört ihr Gefolgschaft und Treue. Die Hochzeitsgäste aus den Königshäusern und Regierungspalästen der Welt tragen würdevoll die Last schwerer Roben, glitzernder Juwelen und in Medaillen gegossener Tapferkeit. Mittendrin steht eine auffällig unauffällige Frau in grauer Nonnentracht mit weißem Kinnband und braunem Hautfleck.

Doch noch abberufen

Alice fühlt sich in Athen öfter einsam und müde. Ihre Ordensgemeinschaft kommt nicht vom Fleck und muss 1959 schließen. Die Schwestern und ihre Katzen zerstreuen sich, und Alice sitzt nun in ihrem Nonnenhabit oft allein in Kolonaki Square, raucht, liest Zeitung und denkt an ihre Enkelkinder; in Deutschland hat sie fünf von Hohenlohe, drei von Baden, fünf von Hessen und dank Sophies zweiter Heirat auch noch drei Hannoveraner. In England sind es vier Mountbatten-Windsors: Charles, Anne, Andrew und Edward.

Alice reist immer öfter nach London, bringt dem kleinen Charles griechische Briefmarken mit und spielt mit den Kindern Halma. 1967 zieht sie endgültig zu ihrem Sohn. Zwei Jahre lang wandelt sie in ihrer Nonnentracht durch die Gänge des Buckingham Palace, rauchend, hustend und zufrieden.

Prinzessin Alice von Battenberg stirbt am 5. Dezember 1969 friedlich im Schlaf. Ihre 19-jährige Enkelin, Princess Royal Anne, besucht sie in ihrem Zimmer. »All die Falten und Furchen in ihrem

Gesicht waren verschwunden, und zum ersten Mal erkannte ich die Ähnlichkeit zum Porträt, das Laszlo von ihr gemalt hatte.«

Alice hinterlässt drei Kleider, den Brief eines alten Freundes und ihre angefangene Antwort darauf. Sie wird am 10. Dezember 1969 in der St. George's-Kapelle in Windsor beigesetzt. Am Abend kommt so starker Nebel auf, dass die Königin und weitere Trauergäste eine zusätzliche Nacht im Schloss Windsor verbringen.

»Das Rauchen habe ich erst bei meinem Tod aufgegeben.«

Liebe Prinzessin Alice von Battenberg, ich habe Sie im Fernsehen gesehen.

Darf ich raten?

Selbstverständlich.

»The Crown«, dritte Staffel.

Richtig.

Jane Lapotaire spielt mich wunderbar schrullig. Selbst dort, wo im Drehbuch Nonsens stand.

Was für Nonsens?

Mein lieber Philip hat sich nie gegen meinen Einzug in den Buckingham Palace gesträubt. Im Gegenteil, er selbst hat mich mehrfach eingeladen.

Hatten Sie eine gute Beziehung?

Oh ja, oh ja. Aber leider erst, als ich nach meiner Schizophrenie langsam wieder zurückfand, und da war er ja schon ein junger Mann. Im Juni 1966 besuchte ich meine wunderbare Tochter Sophie, brach zusammen und lag einen Monat lang im Rotkreuzklinikum in München. Ich schrieb Philip einen Abschiedsbrief. »Mein geliebter Philip. Sei tapfer. Und denke immer daran, dass ich dich nie verlassen werde. Du wirst mich immer finden, wenn du mich am meisten brauchst. All meine Liebe, deine alte Mama.«

Das war 1966, sagen Sie?

Ja, der liebe Gott hat dann noch drei Lebensjahre angehängt.

Sind Sie 1967 freiwillig nach London gezogen?

Ach, was heißt schon freiwillig. Im April putschte in Athen wieder mal das Militär, und meine Kinder machten sich Sorgen um mich. Mit mir telefonieren konnten sie nicht, ich war ja gehörlos. Als dann auch Lilibet mich drängte, nach London zu kommen, packte ich mein Köfferchen. Ich hätte früher zu Filibets ziehen sollen.

Filibets?

Philip und Elizabeth. So nannte ich sie oft. In meinen langen Briefen schätzte ich Kürze. Was sind sie für ein gutes Team geworden! Und dabei tat Lilibet mir bei ihrer Krönung so leid, die Krone wog 2,2 Kilogramm, kein Wunder, dass sie als Königin immer kleiner geworden ist. Wissen Sie, was Philip Elizabeth nach der Krönung fragte?

Nein.

Er fragte: »Wo hast du denn diesen komischen Hut her?«

Prinz Philips trockener Humor war legendär.

Oh ja. Und er wurde mit der Zeit immer lakonischer. Kein Wunder.

Wieso kein Wunder?

Weil er voranschreiten wollte, aber nur hinterherschreiten durfte. Er hätte etwas zu sagen gehabt, aber er hatte nichts zu sagen. Also hat er sich eben verklausuliert ausgedrückt. So wie Lilibet.

Aber als Königin hatte Lilibet durchaus etwas zu sagen.

Nonsens. Untertanen wollen eine Königin, die über ihren Meinungen steht. Darum darf sie ihre eigene nicht kundtun. Andererseits interessiert die Untertanen nichts mehr als die Frage, was die Königin denkt. So muss sie sprechen, ohne dabei etwas zu sagen, und jahrzehntelang immer wieder dieselben Fragen beantworten, ohne sie zu beantworten. Der Prinzgemahl genauso. Philips ironische Interviews sind legendär.

Waren Sie selbst ironisch, Prinzessin Alice?

Viel besser, ich war sogar geisteskrank.

Ich sehe, Ironie ist Ihr Ding.

Aber ja, aber ja. Nur war ich die gehörlose und geisteskranke Prinzessin des europäischen Adels. Die Menschen haben meine Ironien nicht als solche erkannt, sie nahmen mich wörtlich – und sahen sich dann bestätigt, dass ich einen Knick in der Fichte hatte.

Wurden Sie unterschätzt?

Und wie. Darf ich Ihnen ein Beispiel erzählen, oder bin ich Ihnen zu gesprächig?

Nicht doch.

1937 schrieb ich meinem lieben Bruder Dickie einen Brief, zum ersten Mal seit sieben Jahren.

Dickie ist Louis Mountbatten, 1. Earl of Burma.

Ja, Vizekönig von Indien war Dickie auch noch, erster Seelord, britischer Generalstabschef, so viel Nonsens für einen kleinen Bruder. Aber ich habe ihn und Edwina sehr geliebt. Wo waren Sie stehen geblieben?

Ich?

Ja, wer sonst. Sie wollten ja ein Beispiel hören.

Gut, ich blieb stehen beim Brief an Dickie.

Ah ja. Zwei Jahre vor Kriegsausbruch schrieb ich ihm, es sei wohl zu schwierig, ein vereintes militaristisches Deutsches Reich aufzubrechen. Die Alliierten sollten also lieber versuchen, heimlich die Wiederherstellung des parlamentarischen Systems in den einzelnen deutschen Ländern zu unterstützen. Darf ich einen Satz aus meinem Brief zitieren?

Ich bitte darum.

»Letztendlich wäre es das Ideal, alle deutschen Staaten mit allen europäischen Staaten zu einem europäischen Verband mit einer gemeinsamen Währung und ohne Zollschranken zusammenzuführen.«

Sie haben 1937 die EU vorweggenommen.

Jaja, aber natürlich nicht ich allein. Ich habe die Vision auch mit Freunden erörtert.

Hat Ihr Bruder sich dafür eingesetzt?

Nicht sehr, glaube ich. Als Admiral dachte Dickie eher in militärischen Kategorien.

Aber Sie hat die Politik interessiert.

Oh ja! Im Sanatorium erarbeitete ich eine neue Verfassung für Griechenland. Ich schrieb jeden Tag von zwei bis vier Uhr nachmittags über Organisationsstrukturen, Wahlmodi für Präsident und Premierminister, die Rolle des Monarchen und der Provinzregierungen, steuerliche Aspekte. Meine Verfassung sollte kein Korsett sein. Innerhalb eines bestimmten Rahmens sollten Anpassungen möglich sein und einen konstitutionellen Fortschritt aufgrund praktischer Erfahrungen ermöglichen.

Donnerwetter!

Das siebenseitige Dokument hat übrigens Eingang gefunden.

Wo?

In meine Krankenakte.

War das noch ironisch oder bereits sarkastisch?

Nur ironisch. Ich bin versöhnt. Und einige meiner Ideen waren ja tatsächlich eher bizarr.

Als Sie zuletzt im Buckingham Palace wohnten, dem Zentrum der Macht, mochten Sie sich nicht einbringen?

Ich bitte Sie. Der Buckingham war das Zentrum der Machtlosigkeit. Und ich war alt und krank.

Wo waren sie glücklicher: in ihrem Kloster in Athen oder im Palast in London?

Was soll ich da sagen. In Athen wurde ich gebraucht und zermürbt, im Palast wurde ich nicht mehr gebraucht und nicht mehr zermürbt. Ich hatte die Enkelkinder um mich und konnte meinem kleinen Charles zuhören, wie er Cello spielte.

Als Gehörlose?

Das Auge hört mit. Man genießt es, den Menschen zu betrachten, der das Instrument spielt, konzentriert oder in sich versunken.

Hatten Sie Besuch?

Ja, recht oft, meine Töchter mit ihren Kindern oder andere Verwandte. Dickie sah ich fast jede Woche. Ich habe ihn mal geneckt, er komme mich doch nur besuchen, um Briefe auf dem Briefpapier des Buckingham Palace zu schreiben. Ein paar Wochen vor meinem Tod habe ich ihn wütend gemacht. Möchten Sie wissen, wie?

Sehr gerne.

Ende März 1969 machte ich mit Gott ab, am nächsten Donnerstag zu sterben. Dann rief ich Dickie an. Mein lieber Vizekönig von Indien warf seinen Terminkalender über den Haufen, damit er am Mittwoch zu mir kommen konnte, und hat sich sehr geärgert, als ich dann doch nicht gestorben bin.

Hat Gott sich nicht an Ihre Abmachung gehalten?

Ich habe wohl eher seine Stimme mit meiner verwechselt. Sie klingen recht ähnlich.

Wie kann man sie unterscheiden?

Das hätte ich damals auch gern gewusst. Oft zeigt es sich erst im Nachhinein. Sicher ist nur eins: Wenn die Stimme Gottes Sie dazu drängt, anderen zu erzählen, Sie hätten Gottes Stimme gehört, dann ist sie es nicht. Und wenn Sie es andauernd machen, kommen Sie in die Klapse. Bei denen, die behaupten, sie würden im Namen Gottes reden, ist ohnehin Vorsicht angebracht. Das kann missbraucht werden. Ich hätte ein hübsches Beispiel, möchten Sie es hören?

Nichts würde mir mehr Vergnügen bereiten.

1930 sollte ich in ein Sanatorium. Aber alle fürchteten, dass ich mich wehren würde. Und dann hat mein Arzt Dr. Lourus mir ins Ohr geflüstert: »Der Herr Jesus Christus, Ihr Ehemann, empfiehlt Ihnen, einige Zeit im Kurhaus Schloss Tegel zu verbringen.«

Fies.

Aber effektiv. Ich bin widerstandslos gegangen. Das ist womöglich der einzig dokumentierte Fall in der Geschichte der Psychoanalyse, in welcher eine Patientin den Rat des Herrn Jesus Christus persönlich befolgt hat.

Hand aufs Herz: Hat es Sie im Buckingham Palace nie gezwickt, der Königin einzuflüstern, was Gott Ihnen gesagt hat?

Ach, wissen Sie, ich war 82 und hatte so viele Überstunden angesammelt, dass Gott mir für den Rest meines Lebens freigab.

Sprach er nicht mehr mit Ihnen?

Wenn man sich schon so lange kennt wie wir, dann versteht man sich auch ohne Worte. Ich durfte einfach noch ein wenig die wirre Nonne sein. Lesen, staunen und geistesabwesend vor mich hin lächeln.

Und rauchen und husten.

Ja, ununterbrochen. Ich muss gestehen, das Rauchen habe ich erst bei meinem Tod aufgegeben. Ein neuer Lebensabschnitt ist eine feine Gelegenheit, etwas Neues anzufangen, nicht wahr? Wussten Sie übrigens, dass ich zweimal gestorben bin?

Nein.

Natürlich nicht. Meine wunderbare Enkelin Prinzessin Anne ist nämlich die Einzige, der ich das jemals erzählt habe. 1960 hat mich der frühere indische Gesundheitsminister Rajkumari Amrit Kaur, nach Indien eingeladen, weil ich mich so sehr für die Frauenarbeit interessierte. In Indien wurde ich krank, hatte ein Nahtoderlebnis und schwebte über meinem Körper.

Haben Sie ins Jenseits gesehen?

Nein. Aber es fühlte sich so wunderbar an, dass ich eine Ahnung bekam von dem, was mich vielleicht erwarten würde. Man sieht quasi sehr wenig von sehr viel. Das geht ja den meisten so, die Nahtoderfahrungen gemacht haben. Es gibt da unzählige Berichte aus allen Epochen und Kulturen.

Waren Sie enttäuscht, als Sie wieder in Ihrem Körper erwachten?

Und wie! Aber es war besser so. Statt einsam in Indien durfte ich dann zu Hause im Buckingham Palace sterben, friedlich und sanft, à dieu, frei, kein Husten mehr. Es war so schön. Wissen Sie, ich habe viele Tode überlebt.

Inwiefern?

Ich ging durch zwei Balkankriege, zwei Weltkriege, einen Bürgerkrieg und etliche Unruhen. In den Lazaretten des ersten Balkankrieges hörte ich Soldaten nach Beinamputationen tagelang schreien. Aber wenn der Tod an ihre Pritsche trat, brachte er Frieden.

Immer?

Meistens. Bei manchen löste er auch Wut oder Bitterkeit aus.

Was macht den Unterschied?

Wie man lebt, so stirbt man, vermute ich. Am leichtesten stirbt, wer gelernt hat zu vertrauen und loslassen kann. Als die Deutsche Wehrmacht 1941 Athen besetzte, ernährten wir in unseren Suppenküchen 17 000 Kinder zwischen ein und sechs Jahren. Trotzdem starben jeden Tag mehrere Hundert Menschen. Ich habe auch Kinder sterben sehen, und keines von ihnen starb bitter. Sie hatten kindliches Vertrauen.

Sie selbst standen zweimal am Grab eines eigenen Kindes.

Ja, Theodora starb zwei Monate vor mir. Aber viel schwerer zu ertragen war der Tod von Cécile und ihrer Familie beim Flugzeugabsturz 1937. Ludwig war sechs, Alexander vier. Und Cécile war schwanger. Einzig die kleine Johanna war nicht im Flugzeug gewesen und nun Vollwaise.

Was wurde aus ihr?

Achtzehn Monate später starb sie an einer Hirnhautentzündung. Ich hielt Mahnwache. Sie war noch nicht mal drei und sah ihrer Mama so ähnlich, dass mir war, als würde ich meine Cécile ein zweites Mal verlieren.

Was hat Céciles Tod mit Ihnen gemacht?

Es hat mich aufgerichtet. Eigenartig, nicht wahr?

Sehr eigenartig.

Ja, und Theodora hat später Dr. Binswanger vom Sanatorium in der Schweiz Bericht erstattet, weil ihn meine spätere Entwicklung interessierte. Und er schrieb in meine Krankenakte: »Der Flugzeugabsturz hat sie anscheinend aus ihrer Krankheit herausgerissen«.

Wie erklären Sie sich das?

Wozu sollte ich mir das erklären? Ich weiß es ja.

Neuer Versuch: Wie erklären Sie mir das?

Ich hatte wohl den Eindruck, wieder gebraucht zu werden. Gebraucht zu werden kann eine starke Medizin sein. Mein lieber Andreas hatte diese Medizin nicht, und er ist daran zerbrochen. Er war ein Offizier ohne Arbeit und ein Prinz ohne Auftrag.

Wie häufig sahen Sie Andreas?

1931 besuchte er mich im Sanatorium. 1937 trafen wir uns bei Céciles Beerdigung, 1939 in Athen. Danach sah ich ihn nie mehr.

Haben Sie Buch geführt?

Nein, aber ein liebendes Herz hat nun mal ein gutes Gedächtnis. Am 3. Dezember 1944 begann im griechischen Bürgerkrieg die Schlacht um Athen, und am selben Tag erlag Andreas im Hotel Metropole in Monte Carlo kurz nach der Rückkehr von einer Party in Nizza einem Herzinfarkt. Mich haben die Suppenküchen im ausgehungerten Athen etwas abgelenkt von meiner Trauer.

Er hatte sie 14 Jahre zuvor in der Krankheit im Stich gelassen, und Sie haben getrauert?

Hören Sie, ich war paranoid schizophren mit bipolarer Störung, manchmal war ich mit Jesus verheiratet und manchmal mit Buddha, da konnte ich Andreas keine Gefährtin mehr sein.

Sie verteidigen ihn?

Zum Glück hatte er in Monte Carlo eine Freundin, die sich so viele Jahre so rührend um ihn kümmerte, Comtesse Andrée de

La Bigne. Ich habe ihr Andreas' persönliche Gegenstände überlassen und sein Auto, bei dem die Werkstattkosten gewiss hoch waren. Andreas' Schuldenberg ließ sich nicht völlig abtragen, obwohl ich das ganze Silber von Mon Repos verkauft habe, das Louise für mich aufgehoben hatte. Mein lieber Dickie konnte 1947 gerade noch abwenden, dass ich wegen der geerbten Schulden vor Gericht kam. Mein Philip ist ein genauso stattlicher Mann geworden wie Andreas, und er hat sich noch lange mit dem elfenbeinernen Rasierpinsel seines Vaters rasiert. Wie schön, nicht wahr? Und wussten Sie, dass Andreas und ich dreimal geheiratet haben?

Nein.

Doch. Am 7. Oktober 1903 in Darmstadt. Standesamtlich im Alten Palais, protestantisch in der Schlosskirche und orthodox in der Russischen Kapelle auf der Mathildenhöhe.

Zu viel Liebe für eine einzige Hochzeit?

Vermutlich. Unsere Hochzeitstorte wog sechzig Kilogramm und kam aus London, der mitgereiste Konditor baute sie erst in Darmstadt zusammen. Der russische Zar schenkte uns eine Million Rubel in bar, mir dazu Schmuck für 250 000 Mark und Andreas ein kleines Auto, einen Wolseley. Andreas und ich waren so glücklich.

Für das Hassen von Menschen besitzen Sie kein Talent.

Gott sei Dank. Menschen, die ich kannte, konnte ich nicht hassen. Nur die Nazis und Bolschewiken habe ich natürlich verabscheut.

Ihre Schwiegersöhne waren auch Nazis und …

… Berthold nicht!

Berthold Markgraf von Baden?

Ja, er hat Hitler immer gehasst. An die Front ging er nur, weil er musste. Er wurde schwer verwundet und nach Hitlers Prinzenerlass 1943 wie alle Prinzen aus der Wehrmacht entlassen.

Doch die andern drei waren Nazis.

Aber Céciles Mann Erbgroßherzog Georg Donatus kam ja schon 1937 beim Flugzeugabsturz ums Leben, also vor dem Krieg.

Nazi war er trotzdem, und zwei bleiben immer noch. Margaritas Mann Gottfried Prinz zu Hohenlohe-Langenburg war seit 1937 Nazi und ein begeisterter Offizier.

Aber er wurde 1944 auf Befehl Hitlers entlassen wegen staatsgefährdender verwandtschaftlicher Verbindungen zum Ausland.

Und Sophies Mann Christoph Prinz von Hessen, liebe Prinzessin Alice? Er war ein persönlicher Freund von Hermann Göring, Mitglied der NSDAP seit 1931 und der SS seit 1932, ihr Schloss in Kronberg hatten die vier Hessen-Prinzen bereits 1933 mit dem Hakenkreuz beflaggt. Christoph brachte es bis zum SS-Oberführer und Major.

Ja gut, vielleicht am Anfang! Aber er wurde ebenfalls nach dem Prinzenerlass von 1943 entlassen. Und dann stürzte er bei seiner Rückkehr nach Deutschland in den italienischen Apenninen ab. Sophie brachte meine kleine Enkelin Clarissa als Witwe auf die Welt. Wie traurig das war, wie traurig.

Wie überstanden denn Ihre Töchter den Krieg?

Sophie wohnte mit ihren vier Kindern bei ihrer Schwiegermutter im Schloss Friedrichshof bei Kronberg. 1945 zog sie wieder nach Darmstadt, ihre mittlerweile fünf Kinder auf einem Strohkarren. Mein geliebtes Darmstadt war komplett zerbombt, die Familie kam dann bei Prinz Ludwig im Wolfsgarten unter.

Und die andern zwei?

Auch die lebten auf den Stammsitzen der Adelsfamilien, in die sie geheiratet hatten. Margarita mit ihren fünf Kindern auf Schloss Langenburg, Theodora mit ihren dreien auf Schloss Salem. Sie waren sehr dankbar für ihre Gemüsegärten.

Wie blickten Ihre Töchter auf die Nazizeit zurück?

Na, wie wohl! Sophie sagte 1945 zu meiner Mama: »Vor zwei Jahren wurden mir die Augen geöffnet. Und du kannst dir vorstellen, was ich jetzt gegenüber diesen Verbrechern empfinde.« Und übrigens: Sophie und ihre Schwiegermutter betreuten in den letzten zwei Kriegsjahren nebst ihren eigenen Kindern selber noch vier Kinder eines hohen Nazis, der im KZ saß.

Als Gefangener?

Wenn ich es doch sage. Ich rede von Christophs Bruder Philipp von Hessen, also von Sophies Schwager. Er gehörte jahrelang zu Hitlers innerem Zirkel.

Und wieso kam der denn ins KZ?

Weil er die falsche Frau geheiratet hat, nämlich Mafalda von Savoyen, die Tochter des letzten italienischen Königs Viktor Emanuel III. Der hat ja 1943 mitgeholfen, Hitlers Verbündeten Mussolini zu stürzen. Woraufhin Hitler Italien besetzte und sich am König rächte, indem er Mafalda und ihren Ehemann Philipp als Sonderhäftlinge 1943 in KZ-Haft schickte. Und meine liebe Sophie und ihre Schwiegermutter saßen in Kronberg mit Mafaldas und Philipps Kindern und wussten nicht, wo deren Eltern waren. Bei Kriegsende erfuhren sie, dass Mafalda in Buchenwald umgekommen war. Das hat bei Sophie mehr als nur den Glauben an den Nationalsozialismus erschüttert.

Und was geschah mit Philipp?

Er überlebte als Sonderhäftling in Flossenbürg und Dachau und verbüßte für seine Nazi-Verbrechen danach noch zwei Jahre in US-Haft. Aber die größere Strafe ist es wohl, dass dich für den Rest deines Lebens jeder Blick zurück an dein Versagen und deine Verbrechen erinnert. Wissen Sie, ich hatte mir für meine Mädchen so sehr englische Adelige gewünscht. Sie hätten Seite an Seite mit meinem lieben Sohn Philip für England statt gegen England kämpfen können. Aber als ich aus dem Sanatorium kam, waren alle vier mit deutschen Adeligen verheiratet.

Sie sagten vorhin, sie hätten Nazis und Bolschewiken verabscheut.

Ja, das habe ich.

Wieso die Bolschewiken? Hatten Sie mit denen zu tun?

Sie haben meine wunderbaren Tanten Alix und Ella umgebracht, die zwei Schwestern meiner lieben Mutter.

Alix war …?

Die letzte Kaiserin von Russland. 1918 haben die Bolschewiken sie und ihren Mann erschossen und verscharrt.

Ah, der bekannte Mord an der Zarenfamilie von Nikolaus II.
Die Leichen wurden erst 1979 gefunden.

Ja, richtig, im selben Jahr, in dem die irischen Separatisten meinem lieben Bruder Dickie eine Bombe ins Boot legten. Vier Menschen starben, darunter Dickie und sein 14-jähriger Neffe. Ich musste das zum Glück nicht mehr miterleben.

Und Ihre Tante Ella war wer?

Sie kam als Elisabeth von Hessen-Darmstadt auf die Welt, heiratete Сергей Александрович und hieß dann Елизавета Фёдоровна, aber Sie verstehen ja wohl kein Russisch?

Bedaure.

Sie heiratete Großfürst Sergei Romanow und wurde damit zur Großfürstin Jelisaweta Fjodorowna. Aber dann hat ein Revolutionär den armen Sergej im Kreml mit einer Bombe getötet, und Ella wurde fromm und wohltätig. 1909 hat sie ihr eigenes Kloster »Martha-und-Maria« mit Kranken- und Waisenhaus gegründet, ich war als junge Frau dabei.

Jetzt geht mir ein Licht auf.

Was für eins?

Ein eigenes Kloster namens »Martha-und-Maria«, Ihre
Frömmigkeit und Wohltätigkeit – war Tante Ella Ihr Superego?

Ich weiß sehr wohl, dass das ein Wort von Sigmund Freud ist, und wie Sie sich vorstellen können, halte ich nicht viel von ihm!

Tut mir leid. Was ich sagen wollte: Ella war Ihr Vorbild.

Gewiss doch! Wissen Sie, am Tag nach dem Zarenmord knüpften die Bolschewiken sich ja die übrigen Romanows vor. Also auch

Tante Ella. Dass sie seit neun Jahren keine Großfürstin mehr war, sondern sich als Nonne für die Armen einsetzte, war ihnen egal. Sie stießen sie mit andern Romanows in einen Minenschacht warfen eine Granate hinterher. Die letzten Verletzten seien nach drei Tagen verstummt, als die Bolschewiken den Schacht zuschütteten, heißt es.

Ähnlich wie Alix.

Ja, leider. Die Russisch-Orthodoxe Kirche hat sie zur Heiligen erklärt, die Anglikanische zu einer Märtyrerin des 20. Jahrhunderts. Ihre Statue steht über dem Westportal der Westminster Abbey, wo auch eine Statue von Dietrich Bonhoeffer steht. Sogar Filibets waren bei ihrer Einweihung 1998 anwesend, ist das nicht schön?

Und Tante Ellas sterblichen Überreste ruhen in Gethsemane bei Jerusalem, neben den Ihren.

Nein, umgekehrt, die meinen ruhen neben den ihren! Meine Familie war entsetzt, als ich ihnen erklärte, ich wolle bei Tante Ella in Jerusalem begraben werden. Sie protestierten, das sei zu weit weg, um mein Grab zu besuchen, und ich antwortete: »Nonsens, es gibt einen hervorragenden Bus-Service!« Das hatte ich ironisch gemeint, aber sie dachten wie meist, die alte Prinzessin tickt am Takt vorbei.

Aber ihre Familie hat ihren Wunsch respektiert.

21 Jahre hat es gedauert, bis sie meinen Leichnam 1988 zu Ella bringen konnten, 21 Jahre! All die diplomatischen Probleme, meine Güte, um die Heilige Stadt Jerusalem kämpfen sehr unheilige Menschen.

Weitere fünf Jahre später bekamen Sie eine zweite Gedenkstätte.

Jaja, in Yad Vashem.

Sie wurden in der Holocaust-Gedenkstätte zu einer »Gerechten unter den Völkern« erklärt. Sind Sie darauf nicht stolz?

Ach, so viel Aufhebens. Ich habe die Cohens vor den Nazis versteckt, mehr nicht. Es gab hunderttausend mutige Menschen, die eine Gedenkstätte verdient hätten, besonders Frauen. Meine Kinder wussten nicht einmal etwas davon, glaube ich.

Weil Sie ihnen nie etwas davon erzählt haben.

Ja, das würde zu mir passen. Aber zugegeben, ein wenig habe ich mich schon gefreut, als Prinz Philip und Prinzessin Sophie für den Festakt 1994 extra nach Jerusalem kamen. Philip hielt eine Ansprache, Sophie legte einen Kranz nieder in der Holocaust-Gedenkstätte, und das 56 Jahre nach ihrem Beitritt zur NSDAP.

Eine schöne Geschichte.

Es stimmt, ich hatte einen Knick in der Fichte. Aber ich war mit dem Glück gesegnet, das Gute zu sehen und zu wollen. Das steckt Menschen an und schafft Leben.

Ist der Weg das Ziel?

Nonsens! Das Ziel ist das Ziel. Aber je schwieriger der Weg dorthin ist, desto größer ist das Glück, wenn man es erreicht.

* * * *

Alice von Battenberg hat einen Ehrenplatz in der Schoah-Gedenkstätte Yad Vashem in Jerusalem, weil sie Mitmenschen rettete. **Lutz Baumgartner** war Mitglied bei der SS-Totenkopfbrigade, er hat als KZ-Wächter Mitmenschen umgebracht. Zwei deutsche Geschichten.

*Lutz Baumgartner · 1909**

Zuständig für die Hinrichtung von
Dietrich Bonhoeffer

Am frühen Morgen des 9. April 1945 treffen sich im Arresthof des KZ Flossenbürg der Sonderhäftling Dr. Dietrich Bonhoeffer und der sadistische KZ-Adjutant Lutz Baumgartner. Für den einen ein Anfang nach dem Ende. Für den anderen der Anfang vom Ende.

Das Frühjahr 1933 ist aufregend, und Ludwig »Lutz« Baumgartner, Bankkaufmann aus Nersingen, nimmt lebhaft teil an den Ereignissen. »Zur Beruhigung der nationalen Bevölkerung« gibt Heinrich Himmler am 20. März die Eröffnung des ersten »Konzentrationslagers« bekannt. Himmler ist der Chef der persönlichen Schutzstaffel (SS) von Adolf Hitler, dem Führer der Nationalsozialistischen Deutschen Arbeiterpartei (NSDAP), und Lutz Baumgartner ist im Jahr zuvor beiden Organisationen beigetreten. Nun darf er bei der Beruhigung der nationalen Bevölkerung mithelfen: SS-Nr. 257.276 bewacht künftig unweit von Dachau Personen, »welche die Sicherheit des Staates gefährden«. Qualifiziert für den Bewachungsdienst ist der Bankkaufmann nicht, zuletzt hat er in einer Parfümeriegroßhandlung gearbeitet. Doch für die Bewachung von »Asozialen, Kommunisten und Kriminellen« reicht Begeisterung, und davon bringt Baumgartner reichlich mit.

Kaum hat Adolf Hitler sich von Reichspräsident Paul von Hindenburg zum Reichskanzler ernennen lassen, löst er den Reichstag auf und fährt mit seiner NSDAP bei den Neuwahlen einen Erdrutschsieg ein. Der neue Reichstag erlässt das Ermächtigungsgesetz und gibt Hitler damit freie Hand für eine neue Staatsdoktrin. Mit Sozialismus hat der Nationalsozialismus zwar nichts zu tun – im Gegenteil, die Sozialisten im Reichstag lehnen das Ermächtigungsgesetz geschlossen ab, während alle anderen Parteien ihm geschlossen zustimmen –, doch nach 15 Jahren Weimarer Republik sehnt Deutschland sich nach dem Klang großer Worte. Kleinliche »Rechtschreibfehler« nimmt man in Kauf.

Der 23-jährige Schwabe Lutz Baumgartner wird zu einem KZ-Wächter der ersten Generation. Er sammelt Erfahrungen in Dachau, Oranienburg und Sachsenhausen. 1940 zieht er mit seiner Frau Eva und seinem Töchterchen ins raue Klima des Oberpfälzer Waldes bei der tschechischen Grenze. Hier wird Baumgartner Adjutant des Kommandanten im KZ Flossenbürg. Das KZ gehört zur neuen Generation von Zwangsarbeitslagern und steht unmittelbar beim Steinbruch. Der hochwertige Flossenbürger Granit ist gefragt, Hitlers Architekt Alfred Speer baut am Dritten Reich, das KZ soll jeden Monat tausend Kubikmeter Granit liefern. Die Flossenbürger sind über das Lager informiert, die Firmen der Umgebung sind am Aufbau beteiligt.

Kommandiert wird das Lager von SS-Obersturmbannführer Max Koegel, doch »SS-Obersturmführer Baumgartner war der eigentliche Kommandant des Lagers«, wie der Gefangene Armand Mottet nach der Befreiung des Lagers zu Protokoll geben wird.

Ein Vorbild ist Adjutant Baumgartner den Untergebenen nicht. Im Februar 1943 beschweren sie sich in einem Brief an Heinrich Himmler. »Wenn Obersturmführer Baumgartner eine andere Frau haben kann, dann hat er alles, was er will. SS-Männer haben Fotos gemacht, wie er in den Wald ritt, das Pferd an einen Baum band und dort ein Mädchen umarmte, während seine Frau daheim ihr zweites Kind erwartet.« Die Moral der KZ-Wächter ist offenbar von zarter Natur. Dass ihre Häftlinge im Steinbruch zu Tode geschunden und im Arresthof hingerichtet werden oder an Hunger, Kälte und Krankheit sterben, scheint sie weniger zu beschäftigen.

Die Hinrichtungen verlaufen zumeist nach denselben Routinen. Ein SS-Sturmmann oder SS-Scharführer bringt die Opfer ins Badhaus, wo sie sich ausziehen müssen. Er fesselt ihnen die Hände auf den Rücken und nimmt ihnen Ringe oder religiöse Symbole ab. Wenn möglich zerreißt er vor ihren Augen noch allenfalls vorhandene Fotos ihrer Familien. Dann führt er sie in den Hof des Arrestbaus, wo sie erschossen oder erhängt werden. Es folgen die Ernte von Zahngold und die Verbrennung im Krematorium.

Die zum Henkerdienst abkommandierten SS-Männer bekommen nach erfolgter Hinrichtung eine Prämie, Essen oder Schnaps oder fünf Zigaretten. »Die SS-Leute haben keinen Hehl daraus gemacht, dass sie froh sind, wenn sie die Exekutionen nur immer bei einem einzelnen Menschen durchführen«, wird der tschechische Häftling Emil Ležak nach der Befreiung des Lagers berichten. »Wenn sie nämlich mehrere auf einmal umbringen, dann würde ihnen die Brotzeit und Schnapszulage abgehen, aber wenn sie immer nur einen Menschen aufhängen oder erschießen, bekommen sie sie jedes Mal.«

Verantwortlich für die Hinrichtungen ist der Adjutant. »Die Exekutionen wurden mit Wollust ausgeführt«, bezeugt der Häftling Karel Procházka. »Was das Abschießen betrifft, da hat es mit einer besonderen Vorliebe der Adjutant gemacht«, erzählt Emil Ležak. »Dieser Mann ist völlig ohne jegliches menschliche Gefühl und Empfinden. Die Nationalitäten der ausländischen Häftlinge hat er auf das Niederträchtigste beschimpft, und er hat einige Menschen auf der Stelle erschossen.« Ein Sadist sei er gewesen, sagen befragte befreite Häftlinge, und verhaftete SS-Männer bezeugen im Verhör Angst vor dem jähzornigen Vorgesetzten.

Ab Ende 1944 verschiebt die SS die Häftlinge verschiedener Lager Richtung Osten, in Flossenbürg treffen umfangreiche Gefangenentransporte ein. Im Februar 1945 ist das Lager um ein Vielfaches überbelegt. Jede Woche sterben Hunderte Menschen. Es kommt zu Hinrichtungswellen. Anfang April 1945 tötet Lutz Baumgartner eigenhändig sechs englischsprachige Fallschirmspringer durch Genickschuss. Weil die Kapazität des Krematoriums nicht mehr ausreicht, werden die Toten im Freien verbrannt. Die Leichenberge sind hoch, im Dorf beschwert man sich über den ständigen süßlichen Geruch.

In Flossenbürg interniert sind auch »Sonderhäftlinge« aus anderen Lagern. Unter ihnen sind in Ungnade gefallene Nazis wie Prinz Philipp von Hessen, als Verräter gebrandmarkte Offiziere wie Admiral Wilhelm Canaris oder Kriegsgefangene wie der englische Agent Sigismund Payne Best.

Je näher die Alliierten rücken, desto mehr steigt die Nervosität. Anfang April beginnt die SS, Spuren ihrer Taten zu beseitigen. Die meisten Sondergefangenen werden nach Dachau und von dort aus mit Leidensgenossen aus anderen Lagern nach Südtirol überführt, wo sie auf wundersame Weise überleben werden. Andere Sondergefangene aber kommen erst jetzt, in den allerletzten Tagen, nach Flossenbürg. Unter ihnen ist der Theologe und Pastor Dietrich Bonhoeffer.

* * * *

Man schreibt das Jahr 1930. Zwei Studenten des Union Theological Seminary New York sehen sich im Kino den Antikriegsfilm »Im Westen nichts Neues« an: Jean Lasserre und Dietrich Bonhoeffer. Der Franzose und der Deutsche verfolgen mit, wie sich auf der Leinwand Franzosen und Deutsche abschlachten. Wenn der deutsche Hauptdarsteller Franzosen tötet, brechen die Teenager im Kino in Gelächter aus und feuern ihn an. Wie Lasserre später berichtet, weint Bonhoeffer so sehr, dass er sich nach dem Ende der Vorführung kaum trösten lässt.

Dietrich Bonhoeffer ist ein ernsthafter junger Theologe. Er ist das sechste von acht Kindern, aufgewachsen als Sohn von Karl Bonhoeffer, dem renommierten Psychiatrieprofessor an der Berliner Charité, und seiner Frau Paula, Enkelin des bekannten Karl von Hase, Theologieprofessor zu Jena. Dietrichs Mutter ist christlich geprägt, Dietrichs Vater durch und durch Wissenschaftler. Gemeinsam verankern sie in ihren Kindern Weltoffenheit, zentrale ethische Werte und die Selbstverständlichkeit des respektvollen Austauschs mit allen Menschen.

Dietrich ist zwölf, als sein zweitältester Bruder Walter 1918 an der Westfront »fällt«. Das Leben stellt Dietrich vor große Fragen. Mit Walters Bibel als Konfirmationsgeschenk studiert er Theologie, schreibt gleichzeitig seine Doktorarbeit, absolviert sein Vikariat in Barcelona, habilitiert mit jugendlichen 24 Jahren und reist 1930 für ein Studienjahr in die USA.

Oberflächlichkeit empfindet Bonhoeffer als Respektlosigkeit – gegenüber Problemen, Menschen, der Schöpfung und dem Schöpfer. An seiner New Yorker Hochschule und in der Kirchgemeinde vermisst er Substanz und Energie. Doch dann lädt ein schwarzer Mitstudent ihn in die Abyssinian Baptist Church ein. Hier in Harlem bei den Schwarzen und Armen stößt Bonhoeffer auf Lebensschmerz und Lebensfreude. Er sucht in den Schallplattenläden nach Negro Spirituals und lässt sich auf Reisen in die Südstaaten vom real existierenden Rassismus erschüttern.

1931 kehrt Bonhoeffer zurück nach Deutschland. »Im Westen nichts Neues« ist auch hier gelaufen: gekürzt um 53 Minuten und ohne die Namen der jüdischen Mitwirkenden im Vorspann. Selbst gegen diese kastrierte Fassung des Films hat das »Reichswehrministerium« noch protestiert, schließlich soll das deutsche Fußvolk keine deutschen Soldaten sehen, die am Sinn ihres Einsatzes zweifeln. »Reichspropagandaleiter« Joseph Goebbels hat für die Kinos Krawalle und Stinkbomben organisiert und dann in den Zeitungen gefordert, den Film wegen Gefährdung der öffentlichen Ordnung zu verbieten, was alsbald geschieht, wegen »ungehemmter pazifistischer Tendenz«, »Gefährdung des deutschen Ansehens in der Welt« und »Herabsetzung der deutschen Reichswehr«.

Dietrich Bonhoeffer wird Pfarrer und Studentenpfarrer, Privatdozent an der Universität Berlin und Jugendsekretär des »Weltbundes für Freundschaftsarbeit der Kirchen«. Als Heinrich Himmler 1933 mit Dachau sein erstes Konzentrationslager eröffnet, publiziert Bonhoeffer einen Text zur »Kirche vor der Judenfrage.« Die Kirche, so schreibt er, könne erstens den Staat hinterfragen und ihn so unterstützen, jener Staat zu sein, den Gott verordnet hat. Sie könne zweitens den Opfern falschen staatlichen Handelns helfen. Und sie könne drittens »dem Rad in die Speichen fallen«, statt nur jenen zu helfen, die unter die Räder jenes Staates gekommen seien, welcher willkürlich zu wenig Ordnung und Recht durchsetze oder zu viel davon erzwinge.

»Das menschlich Schönste an Dietrich war seine Selbstverständlichkeit, die es ihm leicht machte, mit jedermann umzugehen. Er bewegte sich im täglichen Leben mit einer erstaunlichen Sicherheit. Er genierte sich nicht, seine Freude an einer guten Zigarre und an einem guten Wein und nicht minder an einem guten Essen zu zeigen.«

Fabian von Schlabrendorff

Im Kielwasser der Nazis beginnen evangelische Kirchen ab 1933, Pfarrer jüdischer Herkunft aus ihren Ämtern zu entfernen. Dietrich Bonhoeffer, Martin Niemöller und weitere Berliner Pastoren sind entsetzt und gründen den Pfarrernotbund. Schon Ende des Jahres haben sich über 6 000 Pastoren aus dem ganzen »Reich« angeschlossen. Der Bund wird zum Grundstein der »Bekennenden Kirche«.

Um über den Tellerrand hinauszublicken, wird Bonhoeffer im Oktober 1933 Pastor in London. Zum anglikanischen Bischof George Bell entsteht eine tiefe Freundschaft. Bell wird für viele Jahre zum englischen Fürsprecher des deutschen Widerstandes.

Zurück in der Heimat bildet Bonhoeffer ab 1935 in Finkenwalde/Stettin junge Pastoren aus. Er ahnt nicht, dass einer der ersten Studenten, Eberhard Bethge, eines Tages seine Biografie schreiben und sein Vermächtnis jahrzehntelang pflegen würde. Aber er ahnt, dass es irgendwann um mehr gehen würde als um den Schutz der Kirche. »Obwohl ich mit vollen Kräften in der kirchlichen Opposition mitarbeite«, schreibt Bonhoeffer einem Schweizer Freund, »ist mir klar, dass sie nur ein vorläufiges Durchgangsstadium zu einer ganz anderen Opposition ist.«

In Finkenwalde entsteht die tiefe Freundschaft zu Ruth von Kleist-Retzow. Die 65-Jährige ist Mitglied der Bekennenden Kirche. Bonhoeffer konfirmiert mehrere ihrer Enkelkinder, ihr Gutshaus in Klein-Krössin wird zum Nest des Austauschs über Theologie und Politik, in dem auch ein Attentat auf Adolf Hitler diskutiert wird.

1937 verhaftet die Gestapo 800 Pastoren und Laienmitarbeiter der Bekennenden Kirche, unter ihnen Pfarrer Martin Niemöller, und schließt Bonhoeffers Seminar in Finkenwalde. Getarnt als Hilfsprediger führt er es andernorts im Geheimen noch zwei Jahre lang weiter. Er reist, pflegt Netzwerke und schreibt. Im Juni 1939 bietet »seine« Uni in New York ihm einen Lehrstuhl an. Bonhoeffer ist zerrissen, sieht seine Aufgabe aber in Deutschland. Fünf Wochen nach seiner Absage befiehlt Hitler den Angriff auf Polen.

Die andere Opposition

Über die Gräueltaten der SS ist Bonhoeffer gut informiert: Der Mann seiner Schwester Christine, Dr. jur. Hans von Dohnanyi, arbeitet im Nachrichtendienst. Dessen Vorgesetzter, Oberst und Pfarrerssohn Hans Oster, gehört zu einer Gruppe Offiziere, die vom Gebaren der SS angewidert und über die irrwitzigen Kriegspläne von Hitler entsetzt sind. Von Dohnanyi und Oster rekrutieren Bonhoeffer zum Schein für den Nachrichtendienst: Offiziell soll er seine internationalen Kontakte nutzen, um Informationen für die Wehrmacht zu beschaffen. Osters Vorgesetzter, Abwehrchef Admiral Wilhelm Canaris, deckt die Aktion.

Ab 1940 gibt Bonhoeffer sich somit vor der Welt und einem großen Freundeskreis als reisefreudiger Pastor aus. Vor Behörden und Gestapo gibt er sich als Agent aus, der sich als reisefreudiger Pastor ausgibt. In Tat und Wahrheit ist er ein reisefreudiger Pastor, der am Netzwerk des Widerstandes im Ausland knüpft. Bonhoeffer ist bereit, dem Rad in die Speichen zu greifen. Als er im Herbst 1941 von einer Reise in die Schweiz zurückkehrt und erfährt, dass die Juden in Deutschland künftig als Stigma einen gelben Stern zu tragen haben, macht er bei Dohnanyis zu Hause die Aussage, dass er notfalls bereit wäre, Hitler selber zu töten. Für ihn ist klar, dass er nur eine Tat vorbereiten kann, zu der er auch selbst bereit wäre. Er hält es für eine Sünde, sich der Verantwortung zu verweigern, aus

Angst, sich schuldig zu machen. Der christliche Glaube bedeutet für ihn die Freiheit, Risiken einzugehen.

Die Gruppe um Oster arbeitet an Putschplänen. Hans Oster verrät den Holländern den Termin für den Start von Hitlers Westoffensive. Der Widerstand hofft damit auf ein schnelles Ende des Krieges und also auch des Mordens von SS, Gestapo und Hitler. Zu Osters Berliner Nest in der Abwehr gehören Bonhoeffer, von Dohnanyi, Canaris, außerdem Hauptmann Ludwig Gehre, der frühere Oberbürgermeister von Leipzig Carl Friedrich Goerdeler, Generaloberst a. D. Beck und Oberst Henning von Tresckow sowie dessen Adjutant Leutnant Fabian von Schlabrendorff. Ebenfalls in der Abwehr arbeiten Völkerrechtler Helmuth James von Moltke, der Cousin von Claus Schenk Graf von Stauffenberg und Mitbegründer der bürgerlichen Widerstandsgruppe Kreisauer Kreis. Den Kanal zum Vatikan bedient der Münchener Jurist Dr. Josef »Ochsensepp« Müller. Aktiv sind auch Dietrich Bonhoeffers Bruder Klaus, sein Schwager Rüdiger Schleicher und eine Reihe anderer Hitlergegner.

Nicht alle Verschwörer sind über alles informiert. Nicht alle arbeiten zeitgleich. Es vertreten auch nicht alle dieselbe Haltung. Einige lehnen als Christen ein Attentat ab, andere befürworten es ebendarum. Aber sie alle suchen den Umsturz und planen eine Nachkriegsordnung. Bonhoeffer steht über die schwedische Kirche in Kontakt mit Bischof Bell, der bei der britischen Regierung so hartnäckig vorspricht, bis Außenminister Anthony Eden ihn »den deutschen Bischof« schimpft. Sein Einsatz bleibt fruchtlos.

Manche Aktionen gelingen. Im September 1942 tarnen Dohnanyi und Oster mit Rückendeckung von Canaris 13 Juden als Agenten der Abwehr und ermöglichen ihnen die Flucht in die Schweiz. Aber immer wieder kommt es zu Fehlschlägen. Im März 1943 deponieren Henning von Tresckow und Fabian von Schlabrendorff ein Paket mit einer Bombe in Adolf Hitlers Flugzeug. Doch der Zeitzünder versagt, und Fabian von Schlabrendorff schafft es, das Paket unentdeckt wieder in seinen Besitz zu bringen. Acht Tage später besucht Rudolf-Christoph Freiherr von Gersdorff mit einer Bombe in Berlin eine Ausstellung, die Hitler mit seiner Anwesenheit beehrt. Hitler verlässt die Ausstellung frühzeitig, und der designierte Selbstmordattentäter Gersdorff kann den Zeitzünder im letzten Moment entschärfen.

Keine zwei Monate danach werden Bonhoeffer, von Dohnanyi und der Ochsensepp verhaftet – ihre mögliche Verbindung zum Widerstand ist der Staatssicherheit zur Kenntnis gelangt. Bonhoeffer kommt ins Wehrmachtsgefängnis Berlin Tegel. »In hundert Jahren ist alles vorbei«, hat ein früherer Gefangener an die Zellenwand gekritzelt. Fast eineinhalb Jahre verbringt Bonhoeffer hier. Für eine Anklage wegen Hoch- und Landesverrat reichen die Beweise nicht. Wenigstens ist Zelle 92 für Bonhoeffer erträglich. Der Stadtkommandant von Berlin, Generalleutnant Paul von Hase, setzt sich für seinen Neffen zweiten Grades ein, seine Familie bringt ihm ab und zu Essen, Kleidung und Bücher, auch Maria von Wedemeyer kann ihn besuchen – mit der Cousine von Fabian von Schlabrendorff und Enkelin von Ruth von Kleist-Retzow hat Dietrich Bonhoeffer sich zwei Monate vor der Festnahme verlobt.

> »Dietrich war immer guter Laune, immer gleichbleibend freundlich, er war gegenüber jedermann zuvorkommend, sodass ihm etwas gelang, was mir immer missglückt war; binnen kurzer Frist war sein Einfluss auf seine Wärter deutlich spürbar.«
>
> Fabian von Schlabrendorff

Bonhoeffer nutzt die Haft zum Schreiben. Zwischen November 1943 und August 1944 erhält allein sein Freund Eberhard Bethge zweihundert eng beschriebene Seiten, aus dem Gefängnis geschmuggelt von Wärtern, deren Vertrauen Bonhoeffer gewonnen hat. Er gibt den freundlichen und harmlosen Nichtwisser, um die Verschwörer nicht zu gefährden, die sich draußen Chancen erarbeiten, um mit einem Attentat den Umsturzplan »Walküre« auszulösen.

Im Juli ergibt sich eine Gelegenheit: Hitler ordert sein Kader zur Lagebesprechung auf die Wolfsschanze. Von Stauffenberg schmuggelt in seiner Aktentasche eine Bombe ins Führerhauptquartier, macht sie scharf, deponiert sie zwei Meter von Hitlers Füßen entfernt und verlässt unter einem Vorwand den Raum. Mehrere Offiziere sterben, Hitler kommt mit einigen Blessuren und zwei geplatzten Trommelfellen davon. Der Führer schnarrt seine Wut in die Mikrofone, die Gestapo verhaftet die meisten der rund 200 Verschwörer und Mitwisser. Generalmajor Henning von Tresckow sagt zu Fabian von Schlabrendorff: »Wenn Gott Abraham verheißen hat, er werde Sodom nicht verderben, wenn auch nur zehn Gerechte darin seien, so hoffe ich, dass Gott auch Deutschland um unseretwillen nicht vernichten wird.« Am nächsten Tag bringt er sich mit einer Gewehrgranate um.

Im Oktober findet die Gestapo in einem Geheimarchiv der Abwehr Dokumente zu den Umsturzversuchen. Sie verlegt Bonhoeffer in das Gefängnis des Reichssicherheitshauptamtes Berlin in eine winzige Zelle. Im selben Keller eingesperrt sind, neben vielen anderen, Canaris, Coerdeler, Oster, von Dohnanyi, von Schlabrendorff, der Ochsensepp. Zumindest die letzteren beiden werden gefoltert, verraten aber niemanden. Es gibt keinen Grund zur Annahme, dass auch Bonhoeffer misshandelt wird.

Im Advent 1944 schafft es ein Brief von Dietrich an Maria aus dem Gestapogefängnis. »Was heißt denn glücklich oder unglücklich?«, fragt er seine Verlobte und gibt die Antwort selbst: »Es hängt ja so wenig von den Umständen ab, sondern eigentlich nur von dem, was im Menschen vorgeht. [...] Hier noch ein paar Verse, die mir in den letzten Abenden einfielen. Sie sind der Weihnachtsgruß für Dich und Deine Eltern und Geschwister: Von guten Mächten wunderbar geborgen, erwarten wir getrost, was kommen mag ...«

Anfang Februar 1945 wird das Gestapo-Gefängnis bei einem Bombenangriff der Alliierten schwer beschädigt. Nach vier Monaten ohne Tageslicht wird Bonhoeffer zusammen mit anderen Gefangenen ins KZ Buchenwald verlegt, am Ostersonntag, am 3. April, geht es weiter nach Flossenbürg. Zur Gruppe gehören Bonhoeffer, Gehre, Sack, der Ochsensepp sowie der englische Agent Sigismund Payne Best. Payne Best wird es sein, der Bonhoeffers letzte zweifelsfrei belegte Worte überliefern kann, nämlich einen Gruß an Bischof George Bell in England: »Dies ist das Ende – für mich der Anfang des Lebens.«

Begegnung in Flossenbürg

Der Transport Richtung Süden durch ein zerbombtes Reich mit regelmäßigen Fliegeralarmen wird zur mehrtägigen Irrfahrt. 17 Personen sitzen zusammengequetscht in einem Transporter für 8 Personen mit Holzvergaser, das mitgeführte Brennholz braucht zusätzlich Platz. Unterdessen entdeckt die Gestapo ein geheimes Tagebuch von Admiral Wilhelm Canaris. Hitler befiehlt tobend die »Vernichtung der Verschwörer«. Als die Gefangenen am 7. und 8. April im KZ Flossenbürg eintreffen, ist ihr Schicksal besiegelt.

Die Neuankömmlinge werden in Einzelzellen im Arrestgebäude gesperrt. Hier sind weitere Sondergefangene untergebracht, darunter Prinz Philipp von Hessen, der eine Vorzugsbehandlung genießt. Bereits seit Wochen hier sind Oster, dessen Mitarbeiter Theodor Strünk, von Schlabrendorff sowie Canaris, welcher mit dem dänischen Geheimdienstoffizier Hans Mathiesen Lunding nebenan in Zelle 21 in regelmäßigem Klopfkontakt steht.

Lunding hört, wie Canaris am Sonntagabend, den 8. April, gegen 20.00 Uhr weggeführt wird. Beim anschließenden Standgericht wird er von SS-Standartenführer Walter Huppenkothen wegen Landes- und Hochverrates angeklagt und von SS-Richter Otto Thorbeck zum Tod verurteilt. Bonhoeffer, Canaris, Oster, Gehre und Strünck sowie

Generalstabsrichter Karl Sack ergeht es ebenso. Das Gericht ist nicht legitimiert, zudem fehlen Protokollführer wie Verteidiger. »Ein Verteidiger hätte am Ausgang des Verfahrens sowieso nichts ändern können«, wird Ankläger Huppenkothen 1956 lakonisch erklären.

Canaris wird nach dem Standgericht in seine Zelle zurückgebracht, Lunding empfängt seine letzte Klopfnachricht: »Meine Zeit ist um. War kein Landesverräter. Habe als Deutscher meine Pflicht getan. Sollten Sie weiterleben, grüßen Sie meine Frau.«

Am nächsten Morgen um sechs Uhr bekommt Lunding mit, wie die Türe von Zelle 22 aufgeschlossen wird, er hört die Befehle »mitkommen« und »alles ausziehen«. Er vernimmt das Klatschen nackter Füße auf dem Steinboden im Gang und sieht durch einen kleinen Spalt in der Türfüllung Admiral Canaris. Weitere Türen werden aufgerissen und weitere Gefangene herauskommandiert. Auch Josef »Ochsensepp« Müller vernimmt in seiner Zelle die Kommandos. Er schließt mit seinem Leben ab.

> »Ich fürchte mich nicht vor dem Erhängtwerden, aber ich möchte diese Gesichter nie mehr sehen, dieses Maß an Verkommenheit. Ich möchte überhaupt lieber sterben, als diese Gesichter noch mal zu sehen. Ich habe den Teufel gesehen, das werde ich nicht los.«
>
> Klaus Bonhoeffer, Bruder von Dietrich Bonhoeffer, notiert vor dem Todesurteil

Canaris, Oster, Gehre, Sack, Strünck und Bonhoeffer werden zwischen sechs und halb sieben Uhr nackt in den Hof des Arrestbaus geführt. Hier kreuzen sich die Wege von Dietrich Bonhoeffer und Lutz Baumgartner. Hier begegnen sich der 39-jährige Berliner und der 36-jährige Schwabe, der Theologe und der Lageradjutant. Baumgartner trägt seine SS-Uniform. Bonhoeffer ist nackt. Baumgartner macht spöttisch eine obszöne Bemerkung. Vielleicht treffen sich für einen Moment auch ihre Blicke. Bonhoeffer und Baumgartner, zwei Gesichter Deutschlands.

Bonhoeffers Ende

Die Zeugenaussagen zur Dauer der Hinrichtung gehen auseinander. Erinnerungen können trügen, Täter können beschönigen, Häftlinge können dramatisieren. Die Männer werden nicht an Galgen mit Falltüren gehängt, wo der Genickbruch zumeist für einen schnellen Tod sorgt, sondern an Würgegalgen, wo sie vom eigenen Körpergewicht stranguliert werden. Je nach Größe des Opfers oder je nach Sadismus der Henker helfen diese nach. »Bei dem kleinen Admiral hat es sehr lange gedauert«, gibt ein SS-Mann zu Protokoll: »Er ist ein paar Mal rauf- und runtergezogen worden.«

Josef »Ochsensepp« Müller sitzt immer noch in seiner Zelle. Jemand klopft an die Türe und fragt, ob er auch zu den hohen Offizieren gehöre, die gehängt würden. Er brauche sich vermutlich keine Sorgen mehr zu machen, die anderen seien bereits tot und würden hinter ihren Zellen verbrannt. Jahre später wird Müller, mittlerweile bayerischer Justizminister, erzählen, am furchtbarsten sei gewesen, dass danach durch das kleine Fenster nicht vollständig verbrannte Hautfetzen zu ihm in die Zelle flogen.

Von Schlabrendorff erfährt von einem angetrunkenen SS-Wärter, Bonhoeffers Henker hätten eine Zulage von Schnaps und Blutwurst erhalten. Prinz Philipp von Hessen geht im Lauf des Tages bei der Wachstube vorbei und sieht Habseligkeiten auf einem Tisch liegen. »Da hat diese Nacht wohl wieder jemand dran glauben müssen«, bemerkt er. Die Wachposten nicken. Auf dem Rückweg vom Gefängnishof nimmt er zwei Bücher mit, darunter einen Goethe-Band mit dem Namen Dietrich Bonhoeffer auf einer Innenseite. Ein nervöser Wachmann nimmt ihm die Bücher wieder ab.

Außerhalb des Arrestgebäudes hat die Hinrichtung kaum für Aufsehen gesorgt. Das KZ ist in Aufruhr, die amerikanischen Trup-

pen kommen immer näher. Josef Müller, Fabian von Schlabrendorff, Prinz Philipp von Hessen, Sigismund Payne Best und weitere
Sondergefangene werden weggebracht. Sie werden auf wundersame
Weise überleben. Die SS-Männer beginnen, Dokumente zu verbren-
nen und möglichst viele Spuren ihrer Schreckensherrschaft zu ver-
wischen.

Baumgartners Ende

Mitte April befiehlt Heinrich Himmler, die Häftlinge von Flossenbürg nach Dachau zu deportieren. Die ersten 2500 jüdischen Häftlinge werden in einem Güterzug abtransportiert. Amerikanische
Kampfflugzeuge halten ihn für einen Truppentransport. Hunderte
sterben.

Am 20. April machen sich im KZ 14000 Häftlinge in vier Marsch-
kolonnen auf den Weg nach Dachau. Lagerkommandant Koegel befiehlt, jeden zu erschießen, der flieht, egal ob Gefangene oder SS-
Leute. Im Lager verbleiben 1600 Häftlinge, ohne SS-Wachen, aber
zu entkräftet und ausgezehrt, um sich zu entfernen. Der Häftling
Emil Ležak setzt sich in der Kommandantur an eine Schreibma-
schine und beginnt, seine Erlebnisse aufzuschreiben. Sein Bericht
endet mit den Sätzen: »Jetzt muss ich unterbrechen, die Befreier
sind da!!!!!!! Es ist der 23.4.45. 10.50 Uhr!!!!!!!«

Die Todesmärsche nach Dachau kommen unterdessen nur sto-
ckend voran. Der Aprilregen ist kalt, marschiert wird nachts oder
tagsüber nur durch Wälder. Kommandant Koegel und Adjutant
Baumgartner pendeln in ihrem Auto tagelang zwischen den Kolonnen hin und her. Am 23. April gibt Lutz Baumgartner neue Order an
die SS-Leute: Erschossen werden sollen nicht mehr nur Fliehende,
sondern auch Verwundete. Und nicht mehr in den Kopf, sondern
ins Herz.

Als der Gefechtslärm der US-Amerikaner ab dem 24. April
immer näher kommt, schlagen sich die Wachmänner in die Wäl-

der. Die Kolonnen beginnen auseinanderzufallen. Fünf Tage später erreichen gerade einmal 2 600 Häftlinge Dachau. Alle andern sind geflohen, befreit oder hingerichtet worden. Zwischen Flossenbürg und Dachau finden die Amerikaner rund 5 000 Tote. Sie zwingen die Bewohner der Dörfer, die Leichen zu bergen und anständig zu bestatten.

Koegel und Baumgartner kommen nie in Dachau an. Baumgartner wird am 24. April morgens um acht Uhr zum letzten Mal gesehen. Koegel nimmt die Identität und den Pass eines früheren Häftlings an und arbeitet bei Landwirten in der Umgebung. Im Juni nimmt er mit seiner Frau Kontakt auf. Bei einem seiner spärlichen Besuche wird er ein Jahr später erkannt und ins Schwabacher Gefängnis gebracht, wo er sich am nächsten Tag mit einem Streifen Stoff seines Hemdes am Türknauf seiner Zellentüre stranguliert.

Von den 52 Kriegsverbrechern von Flossenbürg, denen der Prozess gemacht werden kann, plädieren alle auf nicht schuldig. Die meisten erhalten langjährige Haftstrafen, zwölf werden gehängt.

Lutz Baumgartner sitzt nicht im Gerichtssaal. Er gilt seit Ende April 1945 als »verschollen« und entgeht damit einer Anklage wegen Mordes in sechs und Beihilfe zum Mord in 1 680 Fällen. Eva Baumgartner streitet ab, den Aufenthaltsort ihres Mannes zu kennen. 1953 wird Lutz Baumgartner für tot erklärt. Trotzdem verlängert die Staatsanwaltschaft Weiden noch über fünfzig Jahre lang die Fahndungsmaßnahmen, um die Verjährungsfristen für Mord zu unterbrechen, für den Fall, dass Lutz Baumgartner doch noch eines Tages …

Epilog

Im Mai 1945 gründet Dietrich Bonhoeffers Schwester Susanne Dress das Dahlemer Hilfswerk. Darin bietet sie unter anderem ehemaligen Mitgliedern der NSDAP Gelegenheit, tätige Reue zu leisten. Ihr Bruder Dietrich wird zu einem von zehn »Märtyrern des 20. Jahrhunderts«, die über dem Westportal der Westminster Abbey mit einer Statue geehrt werden, zwei Meter neben Elisabeth von Hessen-Darmstadt, der »Tante Ella« von Alice von Battenberg.

»Verabscheuen Sie mich?«

Lutz Baumgartner, erlauben Sie mir ein paar Fragen?
Darf ich zuerst eine Gegenfrage stellen?
Von mir aus.
Verabscheuen Sie mich?
Aus tiefstem Herzen.
Ich kann es Ihnen nicht verübeln.
Fein, nachdem das nun geklärt ist, komme ich zu den Fragen.
Am Hauptprozess gegen die KZ-Wächter von Flossenbürg 1946 gab
SS-Rottenführer Josef Pinter zu Protokoll, noch am Morgen des
24. April 1945 hätten Sie, Adjutant Baumgartner, tobend befohlen,
jeden Verwundeten zu erschießen. Hat er die Wahrheit gesagt?
Ja.
Pinter hat später lebenslänglich bekommen, aber Sie sind noch
am selben Tag von der Bildfläche verschwunden. Erzählen Sie
mir bitte eine wahrscheinliche Fortsetzung Ihres Lebens.
Wie wahrscheinlich soll sie denn sein?
Sehr wahrscheinlich.
Nun, wie Sie wissen, haben die meisten SS-Leute sich ja abgesetzt, als uns die Amerikaner im Nacken saßen. Lagerkommandant Koegel auch. Und da ich in den Tagen zuvor mit ihm im Auto gesessen hatte, blieben wir vermutlich zusammen. Koegel hatte Pass und Kleider eines früheren Häftlings mitgenommen und nahm dann dessen Identität an, Otto Giesecke ...

... das steht in den Akten, erzählen Sie mir von sich, nicht von Koegel.

Lassen Sie mich ausreden?

Bitte.

So wie Koegel habe wohl auch ich einen anderen Namen angenommen. Wir fuhren sicher nach Süden. Als der Tank leer war, zündeten wir das Auto an und gingen zu Fuß weiter. Nach drei Tagen fanden wir bei einem Bauern Unterschlupf.

Hat er euch abgenommen, dass ihr Häftlinge seid?

Ach, die Leute waren ja nicht naiv. Die fragten nicht und wir erzählten nicht. Sie hatten Arbeit und wir hatten Hände.

Und dann?

Koegel zog im Juni Richtung Nürnberg, wo er auf einem anderen Bauernhof unterkam und von dort aus zu seiner Familie Kontakt aufnahm. Ich arbeitete bis zum Herbst als Knecht im Bayerischen Wald und machte mich dann auf nach Süden.

Waren Sie zu feige, um zu Ihrer Familie zurückzukehren?

Sind Sie immer so feindselig?

Nur bei SS-Mitgliedern der Totenkopfdivision.

Ich kann dieses Gespräch hier auch gerne beenden.

Nein, das können Sie nicht, das Gespräch ist fiktiv, und ich bin der, der es führt. Aber ich werde versuchen, Ihnen etwas offenere Fragen zu stellen. Also: Warum sind Sie nicht zu Ihrer Familie zurückgekehrt?

Ich wollte nicht den Amerikanern ins Fadenkreuz laufen. Außerdem war meine Ehe schon lange kaputt. Also bin ich weitergezogen. Ich musste weg von allem.

Wo haben Sie geschlafen?

Anfangs in Heuschobern, dann bei Bauern, später in Pfarrhäusern oder Klöstern. Dort aß man ordentlich und konnte sich waschen.

Die haben nie gefragt, wer Sie sind?

Ach, das war ihnen doch klar. Einige hatten schon öfter SS-Leute beherbergt. Ich schlief sogar in Braunau am Inn, dem Geburtsort des »Führers«. Grauenhaft.

Der Ort?

Nein, ich. Weil ich gezielt dort Rast machte, wo jener Mensch herkam, der mein Leben zerstört hat.

Oh, Sie möchten mir jetzt erzählen, wie es ist, das Opfer von Adolf Hitler zu sein?

Aha, Sie können nicht nur überheblich sein, sondern auch sarkastisch. Tun Sie sich keinen Zwang an, wenn das Ihrem Naturell entspricht. Aber es ist ein Fakt, dass ich nur wegen Hitler Nazi wurde.

Dietrich Bonhoeffer ist trotz Hitler kein Nazi geworden.

Bonhoeffer hatte auch eine andere Ausgangslage als ich. Er wuchs in einer großbürgerlichen Berliner Familie auf, seine Eltern lehrten ihn kritisches Denken, Respekt, Selbstbeherrschung, Weltoffenheit und noch andere Tugenden und Werte. Zudem war er unglaublich intelligent.

Woher wissen Sie das?

Aus seinen Büchern.

Die haben Sie gelesen?

Mehrere. Bis ich das geschafft habe, musste ich über 80 werden.

Darüber wüsste ich gerne mehr.

Ja, das war im Altersheim in Bariloche, Argentinien. Ich hatte Übergewicht, Diabetes, Bluthochdruck, alles in allem ein unspektakuläres Seniorenprogramm. Und dann zog eine fromm gewordene Nazi-Witwe ins Altersheim. Ihre Hirnzellen waren bereits arg dunkelgrau. Sie sang in der Cafeteria vier Stunden dasselbe Lied. »Von guten Mächten wunderbar geborgen«. Und zwar Nachmittag für Nachmittag. Es plätscherte einfach aus ihr heraus. Bis sie das Zeitliche gesegnet hat. Dann war sie weg, aber ihr Lied blieb in meinem Gehör stecken wie ein Tinnitus. Ich summte es oft, ohne es zu merken, zum Beispiel wenn ich viermal pro Nacht meine Prostata zur Toilette begleitete.

Und dann?

Einschlafen konnte ich nur mit Radio. Ich hatte einen Weltempfänger und hörte deutsche Sender. Eines Abends spielten sie »Von guten Mächten wunderbar geborgen«, und am Schluss bemerkte die Moderatorin, der Text sei von Dietrich Bonhoeffer. Da ist es dann passiert. Mir schoss die Erinnerung an jenen Pastor durch den Kopf, der im Arresthof im KZ am Galgen qualvoll erstickt, während ich hämisch grinse. Innerhalb von Sekunden kam mir der Magen hoch. Nachher war ich ein paar Wochen krank, mit Durchfall und Erbrechen. Ich konnte ihm nicht entfliehen.

Wem entfliehen?

Bonhoeffer. Das Lied kam weiterhin immer wieder über mich, aber jetzt war es begleitet von dem Bild von Bonhoeffer am Galgen. Das Lied tat mir eigentlich immer noch gut, aber das Bild war grauenvoll. Es hat mich zerrissen, und zwar fast jede verdammte Nacht. In jenem Jahr im Altersheim habe ich fast zwanzig Kilo abgenommen. Plötzlich widerten mich auch Kartoffeln und Bohnen an.

Wieso das denn?

Weil mich ihr Geruch in die Kantine im KZ zurückversetzte. Und ich sah die zwei Gefangenen vor mir, die ich auf dem Todesmarsch wegen zweier in den Hosentaschen versteckter roher Kartoffeln erschossen habe. Nicht die Kartoffeln widerten mich eigentlich an, sondern ich mich selbst.

Was geschah weiter im Altersheim?

Sonntags kamen jeweils Kirchenschwestern und sangen. Sie meinten es gut, aber der Verbrauch an Medikamenten nahm wohl eher zu. Irgendwann war ich so am Ende, dass ich eine der Schwestern bat, mir ein Buch über Bonhoeffer zu besorgen. Ich musste den Geist ansprechen, der mich nicht in Frieden ließ. Sie brachte mir Eberhard Bethges Bonhoeffer-Biografie. Tausend Seiten. Jede war eine Qual, jede war eine Befreiung. Kein Mensch kann bei der Lektüre eines einzigen Buches so viel weinen, wie ich geweint habe. Ich las noch weitere Bücher von und über ihn. Wohl drei Jahre lang habe ich jeden Tag geweint. Und als ich leergeweint war, konnte ich sterben.

Wie stirbt ein KZ-Wächter von der SS-Totenkopfdivision?

Er stirbt einsam und müde. Müde von einem grauenvollen Leben in einer grauenvollen Zeit auf einem grauenvollen Planeten. Ich war sogar zu müde, um Angst zu haben vor dem, was kommen würde. Aber die Bilder plagten mich kaum mehr. Oft spürte ich Bonhoeffers Zuversicht.

Dann hat Bonhoeffer Sie nicht mehr angeklagt?

Bonhoeffer hat mich überhaupt nie angeklagt. Ich selbst habe mich angeklagt. Wenn ich Angst hatte, hielt ich mich fest an Bonhoeffer.

Welche Ironie.

Bei ihm wusste ich, dass er mich nicht verurteilte.

Und wie sind Sie gestorben?

In meinem Zimmer, Silvester 1993, mit 84 Jahren. Ich war zu müde für ein neues Jahr. Im Grunde genommen bin ich gar nicht gestorben. Es ist eher so, dass ich mich ergeben habe, und dann hat mein müder Körper aufgehört zu leben.

Wem ergeben?

Dem, was noch kommen würde. Ich starb nachts um elf, ganz allein, das Lied von den guten Mächten im Kopf und im Herzen die Hoffnung, als Erstes Bonhoeffer zu begegnen.

Und, wie war die Begegnung?

Glaubensfragen über das Jenseits beantworte ich nicht, das war unsere Abmachung.

Stimmt. Aber Sie könnten doch einfach ein wenig fantasieren.

Sie Schlauberger. Aber meinetwegen. Wie wahrscheinlich darf's denn sein?

Sehr wahrscheinlich.

Nun denn. Stellen Sie sich den Tod vor als Hoteleingang. An der Rezeption erfahren Sie, dass Sie jeden Sonntag mit einem Menschen verbringen werden, dessen Weg Sie gekreuzt oder dessen Leben Sie beeinflusst haben.

Jeden Sonntag, das dauert ja ewig.

Das hat die Ewigkeit so an sich. Wenn Sie im Leben Dietrich Bonhoeffer waren, stehen Sie an der Rezeption und freuen sich auf viele frohe Wiedersehen. Wenn Sie aber Lutz Baumgartner waren, steigt in Ihnen eine garstige Ahnung hoch, wie viele Häftlinge aus zwölf Jahren KZ-Arbeit schon lange auf eine Begegnung mit Ihnen warten.

Oh. Da wäre ich auch lieber Bonhoeffer gewesen.

Es kommt noch besser: Am Sonntagabend bestimmt jeweils Ihr Gegenüber Ihre Zimmerkategorie für die nächste Woche. Es gibt Suiten mit Dachterrassen und Pool, Essen, Weine, Zigarren sind vom Besten. Hier können sich die Bonhoeffers der Welt gegenseitig zu Partys einladen. Aber in den Kammern im Keller teilen Sie das Plumpsklo im Korridor mit vielen Baumgartners, und das Tagesmenü besteht aus Bohnen und Kartoffeln. Meine Güte, Sie sind ja ganz bleich. Wollen wir das Thema wechseln?

Gerne, nun, ja, wo waren wir ...

Bei der Übernachtung in Adolf Hitlers Geburtsort, und Sie wollten wissen, wie es wahrscheinlich weiterging.

Richtig, danke. Wie also kamen Sie von Braunau ins Altersheim nach Argentinien?

Ich schlug mich via Salzburg und Bischofshofen durch nach Zell am Ziller und von da hinüber ins italienische Südtirol. Über das Pfitscher Joch nahm ich Hilfe in Anspruch. Die einheimischen Bergführer haben am Schlepperzuschlag gut verdient damals. Meiner bot mir sogar an, mich anzuschießen.

Anzuschießen?
Verbandszeug hatte er dabei.

Das bedarf nun der Erläuterung.
Ein früherer Einzelkunde hatte ihn mal gebeten, ihm die SS-Blutgruppentätowierung auf dem linken Oberarm wegzuschießen. Seither gehörte es zu seinem Service.

Hat es Freude gemacht?
Es war alternativlos. Ich schaffte es noch gleichentags nach Brixen ins Kloster, freundlich unterstützt von einem gestohlenen Fahrrad. Die Kapuziner hatten reichlich Erfahrung in der Pflege frischer Kriegsverletzungen an linken Oberarmen.

Ein halbes Jahr nach Kriegsende?
Das Kloster war eine bekannte Station auf den Nazi-Fluchtrouten nach Südamerika, später bekannt als »Rattenlinien«. Dahinter steckten Nazis. Der österreichische Bischof Alois Hudal in Rom war besonders emsig.

Wie ging es weiter?
Im Tohuwabohu der Nachkriegsjahre war unsereins in Südtirol relativ sicher. Nach ein, zwei Jahren als Gelegenheitsarbeiter hatte man Geld, Informationen, Kontakte und ein Ziel.

Wieso flohen so viele Kriegsverbrecher nach Argentinien?
Weil Präsident Juan Perón sein Land, oder besser gesagt, seine Politik, den Peronismus, für eine Alternative zum Kapitalismus und Kommunismus hielt. Uns »Justizflüchtige« – als das betrachteten wir Kriegsverbrecher uns – betrachtete er als Gleichgesinnte im Kampf gegen die UdSSR und die USA. Außerdem brauchte er Arbeitskräfte.

Und dann?
Man reiste halt die übliche Route. Erst ging es nach Rom. Bei der päpstlichen Hilfskommission PCA für Flüchtlinge gab man sich als Antikommunist aus, der von den Bolschewiken verfolgt wurde, bekam von der PCA ein Empfehlungsschreiben und beantragte

damit beim Roten Kreuz Reisepapiere. Das IKRK hat bis 1951 etwa 120 000 solcher Reisepapiere herausgegeben. Nachher reiste man von Rom wiederum von Kloster zu Kloster nach Genua, schiffte sich ein und setzte über nach Buenos Aires.

Und dort?

Dort brachte Fluchthelfer und SS-Hauptsturmführer Horst Carlos Fuldner mich in einer Bleibe unter. Fuldner kannte Perón persönlich und besaß seine eigene Bank, die Banco Fuldner. Bei ihm habe ich zwei Jahre lang als Büromaus gearbeitet. Im selben Haus im Stadtzentrum an der Avenida de Cordoba 374 hatte übrigens SS-Hauptsturmführer Karl Nicolussi-Leck seine Firma.

Fühlten Sie sich sicher?

Mehr oder weniger. Man verhielt sich unauffällig, um Nazijäger wie Beate Klarsfeld oder Simon Wiesenthal nicht auf sich aufmerksam zu machen.

Hatten Sie in Argentinien eine Familie?

Ja, ab Anfang der 60er.

Kannte Ihre Frau Ihre Vergangenheit?

Himmel, nein. Eine Frau, die bereit gewesen wäre, mit einem wie mir zusammenzuleben, hätte ich nicht gewollt. Eine Vergangenheit wie meine muss man sich weglügen. Ich war ein armer verfolgter Sozialist.

Wieso zogen Sie nach Bariloche?

Buenos Aires war überfüllt. Ein Schmelztiegel der unmöglichsten Rassen. So empfand ich das damals. Grauenhaft.

Und wieso wählten Sie als neue Heimat Bariloche?

Weil es ein wunderbarer Ort war. See, Berge, Skiresort, ein Schweizchen in Südpatagonien mit aufstrebendem Tourismus. Die deutsche Schule hatte über tausend Schüler. Vorsitzender des Trägervereins war Erich Priebke.

Der Nazi?

Genau der. Der Wurstaufschnitt in seinem Feinkostladen galt als der beste der Stadt. Elena kaufte oft dort ein. SS-Hauptsturmführer Priebke lebte unter seinem richtigen Namen dort. Kein Wunder, dass der freche Kerl entdeckt wurde und 1998 in Rom lebenslänglich bekam.

Und Sie?

Ich verwaltete Ferienwohnungen von reichen Argentiniern aus Buenos Aires und fiel nicht auf.

Anlagen von Geldern aus Korruption?

Möglich. Man hat nicht gefragt.

Hat das Weglügen funktioniert?

Nicht wirklich. Ich habe getrunken und Elena geschlagen, bis sie sich hat scheiden lassen und mit den Zwillingen weggezogen ist. Es war ein einsames Leben.

Hatten Sie Heimweh nach Deutschland?

Manchmal, wenn ich betrunken war. Ich hätte gerne gewusst, was aus meinen Kindern geworden ist.

Die hatten es wohl nicht leicht, als Kinder eines verschollenen Monsters. Die Biografie der Eltern prägt die Kinder.

Und auch die Kindeskinder.

Warum sind Sie damals der NSDAP und der SS beigetreten?

Weil ich jemand sein wollte. So wie Adolf Hitler jemand sein wollte. Das Heilige Römische Reich deutscher Prägung und das Deutsche Kaiserreich waren untergegangen, Hitler versprach uns ein Drittes Reich. Er hat die Löcher in unserer Seele gestopft, und wir sind ihm hinterhergestiefelt. Was waren wir dumm.

Auch intelligente Leute waren Nazis.

Dummheit und Intelligenz sind keine Gegensätze. Es gibt intellektuell außerordentlich bewegliche Menschen, die dumm sind, und intellektuell sehr Schwerfällige, die alles andere als dumm sind.

Das ist eine Frage der Definition.

Keineswegs. Menschen lassen sich von Umständen verdummen. Wo sich eine starke Macht entfaltet, werden sie mit Herdendummheit geschlagen. In der Dynamik der Herde verliert man das selbstständige Denken. Wenn alle gleich blöken, hört sich das Blöken plötzlich richtig an. Man sieht nur noch, was alle sehen, und findet nur noch richtig, was alle richtig finden.

Wie wurden Sie herdendumm?

Naja. Erst mal ist man einfach begeistert. Die Menge gibt einem Wärme, man fühlt und findet sich bestätigt. Man wird Teil von etwas Größerem. Es kommt zu einer Art Selbstabschaltung. Ein dünnes Selbst wie meines vermisst nicht allzu viel, wenn es abgeschaltet wird. Wenn man dann im Kollektiv aufgeht, ist man endlich wer. Und die Anfangskleinsten wollen immer die Schlussgrößten werden.

Hat man als SS-Sturmführer kein Gewissen?

Im Machtrausch hört man die Stimme des Gewissens nicht mehr, wie man im Bierrausch die Stimme der Vernunft auch nicht mehr hört.

Der Kater kam dann 1945.

Ja. Da fiel die Herde auseinander. Wenn das Parolenblöken verstummt, wird der Einzelne kleinlaut und die Stimme des Gewissens wird wieder hörbar. Es ist die Hölle.

Trotzdem gab es Hartgesottene, die Nazis blieben.

Die sahen wohl nicht in den Spiegel, weil sie sich vor dem Blick in die Augen der eigenen Fratze fürchteten. Aber es gibt vermutlich auch wirklich Böse. Herrenmenschen, oder eher Herrenmänner.

Werden wir den Rassismus jemals los?

Nein.

Was für eine grässliche Antwort.

Was wollen Sie denn machen? Der Mensch sucht nun mal sich selbst. Seine Identität. Sein Umfeld, das ihn trägt und auffängt. Diese Einbettung zu finden ist schwierig, gerade in der heutigen entgrenzten Gesellschaft. Und wenn dann einer aufsteht und einem jene Orientierung verspricht, die man sucht...

Wird es also immer Herdendummheit geben?

Ja. Aber heute würde ich sie Trolldummheit nennen. Hitler und Goebbels würden heute aufs Internet setzen. Die hatten ein Gefühl für die Instrumente der Macht. Und um eine Volksbewegung zu starten, braucht es wenig: Einige Hundert Follower, die liken und disliken, beleidigen und polemisieren. Jeder bespielt zwei Dutzend anonyme Profile, kauft Likes und programmiert Bots, die das Netz breitflächig vergiften. Das wirkt nach außen wie eine Volksbewegung. Sie zieht manches dünne Selbst an und bettet es ein in die gemeinsame Empörung. Das nächste 1930 startet digital.

Woher wissen Sie das alles, Lutz Baumgartner?

Man hat so seinen Blick ins Diesseits. Man sieht euch zu und lernt. Außerdem habe ich viel Bonhoeffer gelesen. Was ich von der Dummheit erzählt habe, stammt von ihm.

Was kann man denn gegen Herden- oder Trolldummheit unternehmen? Sachlich dagegen argumentieren?

Das ist meist ein Anrennen gegen Windmühlen. Mit Fakten kommt man selten gegen Haltungen an. Trolle sind allergisch auf fruchtbare Gespräche. Sie sprechen nicht mehr wie Persönlichkeiten, sondern wie Herdenmitglieder. Sie benutzen dieselben Parolen und Phrasen wie alle andern.

Ich fragte nicht nach einer Problemanalyse, sondern nach einer Lösung.

Es gibt keine Patentrezepte. Entweder schafft man es, jemanden aus der Herde herauszuholen und von deren Geblök zu isolieren, oder man bewerkstelligt einen Zusammenbruch der Herde. Bonhoeffer war bereit, den Herdenführer zu töten, damit die Herde auseinanderbricht. Besser wäre aber Prävention.

Gut, dann frage ich anders: Wie verhindert man Herdenbildung?

Indem man Kinder so erzieht, wie Bonhoeffers Eltern es taten. Die Gesellschaft braucht unabhängige Persönlichkeiten und scharfe

Denker. Die Bonhoeffers haben Hitlers Schwurbel, Schlagwörter und Polemik von Anfang an durchschaut. Sie waren mündig.

Und was gehört zu einer solchen Erziehung?

Kommunikationskompetenz. Ich wäre Hitler vielleicht nicht auf den Leim gekrochen, wenn ich verstanden hätte, wie Wahrnehmung und Kommunikation funktionieren. Wie Informationsströme entstehen, wie sie gedeutet, umgedeutet, verfälscht, gemischt, optisch aufgebrezelt und akustisch dramatisiert werden. Die Menschen von heute müssen zusätzlich einen Instinkt für die Funktionsweise der Medien und des Internets entwickeln, damit sie die Honigfallen der Verführer erkennen.

Eine riskante Sache. Manche werden mit diesem Wissen selbst Honigfallen stellen.

Ja, dieses Risiko besteht. Aber man kann es mindern, wenn man den Kindern die Hauptsache mitgibt: die Hochachtung vor Schöpfung und Geschöpfen und die respektvolle, interessierte Auseinandersetzung mit jedem Menschen. Die Liebe zur und zum Nächsten.

Ich werde müde.

Ich auch.

Erstaunlich, was für ein demütiger Mensch aus dem früheren SS-Obersturmführer geworden ist.

Danke für das »früher«. Verabscheuen Sie mich immer noch?

Im Moment nicht. Aber ich weiß nicht, wie es ist, wenn ich wieder einmal eine DOK über ein KZ ansehe.

Tun Sie mir einen Gefallen?

Je nachdem.

Bitte setzen Sie sich dem Thema weiterhin gelegentlich aus. Aber lesen Sie vor allem immer wieder Porträts von Opfern und Tätern. Werden Sie nicht mehr wütend, aber bleiben Sie traurig. Und bleiben Sie demütig. Sie wissen nämlich nicht, ob Sie ein Bonhoeffer oder ein Baumgartner geworden wären.

Dieser Satz hätte Dietrich Bonhoeffer gefallen.

Was heißt hier hätte?

Ach ja, Sie haben recht. Haben Sie Ihren Sonntag mit ihm schon verbracht?

Nein, aber es vergeht kein Tag, an dem ich mich nicht nach dieser Begegnung sehne. Damit ich ihn endlich um Verzeihung bitten und ihm danken kann.

* * * *

Was hatten **Dietrich Bonhoeffer** und **Winston Churchill** gemeinsam? Sie kämpften gegen Nazis wie **Lutz Baumgartner**. Mit unterschiedlichen Mitteln, aber demselben Ziel.

Winston Churchill · 1874 – 1965

Versager und Staatsmann

Jennie Jerome ist seit sieben Monaten verheiratet, als sie am 30. November 1874 in der Damengarderobe von Schloss Blenheim, Woodstock, Oxfordshire, ihren Sohn per Sturzgeburt zur Welt bringt, weil es ihr vom Ballsaal nicht mehr ins Schlafzimmer reicht.

Winstons Ankunft ist Programm, seine Herkunft ist es auch. Vater Randolph, Lord und Abgeordneter, Sohn des 7. Duke of Marlborough, hält seinen Sohn für einen Versager. Der Bub leidet, bleibt sitzen, die Prügel nützen nichts, Winston lispelt und stottert und spielt mit den Zinnsoldaten: Winston fällt durch. Dann stirbt der Vater, und der 20-jährige Versager geht ab wie eine Rakete. Der Krieg ist seine Startrampe. Mit 25 hat er fünf Feldzüge in den Kolonien hinter sich, flieht in Südafrika in bühnenreifer Manier aus der Kriegsgefangenschaft und wird so zum Nationalhelden.

1900 wird Winston Churchill ins Unterhaus gewählt. Von nun an rauscht er durch das Empire, wechselt zweimal die Partei, leitet sieben Ministerien, geht in die Armee und wieder in die Politik, reiht Höhenflüge und Abstürze aneinander: ehrgeizig, opportunistisch, stur, brillant. Laut Premierminister David Lloyd George ist Churchills Verstand »eine mächtige Maschine, doch wenn der Mechanismus versagt oder falschläuft, sind die Folgen verheerend«.

1931 hat Churchill sich wieder einmal politisch ruiniert, ist am Ende und konzentriert sich aufs Schreiben. Neun Jahre später riecht man auf der Insel Hitlers Mundgeruch, England will einen Kämpfer auf dem Kommandodeck, und im Mai 1940 ist Winston Churchill zurück – als Premierminister. Mit 65 Jahren.

Churchill schwört Großbritannien in einer Art auf den Krieg ein, die ihresgleichen sucht. »Unser Ziel ist der Sieg«, sagt er in seiner ersten Rede. »Sieg um jeden Preis, Sieg trotz allen Terrors, Sieg, wie lange und hart der Weg auch sein möge, denn ohne Sieg gibt es kein Überleben.« Sein Versprechen an seine Landsleute fasst er zusammen mit den Worten: »Ich habe euch nichts zu bieten als Blut, Mühsal, Tränen und Schweiß.«

Churchill schmiedet eine Allianz mit den USA und Russland, was Großbritannien und seinen Alliierten schließlich zum Sieg über Hitlerdeutschland verhilft. Zwei Monate nach Kriegsende verliert

Churchill mit der Konservativen Partei die Wahlen. Mit 71 Jahren ist seine Karriere zu Ende.

Sechs Jahre später wird Churchill zum zweiten Mal Premierminister.

Winston Churchill setzt sich ein für eine Entspannung im Ost-West-Konflikt, übersteht Schlaganfälle und schwere Depressionen, gewinnt für seine historischen Werke den Literaturnobelpreis, hält legendäre Reden, stößt Freunde und Feinde vor den Kopf – der Berserker bleibt unberechenbar.

1955 zwingen seine konservativen Parteifreunde ihren starrköpfigen 81 Jahre alten Premierminister zum Rücktritt. Noch zwei Mal wird er ins Unterhaus gewählt, bis er insgesamt 60 Jahre dort verbracht hat. Seinen letzten Krieg führt Sir Winston Churchill – 1953 hat Queen Elizabeth II. ihn mit dem höchsten Ritterorden des Vereinigten Königreichs ausgezeichnet – während seiner letzten zehn Lebensjahre gegen Tatenlosigkeit und Tod. »Es ist alles so langweilig«, sind der Überlieferung nach seine letzten Worte.

Sir Winston Churchill stirbt 1965, auf den Tag genau siebzig Jahre nach dem Tod seines Vaters Randolph. Zum Staatsakt in der Londoner St. Paul's Cathedral reisen 112 Staatsoberhäupter nach England. Der stotternde Versager, der in der Schule mehrfach sitzen geblieben und bei der Bewerbung für das Militär zweimal durch die Aufnahmeprüfung gefallen ist, gilt unbestritten als bedeutendster britischer Staatsmann des 20. Jahrhunderts.

»Ich war ein Befürworter der Wahrheit, wo immer sie Sinn machte.«

Sir Winston Churchill, ist Ihr Humidor im Jenseits gut bestückt?
Er lässt keine Wünsche offen, danke der Nachfrage. Auch von meiner Lieblingsmarke Romeo y Julieta sind immer genügend Exemplare da.

Haben Sie Ihre Zigarren zu Lebzeiten immer zu Ende geraucht?
Nein. Ein, zwei Zoll ließ ich übrig. Später, als ich längst gestorben war, habe ich in einer Biografie über mich gelesen, mein Personal auf Chartwell hätte die Stummel gesammelt, und Gärtner Kearnes hätte sie dann fertig geraucht.

Nette Geschichte.
Kearnes war wohl unterbezahlt.

Stimmt die Anekdote mit der Sauerstoffmaske?
Die stimmt. Die haben mir gehorcht und mir für meinen ersten Flug in einer drucklosen Kabine eine Sauerstoffmaske mit einem Loch für meine Zigarre hergestellt.

Und wie war das auch gleich 1945 mit dem saudischen König?
Das war folgendermaßen: Ibn Sa'ud war mein Gast. Also war ich der Gastgeber. Darum sagte ich zum Dolmetscher: »Es ist ein religiöses Gebot des Königs, nicht zu rauchen und zu trinken. Aber in meiner Kultur ist es absolute Pflicht und heiliges Ritual, Zigarren zu rauchen und Alkohol zu trinken, vor und nach dem Essen und notfalls auch dazwischen.« Ich gewann die Schlacht.

Einer Ihrer Diener schrieb, Sie hätten in zwei Tagen so viel Geld verraucht, wie er selber in einer ganzen Woche verdient hätte.

Das war Roy Howells, dieser Schwätzer.

Sie sind charmant wie eh und je.

Wer zu Lebzeiten als Haudegen zur Legende geworden ist, sollte als Toter nicht anfangen, Schalmeien zu blasen.

Wie viel haben Sie geraucht?

Acht bis zehn Stück pro Tag. Am liebsten das 178-mm-Kaliber. Ihr nennt sie ja heute Churchills.

Wie kamen Sie auf den Geschmack?

1895, auf Kuba, wo sonst. Reginald Barnes und ich sollten den spanischen Kommandanten treffen. Wir haben ein paar Tage lang nur von den kubanischen Spezialitäten gelebt, Orangen und Zigarren.

Kuba hat Ihnen gefallen?

Und wie. Auf Kuba fand das Leben statt. Jedenfalls bevor Fidel Castro kam. Ich mochte ihn.

Fidel Castro?

Natürlich war er ein Diktator mit einem grauenvollen Gebaren, aber wenn man davon einmal absieht, war er ein äußerst interessanter Mensch. Er rauchte lange Zigarren und hielt noch längere Reden, die vor Unsinn nur so strotzten. Aber er hatte Charisma und ein Ziel und setzte sich durch. Bei ihm wusste man, woran man war.

Im Gegensatz zu Ihnen.

Nun nimmt das Gespräch doch noch Fahrt auf. Ich hatte schon befürchtet, es bliebe bei einem harmlosen Wortgeplätscher. Fahren Sie fort.

Sie waren ein Wendehals, Sir. 1901 wurden Sie als Konservativer ins Unterhaus gewählt. 1904 rochen Sie den Machtwechsel und liefen über zu den Liberalen.

Wer sich verbessern will, muss sich wandeln, und wer vollkommen werden will, muss sich sehr oft wandeln.

Nur ist der Schlaumeier Churchill immer zur Macht gewandelt.

Nein, zu den Möglichkeiten. Die Konservativen ließen mich drei Jahre lang auf den Hinterbänken schmoren, diese selbstzufriedenen fetten adeligen Kleingeister. Ich habe Ohnmacht immer gehasst. Ich wollte handeln können.

Bei den Liberalen waren Sie dann stante pede Ministerkandidat.

Und nach vier Jahren Wirtschaftsminister.

Warum kehrten Sie 1924 reumütig zu den Konservativen zurück?

Reumütig? Ich???

Ich nehme es zurück.

Akzeptiert. Zurück ging ich, weil die Liberalen nichts gegen die aufkommende Labour Party unternahmen und gegen die verdammte Bolschewikenbrut.

Und weil wieder ein Machtwechsel anstand. Schon nach zwei Jahren waren Sie wieder Minister – bei den Konservativen.

Ja, das war eine der Trouvaillen unter meinen Husarenstücken. David Lloyd George sagte mir: »Seien Sie vorsichtig, Winston. Eine Ratte kann zwar ein sinkendes Schiff verlassen; aber wieder einsteigen, wenn das Schiff dann doch nicht sinkt, das kann sie nicht.«

Was taten Sie denn von 1929 bis 1939? Da waren Sie ja wieder ohne Ministerium und politisch abgeschrieben.

Ich langweilte mich. Schlug meine Zeit tot im Unterhaus. Parlieren, interpellieren, konspirieren. Daneben schrieb ich noch zwei je vierbändige historische Werke und ein paar Hundert bissige Kommentare. Aber sonst war nichts los.

So viel Tatenlosigkeit erweckt fast Mitleid. Hatten Sie wenigstens einen Zeitvertreib?

Auf Chartwell habe ich Nebengebäude gemauert, Bäume gepflanzt, Goldfische gefüttert, exotische Schmetterlinge gezüchtet, gemalt. Mit den Kindern war ich auch öfter zusammen …

… ein Sohn, drei Töchter …

… genau. Mit Randolph sprach ich manchmal in einer einzigen Woche mehr als mein Vater mit mir im ganzen Leben.

Sie hätten viel gegessen, geraucht und getrunken, heißt es.

Aber ja. Ich hatte oft Besuch. Chaplin, Einstein, Lawrence, Persönlichkeiten eben. Beim Essen mochte ich es am liebsten einfach, aber kostspielig. Was immer die gute Erde uns bot, ich war bereit, es zu genießen.

Champagner?

Immer! For Lunch and Dinner. Am liebsten Pol Roger.

Und die anderen Favourites?

Beim Brandy war es Hine, beim Scotch Johnnie Walker Red Label. Manchmal habe ich am Morgen im Bett einen Johnnie Walker mit Soda getrunken. Ich hatte fast immer Spiritus im Blut, aber richtig betrunken war ich selten. Einmal sagte mir eine Labour-Abgeordnete, ich sei betrunken. Wissen Sie, was ich antwortete?

Ja. Sie sagten: »Stimmt, Miss Braddock. Und Sie sind hässlich, aber ich bin morgen wieder nüchtern.«

Das wurde überliefert?

Sir, von Ihnen wurde sogar das überliefert, was Sie gar nie gesagt haben.

Auch das wird wohl brauchbar gewesen sein.

Wieso wurden Sie am 3. September 1939 plötzlich wieder in die Regierung berufen?

Weil Deutschland zwei Tage zuvor Polen überfallen hatte. Anfangs des Zweiten Weltkrieges war ich wieder, was ich anfangs des Ersten war: Lord der Admiralität. Der Admiralstab funkte auf die Kriegsschiffe: »Winston is back.« Nach 28 Jahren ohne mich war die Flotte in erbärmlichem Zustand.

Und wieso waren sie ein halbes Jahr später unversehens Premierminister?

Weil Deutschland am selben Tag die West-Offensive startete.

Wenn England Krieg riecht, wählt es Kämpfer. Neville Chamberlains Weichspülerpolitik hat ihn den Kopf gekostet.

Mit Ihnen hatte England sich einen Premier gewählt mit einigen Desastern im Gepäck.

Das waren keine Desaster, junger Freund, das waren Erfahrungen.

Antwerpen 1914, Dardanellen 1915 – das waren mehr als »Erfahrungen«. Dazu kamen noch ein halbes Dutzend Abwahlen und Rausschmisse. Ihre Haltung in der Indienfrage – Ghandi nannten Sie »einen aufsässigen Advokaten, als halb nackter Fakir aufgemacht«…

Wissen Sie, ich war stets ein großer Befürworter der Wahrheit, wo immer sie Sinn machte. Ghandi war tatsächlich aufsässig, er hatte tatsächlich in London Jura studiert, und »halbnackter Fakir« ist tatsächlich eine recht adäquate Beschreibung für seinen Kleidungsstil und seine penetrante Unterwürfigkeit. Er war eine unmögliche Erscheinung, ich mochte ihn. Er wusste…

…was er wollte, und setzte sich durch.

Ich sehe, Sie lernen.

Der Schriftsteller H. G. Wells sagte Anfang des Zweiten Weltkrieges über Sie: »Ich wage zu behaupten, dass wir zu Churchill halten werden, der so viele Fehler gemacht hat, dass er keine weiteren mehr machen kann, und der immerhin ziemlich gerissen ist.«

Er hat sich geirrt.

Bezüglich?

Bezüglich der weiteren Fehler. Norwegen 1940. Die Südstrategie 1943, die Ihnen von Stalin und Roosevelt abgesägt und durch die Invasion Frankreichs ersetzt wurde…

…das Resultat war dann die Jalta-Konferenz, wo Europa geteilt wurde! Und wenn ich den Deutschen nicht meine Stirn geboten hätte, zum Henker, ich war der richtige Mann zur richtigen Stunde. Besonders die Entwicklung Europas hat mir recht gegeben. Also kommen Sie mir nicht mit den paar kleinlichen Niederlagen.

*Gut, dann komme ich Ihnen mit etwas anderem. Mit etwas,
das in den Geschichtsbüchern nur eine Randnotiz darstellt,
wenn überhaupt.*

Ich bin gespannt.

Über Ihre Beziehung zum deutschen Widerstand.

Worauf wollen Sie hinaus?

*Sie haben den deutschen Widerstand im Stich gelassen. Noch
Ihr Vorgänger Neville Chamberlain hatte den Kontakt zum
Widerstand befürwortet.*

Chamberlain wollte einen Krieg vermeiden, der nicht zu vermeiden war.

*Hätte England die deutschen Verschwörer unterstützt, wäre er
vielleicht auch zu vermeiden gewesen.*

Lassen Sie mich Ihnen etwas erzählen, junger Mann. Vor und nach
meiner Wahl zum Premierminister besuchten mich Deutsche. Carl
Goerdeler, Ewald von Kleist und andere. Fabian von Schlabrendorff war sogar auf meinem Landsitz. Anfangs wollten sie uns
Briten überzeugen, dass wir uns von Hitler nicht einschüchtern
lassen sollten. Sie spielten mit dem Gedanken, dass wir Briten
einen Präventivkrieg führen könnten. Später wünschten sie sich,
dass wir gemeinsam Hitler beseitigen.

Warum haben Sie nicht eingeschlagen?

Weil Goerdelers Angebot lächerlich war. Wir Briten sollten unseren Einfluss in Westeuropa behalten, und Deutschland sollte im
Gegenzug viele Entscheidungen des Versailler Vertrages rückgän-
gig machen dürfen. Das war im Wesentlichen dasselbe, was auch
Hitler wollte.

*Mit englischer Unterstützung hätte ein Attentat auf Hitler mehr
Chancen auf Erfolg gehabt. Aber daran hatten Sie nie Interesse.*

Die Leute beim deutschen Widerstand kamen nicht als anstän-
dige Verräter, sondern als Friedensfühler, die ihr geplantes Attentat außenpolitisch absichern wollten und hofften, dass wir Briten

nach Kriegsende zu Deutschland so nett wären, dass dieses die eroberten Gebiete nicht wieder hergeben müsste. Was glauben Sie denn, wozu ein Attentat geführt hätte?

Zu weniger Krieg und weniger Toten.

Nein, zu einer Dolchstoßlegende. Die Deutschen hätten ihren getöteten Führer überhöht und den Krieg mit doppelt so viel Verve vorangetrieben.

Sie reden immer von den Deutschen statt von den Nazis. Sie kämpften nicht gegen Hitler, sondern gegen das deutsche Volk.

Gegen das Volk, das Hitler gewählt hat, meinen Sie? Nein, dagegen kämpfte ich nicht. Ich kämpfte gegen den Geist des Preußentums, das so viel Schlechtes über Deutschland und Europa gebracht hatte. Gegen den deutschen Machtanspruch, die deutsche Vorherrschaft in Europa.

Dabei waren Sie selbst durch und durch Imperialist.

Selbstverständlich. Aber ein britischer.

Eine Alternative zum Krieg haben Sie nie in Betracht gezogen. Die geheimen Informationen des Widerstandes haben Sie gern entgegengenommen, aber zurückgegeben haben Sie nichts. Sie gaben bei Ihren Leuten die Schweigeparole heraus. Ihr Außenminister Anthony Eden verbot Bischof Bell, mit seinem Freund Dietrich Bonhoeffer zu kommunizieren. Ein Abbruch der Kommunikation mit dem Widerstand des Gegners ist doch absurd.

Mitnichten. Im Juli 1941 haben die Sowjetunion und wir uns gegenseitig verpflichtet, nur im gegenseitigen Einvernehmen mit Deutschland zu verhandeln. Kontakt mit deutschen Friedensfühlern hätte bei Russland den Verdacht geweckt, dass wir Briten mit den Deutschen feilschten und mit der Idee eines Separatfriedens spielen würden.

Dann hat wohl auch Ihre große Angst vor den Russen Sie dazu gebracht, den deutschen Widerstand zwei Wochen nach

*Stauffenbergs misslungenem Attentat 1944 im britischen
Unterhaus zu verspotten?*

Habe ich das getan?

*Sie kommentierten das Attentat mit den süffisanten Worten, die
führenden Persönlichkeiten des Deutschen Reiches würden sich
gegenseitig umbringen.*

Das war kein Spott, junger Freund, das war nur Churchills legendäre Liebenswürdigkeit, ergänzt allenfalls mit einem Schuss
Johnnie Walker.

*Nach dem Attentat zitierte Bischof Bell Dietrich Bonhoeffer
als Beispiel dafür, dass das »andere« Deutschland tatsächlich
existierte. Und er bat Außenminister Eden, den enttarnten
Verschwörern zu helfen, Deutschland zu verlassen. Eden tat
nichts.*

Im Gegenteil, Eden tat ausgesprochen viel. Nur eben an den
anderen Fronten, mit denen die Deutschen uns 1944 beschäftig-
ten. Bischof Bell war im Übrigen eine fast so aufsässige Nerven-
säge wie Ghandi. Ein zäher Hund, wie Bonhoeffer, von Schlabrendorff und die andern. Die Leute hatten Mut.

Jetzt auf einmal?

Keineswegs »jetzt auf einmal«. In einem totalitären System wie
Hitlerdeutschland braucht es Mut, Hochverrat zu begehen. Ich
habe Anfang der 50er-Jahre übrigens eingeräumt, dass es vielleicht nicht nötig gewesen wäre, die Existenz eines deutschen
Widerstandes zu leugnen, um die Russen nicht zu wecken.

*Sie schieben gerne die Russen vor, Sir Winston. Aber Hand aufs
Herz, mit den Deutschen hatten Sie schon im Ersten Weltkrieg
Schwierigkeiten.*

In der Tat. In zwei Weltkriegen haben die Deutschen uns durchaus
Schwierigkeiten bereitet.

*Ich meine etwas anderes. 1914 musste Ludwig von Battenberg
als Erster Seelord der Royal Navy zurücktreten, weil Sie als sein*

Admiral keinen gebürtigen Deutschen auf diesem Posten haben
wollten. Sie kommentierten das mit: »Grausam, aber nicht
unnatürlich«.

Offenbar trat meine legendäre Liebenswürdigkeit bereits in jüngeren Jahren zutage. Da nicht England den Krieg losgetreten hatte,
werden Sie es England nicht verübeln, dass eine antideutsche
Welle entstand.

Auf welcher Sie geritten sind, anstatt etwas dagegen zu tun.

Es gehörte schon damals nicht zur Tradition der Royal Navy, den
Feind zu verteidigen.

War Ludwig von Battenberg Ihr Feind?

Wissen Sie, junger Freund, einen Krieg gewinnt man nur, wenn das
Volk den Offizieren vertraut. Einheimische Gewächse sind da hilfreich.

Wieso baten Sie denn nicht auch gleich Ihr deutschstämmiges
Königshaus Sachsen-Coburg und Gotha zur Abdankung?

Ein hübscher Gedanke, und es würde mich nicht wundern, wenn
ich ihn damals auch gehabt hätte. Vermutlich ein paar Mal pro
Woche. Aber es war gar nicht nötig. König Georg V. hat den Druck
aus dem Volk ja selbst gespürt, seine deutschen Wurzeln gekappt
und den Namen Windsor angenommen. Und Prinz Ludwig von
Battenberg ist dann auch als Louis Mountbatten glücklich geworden. So haben am Schluss alle gewonnen, nicht wahr?

Alle außer Deutschland.

Ihre Sturheit ist sympathisch, junger Freund, und unser Wortge-
fecht bereitet mir Vergnügen, alles in allem geht es hier im Jenseits doch recht harmlos zu und her. Aber lassen Sie es nun gut
sein. In friedlichem Zustand sind die Deutschen ein feines Volk.
Und mittlerweile haben sie sich so sehr an den Frieden gewöhnt,
dass sie ihn so schnell nicht mehr hergeben, wie ich hoffe. Bieder-
männliche Brandstifter gibt es überall, aber ich vertraue auf die
deutsche Gründlichkeit beim Löschen.

Jetzt bläst Churchill ja doch noch die Schalmei.

Etwas möchte ich Ihnen noch mitgeben, denn Ihre Fragen zeigen, dass Sie nicht besonders viel Verantwortung tragen und sich darum den Luxus von Gesinnungsethik gönnen können. Liege ich falsch?

Nein.

Folgendes möchte ich Ihnen sagen: Es ist sehr viel leichter, eine Sache prinzipiell durchzuhalten als in konkreter Verantwortung. In konkreter Verantwortung handeln heißt, in Freiheit zu handeln und selbst zu entscheiden, ohne Rückendeckung durch Menschen oder Prinzipien. Und es heißt, für die Folgen des Handelns einzustehen. Verantwortung setzt letzte Freiheit in der Beurteilung einer gegebenen Situation, des Entschlusses und der Tat voraus. Verantwortliches Handeln liegt nicht von vornherein und ein für alle Mal fest, sondern es wird in der gegebenen Situation geboren. Es geht nicht um die Durchführung eines Prinzips, das zuletzt doch an der Wirklichkeit zerbricht, sondern um das Erfassen des in der gegebenen Situation Notwendigen, des »Gebotenen«. Es muss beobachtet, abgewogen, gewertet werden, und das alles in der gefährlichen Freiheit des eigenen Selbst.

Nun verstehe ich, wieso Sie den Literaturnobelpreis bekommen haben.

Kluge Gedanken, nicht wahr? Dietrich Bonhoeffer schrieb sie nieder, 1942.

Ausgerechnet Churchill zitiert Bonhoeffer?

Menschen mögen noch so gegensätzlich sein, sie handeln trotzdem oft aufgrund derselben Erkenntnisse. Daran sollte man vor allem dann denken, wenn man auf den andern Menschen zielt, weil man ihn für einen Feind hält.

* * * *

Winston Churchill und **Mary Ann Graves** haben beide einen wetter-
gegerbten Humor. Mit beiden kann man wunderbare Streitgespräche
führen und wunderbare Waffenstillstände herbeiführen.

Mary Ann Graves · 1826 – 1891

Überlebende des Dramas am Donnerpass

Als die 19-jährige Mary Ann Graves sich mit ihrer Familie im Frühling 1846 in Illinois auf den Weg in den Westen macht, ahnt sie nicht, dass sie als Teil einer der spektakulärsten Tragödien in die Geschichte der USA eingehen würde.

Am 12. Mai 1846 treffen drei Familien in der Kleinstadt Independence im US-Bundesstaat Missouri ein. Hier kommen die meisten Siedler vorbei, die nach Kalifornien auswandern wollen, wo Orangen blühen und der Weizen mannshoch steht. Sie bringen Planwagen, Zugochsen und Gottvertrauen mit. Vor ihnen liegt der 3500 Kilometer lange Oregon Trail mit Prärien und Gebirgen, Büffeln und Indianern und einigen wenigen Handelsposten.

Zur Gruppe gehören die Familien der Brüder Donner und die Familie Reed mit je einigen Begleitern. In den ersten Wochen der Reise schließen sich die Breens, die Eddys und die deutschstämmigen Kesebergs an, außerdem die 37-jährige Witwe Murphy mit sieben Kindern, zwei Schwiegersöhnen und drei Enkeln.

In den ersten zwei Monaten der Reise stirbt Großmutter Reed, und Philippine Keseberg bringt einen Jungen auf die Welt. Nach einer Woche Pause in Fort Laramie im Bundesstaat Wyoming kämpft der Treck sich bei fast 40 Grad Celsius hinauf in die Rocky Mountains. Am 18. Juli überquert er den South Pass auf 2300 Metern über dem Meer. 1600 Kilometer sind geschafft. Halbzeit. Am Little Sandy River steht dann eine Entscheidung an: Folgt man dem Oregon Trail nach Nordwesten oder wagt man sich auf die neue Route weiter südlich? Der »Hastings Cutoff« soll 300 Meilen kürzer sein.

Tamsen Donner traut der noch kaum erkundeten Route nicht. Sie hat die Warnungen in Fort Laramie im Ohr, die Route sei für Planwagen ungeeignet. Doch der herrische James Reed will die Abkürzung nehmen und setzt sich durch.

Die Abkürzung

Die Wahl des Hastings Cutoff erweist sich als katastrophale Fehlentscheidung. Über das Wasatch-Gebirge müssen sich die Auswanderer mit Axt, Pickel und Schaufel für ihre Planwagen eine Schneise durch Gestrüpp und Bäume schlagen. Für sechzig kräftezehrende Kilometer benötigen sie drei Wochen.

Unterwegs stoßen Franklin und Elizabeth Graves mit ihren neun Kindern zwischen eins und einundzwanzig dazu. Mit dabei sind zudem ein Schwiegersohn und ein Begleiter. Nun ist die »Donner Party« komplett: 87 Reisende – knapp die Hälfte davon Kinder –, 23 Planwagen mit bis zu sechs Zugochsen sowie mehrere kleine Herden Vieh.

Die große Salzwüste, an der ein Jahr später Salt Lake City gegründet werden wird, erweist sich als Hölle. In der sengenden Hitze verflüssigt die Salzkruste sich, die Planwagen versinken teils bis zu den Radnaben darin. Am dritten Tag geht das Wasser aus. Zugochsen sind geschwächt, einige verenden. Nach fünf Tagen und achtzig Meilen stolpern Mensch und Tier am Rand ihrer Kräfte aus der Salzwüste. Schadensbilanz: Ein Begleiter ist gestorben, fünf Planwagen und 46 Tiere sind verloren. Trotz Verspätung legt der Treck westlich der Salzwüste eine Woche Pause ein.

An American Story

Die Tragödie der Donner Party wurde zum Rohstoff unzähliger dramatischer Werke. Sie ist in die Geschichte der USA eingegangen und hat ihren Weg als Volksepos in die Schulbücher gefunden. Der kalifornischen Frémont Pass (nicht zu verwechseln mit dem gleichnamigen Pass in Colorado) heißt heute Donner Pass, der Truckee Lake Donner Lake. Der Donner Memorial State Park beim See wird jedes Jahr von über 200000 Menschen besucht.

Am 26. September erreichen die Siedler am Humboldt River wieder den bekannten Trail. Dass ihre »Abkürzung« 200 Kilometer länger war, wissen sie nicht. Nur dass sie inzwischen einen Monat Verspätung haben. Die Nerven liegen blank. Anfang Oktober ersticht James Reed im Streit einen Begleiter der Graves. Er wird verbannt und reitet allein voraus. Seine Familie weint.

Die Nächte werden kälter, der Treck wird langsamer. Die verbliebenen Planwagen sind überladen und die abgemagerten Ochsen überlastet. Der alte Belgier Haaskoop aus Kesebergs Wagen bleibt mit blutenden Füßen auf der Strecke. Die Breens, Reeds, Graves und andere Familien fallen ein bis zwei Tage hinter die Donners und Murphys zurück.

In den ersten zwei Oktoberwochen töten und stehlen Paiute-Indianer mehrere Dutzend Ochsen. Dem Treck fehlen nun fast hundert Tiere. Wolfingers müssen ihren Planwagen zurücklassen. Karl Wolfinger sucht sich abseits ein Versteck, um das Familienvermögen zu vergraben und später zu bergen. Reinhardt und Spitzer begleiten ihn als Helfer, kehren ohne ihn zurück und vermelden Doris Wolfinger, ihr Mann sei von Indianern getötet worden.

Es ist bereits Mitte Oktober, als der Treck unweit der späteren Stadt Reno nach 3 000 Kilometern die Ostflanke der Sierra Nevada erreicht. Nur noch 200 Kilometer sind es bis Sutter's Fort. Doch dazwischen liegt die Sierra Nevada. »Sierra Nevada« bedeutet »verschneiter Gebirgszug«.

Der Winter

Die Familien sind am Rand ihrer Kräfte. William Foster erschießt unbeabsichtigt seinen Schwager William Pike. Kurz darauf bricht an George Donners Planwagen die Vorderachse. Donner fällt einen Baum für eine neue Achse und verletzt sich dabei mit der Axt schwer an der Hand. Die beiden Donner-Familien fallen zurück, während die andern sich entlang des Truckee River weiter bergwärts kämpfen. Am 2. November erreichen sie den Truckee Lake auf 1 800 Metern über dem Meer. Nur gerade zehn Kilometer und 400 Höhenmeter trennen sie jetzt noch vom Frémont Pass. Doch dann zieht ein Schneesturm auf.

Die Menschen arbeiten sich in Panik voran. Als die Planwagen im Schnee stecken bleiben, laden sie ihre wichtigsten Habseligkeiten auf die entkräfteten Ochsen. »Die Erwachsenen kämpften sich durch manchmal brusthohen Schnee, uns Kinder auf den Armen, und versuchten, das verbliebene Vieh anzutreiben«, wird die damals 13-jährige Virginia Reed später erzählen. Fünf Kilometer vor dem Pass müssen sie aufgeben. »Wir Kinder schliefen im Schnee unter dem Schal meiner Mutter, den sie regelmäßig vom Neuschnee befreien musste.«

Am nächsten Morgen kehrt der Treck zum Truckee Lake zurück. Breens finden eine verlassene Hütte, alle andern bauen an geschützten Stellen in der Umgebung des Sees eigene Verschläge, Hütten ohne Fenster, mit einem Loch als Türe und mit schmutzigen Böden für gut sechzig Menschen. Die zurückgebliebenen Donner-Familien mit Begleitern und mit Witwe Wolfinger haben am Vortag etwa zehn Kilometer weiter unten am Alder Creek aus Ästen und Büffelfellen drei Notzelte für über zwanzig Menschen errichtet.

Es schneit. Tag für Tag, Nacht für Nacht. Die Menschen können kaum aus ihren Behausungen. Brennholz zu beschaffen ist schwierig. »Wir haben nun den größten Teil unseres Viehs getötet«, schreibt Patrick Breen am 20. November in sein Tagebuch. »Nun müssen wir bis zum nächsten Frühjahr hierbleiben und von Rindfleisch ohne Brot und Salz leben.« In beiden Lagern zermartern sich die Erwachsenen den Kopf, wie sie es zum Pass hinauf schaffen könnten. Am 16. Dezember 1846 bricht eine Gruppe Hoffnungsträger mit selbst gebastelten Schneeschuhen auf zum Pass: zwölf Männer – der jüngste ist der zwölfjährige Lemuel Murphy – und fünf Frauen. Zur Schar gehören Franklin Graves und seine ältesten Töchter Sarah und Mary Ann. Im Gepäck tragen sie Essen für sechs Tage, Tränen und Gebete. Elizabeth Graves hütet nun in ihrer Hütte acht unterernährte Kinder, Levinah Murphy und Eleanor Eddy in ihrer Doppelhütte neun.

In beiden Lagern kämpfen die Menschen ums nackte Überleben. Jacob Donner sowie drei Begleiter sterben noch vor Weihnachten an

Unterernährung und Entkräftung. Reinhardt gesteht Witwe Wolfinger vor seinem Tod noch, dass er selbst ihren Mann umgebracht hat. Georg Donners Entzündung kriecht von der Hand aus langsam an seinem Arm empor. Tamsen Donner versucht, einen Rest Normalität aufrechtzuerhalten, kämmt ihren drei kleinen Töchtern jeden Tag die Haare und erzählt ihnen Geschichten aus der Bibel wie die Rettung von Daniel aus der Löwengrube.

An Weihnachten 1846 verspricht Margaret Reed ihren vier Kindern für den Abend ein Fest. Sie hat mehrere gedörrte Äpfel, einige Bohnen, ein kleines Stück Speck und Kutteln gehortet. Im Allgemeinen aber besteht die Ernährung in allen Hütten aus einer geleeartigen Brühe aus gekochten Streifen von Rindsleder und Knochen. Die Murphy-Kinder nehmen das Ochsenfell auseinander, das als Teppich vor ihrer Feuerstelle liegt, rösten es stückweise im Feuer und essen es. An Silvester schreibt der Katholik Patrick Breen in sein Tagebuch:»Mögen wir mit Gottes Hilfe das kommende Jahr besser verbringen als das vergangene, wenn der Wille Gottes es für uns als angemessen erachtet.« Man betet für die Hoffnungsträger, die seit zwei Wochen unterwegs sind. Zwei sind schon nach einem Tag umgekehrt, aber die übrigen 15 werden vielleicht Hilfe bringen.

Die Hoffnungsträger

Tatsächlich haben die Hoffnungsträger sich bis zum 19. Dezember durch meterhohen Tiefschnee über den Pass gekämpft. Eine Meile westlich der Passhöhe lagern sie zu Tode erschöpft im Schnee. Kraft und Nahrung gehen ihnen aus. Mehrere werden schneeblind. Begleiter Stanton ist zurückgeblieben und zweifellos tot.»Einige wollten umkehren«, wird Mary Ann Graves sich später erinnern.»Aber die beiden indianischen Begleiter Luis und Salvador wollten weiter. Ich auch. Die Hungerschreie meiner Brüder und Schwestern wieder hören zu müssen, das war mehr, als ich ertragen konnte.«

An Heiligabend stirbt Hoffnungsträger Antonio, ein mexikanischer Begleiter. Am Weihnachtstag dreht Patrick Dolan durch, zieht sich nackt aus und watet in den Wald. Schwer unterkühlt kehrt er zurück und stirbt wenige Stunden darauf. Ebenfalls am 25. Dezember schließt Franklin Graves seine Augen, bittet aber zuvor seine Töchter Sarah und Mary Ann, sie mögen seinen Körper als Nahrung verwenden. Am Stefanstag braten die Hoffnungsträger weinend Stücke aus dem mageren Arm von Patrick Dolan. Beim Essen versuchen sie, einander nicht in die Augen zu sehen. William Eddy, Luis und Salvador essen nicht mit. Lemuels zwei Schwestern wollen mit dem Fleisch ihren kleinen Bruder stärken, aber er stirbt noch am selben Tag.

Vier Tage lang ernähren sich die verbliebenen Hoffnungsträger von Antonio, Dolan, Graves und Murphy. Das Tiefschneelager der fünf Männer und fünf Frauen unterhalb des Passes wird als »Camp der Toten« in die amerikanische Geschichte eingehen. Am 30. Dezember brechen sie wieder auf, kommen aber kaum vom Fleck. Weitere vier Tage später schlägt William Foster vor, die beiden indianischen Begleiter Luis und Salvador zu töten und aufzuessen. William Eddy warnt die beiden, und sie fliehen in die Wälder. Tags darauf stirbt Jay Fosdick. Sarah fleht die anderen an, den Leichnam ihres Mannes unbehelligt zu lassen, doch der Hunger ist stärker.

Am 9. Januar treffen die ausgemergelten Gestalten wieder auf Luis und Salvador. Sie liegen im Sterben. Die Hoffnungsträger wenden ihre Blicke ab, während William Foster die beiden Indianer erschießt. Dank der neuen Nahrung vermögen sich die nunmehr sieben Hoffnungsträger 35 Kilometer weiter talwärts zu schleppen. Drei Tage nach der Erschießung der zwei Indianer erreichen sie ein Indianerdorf, dessen Bewohner ihr Eichelbrot mit ihnen teilen. Nach einigen Tagen lässt Eddy sich gegen gute Bezahlung von Indianern zur nächsten Siedlung begleiten und streckenweise tragen. Am 17. Januar 1847, kurz vor Sonnenuntergang, entdeckt Harriet Ritchie

von Johnson's Ranch draußen im Schnee einen bis aufs Skelett ausgemergelten Mann, gestützt von zwei Indianerjungen.

Noch in derselben Nacht brechen Männer auf, folgen Eddys blutigen Fußspuren zurück und finden nach etwa zehn Kilometern
die übrigen sechs Hoffnungsträger halb tot im Schnee liegen. Über
einen Monat nach ihrem Aufbruch am Truckee Lake ist ihre Odys-
see zu Ende. Überlebt haben alle fünf Frauen sowie zwei Männer.
Von den acht toten Männern dienten sieben als Nahrung.

Die Horrorgeschichte verbreitet sich von Johnson's Ranch aus wie
ein Lauffeuer ins 65 Kilometer talabwärts liegende Sutter's Fort, das
zwei Monate später Sacramento heißen wird, und von dort bis nach
Yerba Buena mit seinen 800 Einwohnern, das auf San Francisco um-
getauft werden wird. Auch der aus dem Treck verbannte James Reed
hört davon und macht sich auf zu Sutter's Fort. Seine Familie am
Truckee Lake verwertet derweil Virginias Kinderbuch: Die Seiten
nähren das Feuer, die Buchdeckel nähren die Familie. »Mit Gottes Hilfe wird der Frühling bald über uns lächeln«, notiert Patrick
Breen am 10. Februar in sein Tagebuch.

Die Retter

Am 11. Februar überquert an der Westflanke der Sierra Nevada nach
mehrtägigem Fußmarsch die erste Rettungskolonne mit William
Eddy die Schneegrenze. Bei starkem Schneefall arbeiten sich die
Retter bergwärts. Als die Schneehöhe zwei Meter beträgt, geben
sechs Männer auf und kehren um, einer legt ein Depot mit Nah-
rungsmitteln an und lagert mit den erschöpften Maultieren. Sieben
Retter kämpfen sich ohne Weg und ohne Guide fünf Tage lang weiter. Als Orientierungshilfe für nachfolgende Rettungskolonnen und
für den eigenen Rückweg stecken sie vertrocknete Pinien in Brand
und hängen Säcke mit Lebensmitteln an Bäume.

Sechzehn Tage nach ihrem Aufbruch in Sutter's Fort überqueren
sie entkräftet den zugefrorenen Truckee Lake. »Wir kamen an die

Stelle, wo wir laut Reed die Auswanderer finden sollten«, wird Retter Daniel Rhoads sich später erinnern. »Wir brüllten. Und dann sahen wir eine Frau aus einem Loch im Schnee auftauchen. Sie rief mit hohler Stimme: Seid ihr Männer aus Kalifornien oder kommt ihr vom Himmel? Den grässlichen Anblick der Menschen kann ich nicht mehr vergessen.«

Die Hütten sind unter einer drei bis vier Meter tiefen geschlossenen Schneedecke begraben. Der Geruch darin ist unerträglich. Unweit der Hütten liegen dreizehn Verhungerte, nur behelfsmäßig mit etwas Schnee bedeckt. Im Donner-Lager am Alder Creek bietet sich der gleiche Anblick. Die Retter verschweigen den Eingeschlossenen, dass acht ihrer fünfzehn Hoffnungsträger es nicht geschafft haben. Die Betroffenen werden früh genug erfahren, dass sie Witwen und Waisen geworden sind.

Die sieben Retter evakuieren dreiundzwanzig Schützlinge. Einige müssen nach kurzer Zeit entkräftet an den See zurückkehren, die übrigen schaffen es innerhalb von zwei Tagen bis zum ersten Nahrungsmitteldepot, das aber von Tieren geplündert worden ist. In den darauffolgenden drei Tagen essen Kinder die Wildlederfransen von der Hose eines Retters und die Schnürsenkel eines anderen. Ein Mann bleibt auf der Strecke. Nach acht weiteren Tagen ist die Gruppe in Sicherheit. Der zwölfjährige William Hook überfrisst sich beim ersten Nahrungsmitteldepot so, dass er daran stirbt.

Eine Woche nachdem die ersten Hilfskolonnen die Lager verlassen haben, trifft James Reed mit einer zweiten Rettungskolonne ein. In der Zwischenzeit haben in beiden Lagern die Kinder Fleisch erhalten. Nicht alle haben erfahren, woher es stammte. »Vater weinte und sah uns die ganze Zeit nicht an«, glaubt die damals vierjährige Georgia Donner sich als Erwachsene zu erinnern. »Wir Kleinen hatten das Gefühl, dass wir nicht anders konnten. Es gab nichts anderes.«

Drei Retter bleiben als Unterstützung im Lager am See zurück, die andern machen sich nach drei Tagen mit siebzehn Schützlingen auf den Weg. Tamsen Donner vertraut den Rettern Cady und Stone ihre drei kleinen Töchter an, die ihr gegen eine exorbitante Entlohnung zusichern, sie nach Kalifornien zu bringen. Oben am Lager beim See angekommen, lassen Cady und Stone die drei Mädchen zurück und machen sich allein auf ins Tal.

Unweit der Passhöhe gerät die zweite Rettungskolonne in einen heftigen Schneesturm. Nach zwei Tagen in einer Schneegrube sind die meisten Schützlinge zu schwach, um sich weiter fortzubewegen. Patrick Breen erklärt, er und seine Familie würden lieber hier im Schneelager sterben als unterwegs. Die Retter um James Reed nehmen drei Kinder mit, in der Schneegrube zurück bleiben das Ehepaar Breen, Elizabeth Graves sowie elf Kinder. Elizabeth Graves, ihr Sohn Franklin und der kleine Isaac Donner sterben. Dank dieser drei Verstorbenen bringen Patrick und Margaret Breen fünf eigene und vier fremde Kinder eine ganze Woche lang durch. Sie achten darauf, dass die siebenjährige Mary Donner und die neunjährige Nancy Graves nicht von ihren kleinen Brüdern essen.

Am 13. März erreicht die dritte Rettungskolonne die Schneegrube. Drei Retter bleiben, drei arbeiten sich zu den Lagern vor, wo sie auf nurmehr neun Überlebende stoßen. Sie bergen fünf Kinder, darunter die drei Donner-Mädchen. Ihre Mutter Tamsen Donner weigert sich, mitzugehen; sie will bei ihrem sterbenden Mann George bleiben und dann versuchen, sich ins Tal zu kämpfen. Am See bleiben die kranken Louis Keseberg und Levinah Murphy zurück.

Auf dem Weg hinunter ins Tal holt der Trupp den Retter John Stark ein, der im Alleingang das Ehepaar Breen und sieben Kinder aus der Schneegrube evakuiert. Seine beiden Kollegen hatten sich aus Angst vor einem neuerlichen Schneesturm mit je einem Kind talabwärts davongemacht, doch der groß gewachsene und kräftige John Stark hatte sich geweigert, die Übrigen im Stich zu lassen. »Stark erklärte den sieben Kindern, er würde sie alle runterbringen, wenn sie es nur schafften, so lange zu überleben«, schreibt Patrick Breen in seinen Memoiren. »Er trug fast immer eins, manchmal zwei Kinder, dazu den gesamten Proviant. Er neckte die Kinder, sie seien ja so knochig und leicht, er könnte sie alle tragen und würde es nicht einmal bemerken. Er malte ihnen aus, was für Leckereien sie unten im Tal zu essen bekommen würden.«

Es gelingt John Stark in einem beispiellosen Kraftakt, alle sieben Kinder und die zwei Breens lebend bis zur Schneegrenze zu bringen, wo sie auf Helfer treffen. »Nur wenige Männer haben die Willenskraft und die Energie, die John Stark hatte. Ich zolle diesem großartigen, mutigen und menschlichen Mann meinen ganzen Respekt.«

Vermutlich rund zehn Tage nach dem Aufbruch der dritten Rettungskolonne stirbt am Alder Creek George Donner. Tamsen Donner bahrt ihn auf, nimmt Abschied und schleppt sich hinauf in das Lager am See. Sie findet Levinah Murphy tot, nur Louis Keseberg ist noch am Leben.

Herr Keseberg aus Bad Berleburg

Spitzer ist Österreicher. Die Kesebergs und Wolfingers sowie die Begleiter Burger und Reinhardt sind Deutsche. Außer den Kesebergs kommen alle ums Leben. Louis Keseberg wird des Mordes an Tamsen Donner angeklagt, aber freigesprochen. Das Stigma der Kannibalen prägt das Leben des Paares. Keseberg arbeitet zwei Jahre für John Sutter, den aus der Schweiz stammenden Großgrundbesitzer von Sutter's Fort. Als Hotelier und Schnapsbrenner bleibt ihm der berufliche Erfolg vergönnt. Seine Geburt sei unter einem schlechten Stern gestanden, sagt der in Nordrhein-Westfalen aufgewachsene Keseberg: »Ich denke oft, dass der Allmächtige mich unter allen Menschen auf dem Erdboden ausgesucht hat, um zu sehen, wie viel Not, Leid und Elend ein Mensch ertragen kann.«

Es dauert weitere drei Wochen, bis eine vierte Rettungskolonne eintrifft. Sie finden den letzten Überlebenden, Louis Keseberg, in seiner Hütte sitzend, dazu einen Topf voll mit Menschenfleisch und Blut, außerdem George Donners Pistolen, Schmuck und 200 Dollar in Gold. Die Retter verdächtigen Keseberg, Tamsen Donner umgebracht zu haben, es kommt beinahe zum Lynchmord. Keseberg beschwört, Tamsen Donner sei auf dem Weg vom Alder Creek in einen Bach gefallen, halb erfroren bei ihm angekommen und in der Nacht gestorben. Sie selbst hätte ihn vor ihrem Tod gebeten, ihr Vermögen zu verstecken und es ihren Töchtern zukommen zu lassen.

Am 25. April 1847 kommt Louis Keseberg als letzter Überlebender der Donner Party in Sutter's Fort an.

Mary Ann Graves schreibt im Sommer an den Schwiegervater ihrer Schwester Sarah: »Ich will dir einen guten Rat geben: Bleib zu Hause.«

Wahrheit und Geschwätz

Die Geschichte der Donner Party zieht 1847 wie ein Lauffeuer durch Amerika. Die Erzählungen werden von Lagerfeuer zu Lagerfeuer schauerlicher, aus den Siedlern werden Kannibalen und aus den Kannibalen blutrünstige Babyfresser. Auch Zeitungen drucken bereitwillig, was ihnen aus vierter Hand zugetragen wird. Die größte Herausforderung späterer wissenschaftlicher Aufarbeitungen ist es, die Spreu vom Weizen zu trennen. Viele Fragen können nicht abschließend beantwortet werden.

»Ich habe jeden Herbst geweint, wenn der erste Schnee fiel.«

Mary Ann Clarke, wie geht es Ihnen?

Graves.

Bitte?

Mary Ann Graves. So hieß ich bei meiner Geburt.

Aber bei Ihrem Tod hießen Sie Mary Ann Clarke.

So ist es, und dazwischen hieß ich noch zwei Jahre lang Mary Ann Pyle. Aber da ich mich bei beiden Hochzeiten nicht in meinen jeweiligen Ehemann verwandelt habe, werde ich bis heute gerne mit meinem eigenen Namen angesprochen, Mary Ann Graves. Irgendwann im Verlauf dieses Gesprächs dürfen Sie mich dann Mary Ann nennen.

Aha. Und wann?

Wenn ich mit Ihren Fragen zufrieden bin.

Nun gut. Bitte schildern Sie mir den 18. Januar 1847.

Du darfst mich Mary Ann nennen.

Oh. Ein Volltreffer.

Der 18. Januar 1847 ist der Lieblingstag in meinem Leben.

Was ein Zufall aber auch. Nun denn, schieß los.

Ja, was soll ich sagen. Meine Schwester Sarah und ich lagen in jener Nacht mit den anderen vier verbliebenen Hoffnungsträgern an der Westflanke der Sierra Nevada im Schnee. Warum wir überhaupt noch lebten, kann ich mir bis heute nicht erklären. Ich habe nicht mehr viel wahrgenommen. Doch dann hörte ich in der Dunkelheit diese Stimme rufen. Sie klang nicht etwa verzweifelt, sondern kräftig, und ich war schlagartig hellwach.

Und weiter?

Die Retter schafften es tatsächlich, uns alle auf unsere blutigen Füße zu stellen und uns im Dunkeln meilenweit abwärtszuschleppen. Ich dachte nur an eines.

Ans Essen.

Ja, an Brot. Das hat bei uns allen die letzten Kräfte mobilisiert. Der Tag brach gerade an, als wir in der ersten Siedlung ankamen, Johnson's Ranch. Wir humpelten in die Blockhütte und tauchten ein in ein Meer von Wärme. Alles war warm. Alles war trocken. Selbst der Holzboden war trocken. Gott, wie habe ich geschluchzt.

Und dann konntet ihr essen.

Auf dem Holztisch in der Mitte der Hütte stand ein großer Topf mit Suppe, Speck und Bohnen. Daneben lagen zwei noch warme Brote, es gab sogar Kaffee. Auch gedörrte Äpfel waren da. Ich hatte später mein ganzes Leben lang immer gedörrte Äpfel vorrätig. Immer wenn es mir schlecht ging, roch ich an ihnen und aß einige davon.

Bitte erzähl weiter.

Erst während des Essens wurden wir gewahr, dass wir gar nicht allein waren. Auf den Wandbänken und am Boden saßen und standen Rancherkinder und Cowboys und starrten uns unaufhörlich an, das Entsetzen in den Gesichtern. Wir müssen schlimm ausgesehen und gestunken haben.

Wie ging es weiter?

Die Rancherin goss kesselweise heißes Wasser in einen Zuber, sodass wir uns waschen und die Wunden reinigen konnten. Mehrere von uns hatten erfrorene Zehen. Wir bekamen, was auf der Ranch an sauberen Kleidern verfügbar war. Und darin schliefen wir dann, auf dem trockenen Heuboden im trockenen Heu und mit trockenen Decken. Alles tat unfassbar weh, und alles war unfassbar schön und warm. Sarah und ich lagen eng umschlungen, wie jede Nacht im letzten halben Jahr. Ich hatte das Gefühl, wir würden ewig schlafen.

Habt ihr an eure sieben Geschwister gedacht?

Dafür reichte die Kraft erst am nächsten Tag. Dad war ja bei uns im Lager der Hoffnungsträger gestorben, und wir wussten nicht, wie es den anderen ging. Was haben Sarah und ich gefleht und gebetet, bis sie endlich eine Rettungskolonne hinaufschicken konnten. Sieben Wochen nach unserer eigenen Rettung kam die Kolonne wieder vom Berg herunter und in Sutter's Fort an. Unsere drei Teenager waren dabei. Sie berichteten, Mom und die vier Kleinen seien noch am Leben und würden mit der zweiten Kolonne kommen. Aber nur Nancy, Jonathan und Elizabeth schafften es noch vom Berg herunter, dank des unglaublichen John Stark.

Von deinen acht Geschwistern überlebten also sieben.

Nein. Elizabeth starb Stunden nach ihrer Ankunft, Jonathan wenige Tage später an den Spätfolgen. Nancy war also die Einzige von uns, die jene Woche in der Schneegrube überlebt hat. Bei ihr hat die Tragödie die schlimmsten Spuren hinterlassen. Mit neun Jahren sah sie ihre Mom und ihren kleinen Bruder Franklin verhungern. Und sie sah, was danach mit ihnen geschah.

Was wurde aus ihr?

Sie heiratete einen Methodistenpfarrer, hatte neun Kinder und lebte noch sechzig Jahre lang. Ihr Glaube hat ihr geholfen, mit der posttraumatischen Belastungsstörung zu leben.

Dir auch?

Nein.

Warum nicht?

Mein Schwesterchen Elizabeth war ein Jahr alt, als es in meinen Armen starb. Mom hatte es noch gestillt, als sie längst keine Milch mehr hatte. Für Elizabeths Tod habe ich Gott noch jahrelang von Herzen gehasst.

An seine Existenz hast du aber geglaubt?
Ja, natürlich. Damals kam man nicht mal auf die Idee, dass es anders sein könnte.

Gut. Ohne Umschweife: Warum hat Gott das zugelassen?
Diese Frage ist eine Schuhnummer zu groß für dich.

Weißt du die Antwort?
Selbstverständlich. Der Tod ist das Tor von der Welt der Fragen in die Welt der Antworten. Allein dafür lohnt es sich, zu sterben.

Also?
Eine Antwort dieser Liga lässt sich nicht in Form von Worten transportieren. Die Versuche waren in allen Epochen und Weltanschauungen erbärmlich. Wenn sich nicht einmal Begriffe wie »Gott« oder »Existenz« oder »Sinn« oder Kategorien wie »gut« oder »böse« auch nur halbwegs definieren lassen, kann man auch die Sinnfrage nicht beantworten.

Und wie bringen wir die Frage vom Tisch?
Gar nicht.

Das wollte ich nicht hören.
Du musst lernen, eine unbeantwortbare Frage auszuhalten und ihre Antriebskraft zu nutzen. »Homo sapiens« bedeutet so viel wie »verstehender Mensch«. Verstehen wollen heißt Mensch sein wollen. Eine unbeantwortete Frage hält den Menschen wach und treibt ihn voran.

Ich will nicht vorangetrieben werden.
Und das sagt einer, der es sich zum Beruf gemacht hat, Fragen zu stellen? Noch so eine Erklärung, und du kannst mich wieder mit Miss Graves ansprechen.

Hat dein Hass auf Gott zeitlebens angehalten?
Nein. Man kann ja auch nicht anhaltend wütend sein.

Das kann man wohl.
Meinetwegen, aber ich konnte es nicht. Es war ein Wechselbad der Gefühle. Wenn meine Kinder auf die Welt kamen, war ich dankbar

und glücklich. Wenn sie starben, war ich traurig und wütend. Als einige Goldsucher die entstellte Leiche meines ersten Mannes fanden, habe ich Gott verflucht.

Erzähl weiter.

Von Gott oder vom Mann?

Vom Mann, vorerst.

Am 16. Mai 1847 habe ich geheiratet. Also vier Monate nach meiner Rettung. Bräute waren damals begehrt in Kalifornien, ich war eine attraktive Frau, ich wollte leben, und Edward Gantt Pyle Jun. war ganz in Ordnung. Als Träger der ersten Rettungskolonne hatte Ed 40 Dollar verdient, das war selbst für eine lebensgefährliche Mission ein hoher Lohn. John Sutter hatte das bezahlt.

John Sutter von Sutter's Fort?

Ebender. Sutter, ein Schweizer, hatte dem mexikanischen Gouverneur das ganze Sacramento Valley abgeschwatzt und mit der Besiedlung begonnen. Der Mann war ein Säufer, Narzisst und Rassist, konnte aber auch sehr großzügig sein. Jedenfalls ließen Ed und ich uns dann im Santa Clara County nieder. Nancy und Lovina lebten noch eine Zeit lang bei uns. Im Mai 1848 verschwand Ed spurlos. Ein Jahr später fand man seine Leiche.

Ein Mord, sagtest du?

Ed und ein Spanier namens Antonio Valencia hatten sich ein freundschaftliches Pferderennen geliefert, wobei sich Eds Pferd einen Fuß brach. Valencia behauptete, er hätte Angst gehabt, Ed würde sich an ihm rächen, und habe ihn umgebracht, vorsichtshalber sozusagen.

Hat er ihn erschossen?

Nein, er schleifte ihn mit einem Pferd zu Tode und schoss ihm Pfeile in den Bauch, so dass es aussah, als wären es Indianer gewesen. Im Mai 1849 wurde er als erster kalifornischer Gefangener unter US-amerikanischem Recht gehängt. Zwischen Verurteilung und Strang habe ich ihm Essen gekocht.

Wieso das denn?

Ich wollte sichergehen, dass er seine Hinrichtung auch erlebt. Jeder sollte bestraft werden, der es wagen würde, mir noch mehr Menschen zu nehmen.

Wie hast du das Essen für den Mörder deines Mannes denn gewürzt?

Es heißt, einem Spanier könne das Essen nie zu scharf sein. Ich war bemüht, das Gegenteil zu beweisen.

Dein Humor ist recht kantig.

So kantig wie mein Leben.

Wie ging es mit dir als junger Witwe weiter?

Nach Eds Bestattung und der Hinrichtung von Valencia zog ich in die kalifornische Hauptstadt San José mit ihren damals gut 2 000 Einwohnern. Dort habe ich Kinder unterrichtet. 1853 habe ich James Thomas Clarke geheiratet, einen verlässlichen Schafzüchter mit guter Körperhygiene. Wir haben uns im Tulare County niedergelassen, einige Meilen westlich des heutigen Sequoia National Park. Ich war eine der ersten Lehrerinnen im County.

Wie viele Kinder hattest du selber?

Sieben. Fünf von ihnen starben vor mir. Gott hat es gewagt, mir noch mehr Menschen zu nehmen und meine Wut auf sich zu ziehen. Meinen zweitjüngsten Sohn Alexander pflegte ich bis zu seinem Tod 1891. Vier Tage später folgte ich ihm, mit 64. Meine Steinplatte steht bis heute auf dem Grabmal im Friedhof von Visalia.

Ausgestellt auf welchen Namen?

Mary Graves Clarke. Allerdings ist ein zusätzlicher Satz hineingemeißelt: »Mary Graves of the Donner Party«. Das war unser Schicksal.

Was war wessen Schicksal?

Dass wir für alle nur »die Mitglieder der Donner Party« blieben. Wir waren zeitlebens die verkörperte Faszination des Schreckens.

Als ich als junge Lehrerin in San Jose ankam, raunten die älteren Kinder den jüngeren zu, sie würden mir wohl besser gehorchen, sonst würde ich sie auffressen.

Gefärbte Erinnerungen
Einige Mitglieder der Donner Party schweigen aus Scham über das Geschehen. Andere sprechen relativ offen über das Drama. Einige beschönigen ihre Rolle, und vor allem junge Männer können der Versuchung nicht immer widerstehen, sich zu heroisieren. Die Erinnerungen einzelner Siedlerkinder, die Jahrzehnte nach der Tragödie Interviews geben, sind teils widersprüchlich und bisweilen gefärbt von älteren Texten oder Büchern anderer Autoren.

So brauchtest du nicht lange, dir Respekt zu verschaffen.
Aber dafür umso länger, mir das Vertrauen zu erarbeiten. Das ist nicht allen Mitgliedern der Donner Party gelungen. Vor allem Louis Keseberg wurde zum Monster hochstilisiert. Auf der Straße haben die Kinder mit Steinen nach ihm geworfen. Ich hatte kein Mitleid mit ihm.

Weil er Tamsen Donner umgebracht hat?
Niemand weiß, ob er das getan hat. Aber er hat auf der Reise seine Frau geschlagen. Mehrfach. Sein Jähzorn war mir so zuwider wie ihre Unterwürfigkeit. Ich habe nie begriffen, wieso sie auf ihn gewartet hat, bis auch er gerettet wurde, und dann das Stigma des Menschenfressers mit ihm getragen hat.

Liebe vielleicht?
Wohl eher Abhängigkeit.

Was hat dieses Stigma der Kannibalen mit euch gemacht?
Uns überlebende Geschwister hat es zusammengeschweißt, auch wenn wir nie mehr darüber sprachen. Einige Mitglieder der Don-

ner Party haben es Jahrzehnte später geschafft, den Truckee Lake noch einmal zu besuchen, als er bereits eine Touristenattraktion geworden war.

Du auch?

Nein. Jeder Mensch leidet auf seine Weise.

Wie hast du gelitten?

Ich habe für den Rest meines Lebens jeden Herbst geweint, wenn der erste Schnee fiel. Wenn ein Kind Fieber hatte, ging ich selbst fast daran zugrunde. Beim Stillen meiner Kinder brach ich manchmal in Weinkrämpfe aus. Am Todestag meines Vaters war ich immer krank. Und so weiter.

Was wog schwerer, das Trauma oder das Stigma?

Gegen das Trauma ist schwer anzukommen. Bilder, Gerüche, Geräusche bleiben ewig lange verknüpft mit dem Erlebnis. Das Stigma verblasst im Lauf der Zeit. Es gibt allerdings immer Leute, die dein Stigma frisch halten und benutzen, um sich selbst dadurch zu vergrößern.

Kann man dagegen etwas tun?

Nein. Aber man wächst an seinen Problemen und ist irgendwann in der Lage, diesen armseligen Menschen zu verweigern, wonach sie am meisten gieren, nämlich Aufmerksamkeit.

Deprimierend.

Es gibt auch eine schöne Seite: Man entwickelt ein Sensorium für Menschen, die sich nicht für ein Stigma interessieren, sondern für den Menschen dahinter. An die sollten sich auch eure Stigmatisierten halten.

Die Zeit der Stigmata ist vorbei. Bei uns ist nicht mehr viel tabu.

Du sprichst mich bitte wieder mit Miss Graves an.

O je. Was habe ich falsch gemacht?

Du hast Unsinn geplappert. In eurer modernen Verurteilungsgesellschaft habt ihr Dutzende Stigmata. Körpergewicht, Hautfarbe, Herkunft, Behinderungen, sexuelle Orientierung, religiöse Orientierung, Ernährungsverhalten und alles andere, worauf sich mit einem entsicherten Zeigefinger zielen lässt.

Zugegeben, es gibt sicher noch Optimierungsbedarf, aber …

Nur schon euer Problem mit dem »Übergewicht«, so etwas kannten wir gar nicht.

Jaja, schon klar. Ihr Frauen damals habt euch bestimmt nur aus purem Vergnügen in Fischbeinkorsette eingeschnürt. Aber ich glaube, jetzt verrennen wir uns. Darf ich an dieser Stelle einen Waffenstillstand vorschlagen?

Einverstanden.

Gut. Mir ist etwas aufgefallen: Die Geschichtsbücher bezeichnen Sie als »The Belle of the Donner Party«.

Ja, meist schon im ersten Satz. Als ob das Schönsein meine größte Leistung gewesen wäre.

Waren Sie schön?

Absolut. Ich entsprach den Idealen jener Zeit und trat dementsprechend auf.

Würden Sie sich selbst für mich beschreiben?

Mit Vergnügen. Ich war hellwach, schlagfertig, praktisch und zuverlässig, von Dad hatte ich die Mimik, von Mom die Altstimme mit Sternenstaub. Außerdem hatte ich sieben jüngere Brüder und Schwestern.

Sie werden mir nun nicht erklären wollen, dass jüngere Geschwister eine Frau schöner machen?

Nicht schöner, aber attraktiver auf dem Heiratsmarkt.

Aha.

Ich erklär's dir. Viele der Goldschürfer und Cowboys waren selbst in nüchternem Zustand lebensuntauglich. Die suchten keine Frau, sondern eine Mutter. Und als Frau mit sieben kleinen Geschwistern bringst du einige Erfahrung mit.

Das ist doch ein Klischee. Kein Mann will eine Frau, die ihn bemuttert.

Hast du eine Ahnung. Männer galten damals als große Buben. Man sah über manchen Suff oder manche Prügelei hinweg. Männer waren quasi von Geschlechts wegen schuldunfähig. Verantwortlich waren die Frauen, die sie offenbar nicht gut betreuten oder befriedigten. Für die Männer war das sehr bequem. Die konnten den Rowdy raushängen und waren trotzdem fein raus. Nicht wenige Frauen gefielen sich in dieser Rolle auch noch und verurteilten die Geschlechtsgenossinnen, die ihrer Meinung nach ihre Männer nicht im Griff hatten.

Und Ihnen gefiel diese Rolle nicht?

Anfänglich schon. Die Rolle gab einem eine gewisse Macht, und ich war eine gute Besetzung. Bei mir merkten die Männer schnell, dass ich eine gute Managerin war, Verantwortung aushielt und wusste, wie man mit Kindern und Kindsköpfen umgeht.

Ich glaube eher, Männer suchen unterwürfige Frauen.

Nein, die wollen starke Frauen, die sich im richtigen Moment unterwürfig geben. Solche Frauen sind alltagstauglich und geben als Trophäe mehr her.

Ach.

Ja, natürlich. Die Körbchengröße zeitigt ihre Wirkung nur durch den Auftritt, und eindrücklich auftreten kann nur eine starke Frau mit einem Blick, der dem Leben standhält. Und willst du jetzt nicht wissen, wie ich aussah?

Doch, natürlich. Ich habe ja bereits gefragt. Aber dann haben Sie von Ihrer Gestik und Stimme gesprochen.

Und warum hast du nicht nachgehakt?

Wenn mir jemand etwas nicht sagen will, respektiere ich das. Ich möchte niemanden bloßstellen, schon gar keine Toten.

Du darfst mich wieder duzen.

Gnädige Frau, vielen Dank.

Ich war groß, weiblich und schlank und hatte hohe Wangenknochen, dunkle Haare und einen blassen Teint.

Vielen Dank, Mary Ann. Du darfst mich von nun an siezen.

Was soll das denn jetzt, bitte schön?

Du wirfst den Frauen von damals vor, sie hätten die Männer bemuttert und erzogen, machst bei mir aber genau dasselbe und bestrafst unliebsame Fragen. Würdest du das auch machen, wenn ich eine Frau wäre?

Du nimmst dir als Interviewer ziemlich viel heraus, finde ich.

So viel wie du dir als Interviewpartnerin.

Wir verrennen uns wieder.

Stimmt. Waffenstillstand?

Waffenstillstand. Lassen wir uns leben, wie wir sind.

Wir haben einen Deal. Wo waren wir stehen geblieben?

Bei meinem Aussehen.

Richtig. Du sprachst von deinem blassen Teint. Galt das damals als schön?

Aber ja. Braun sah nach Feldarbeit und Armut aus. Ein bleicher Teint hatte etwas Aristokratisches.

Dann wurdest du oft angebaggert?

So ist es, und im Kalifornien während des Goldrausches war das selten ein Vergnügen. Es gab zu viele Glücksritter und Kriegsgewinnler.

Wie hast du dich gewehrt?

Ich habe mir einen eigenen Wolf zugelegt, der mich vor dem restlichen Rudel schützte. Die selbstbewusste Frau ist eine Beute, die einem passenden Wolf auflauert. Ich war eine gute Beute und zähmte gute Wölfe.

Da verkneife ich mir jetzt die Bemerkung, dass du genauso matriarchalisch tickst wie die Frauen, die du eben noch kritisiert hast.

Verkneif sie dir, ich bitte darum. Ich entscheide gern selbst, mit welchen Waffen ich kämpfe und wie ich mein Ziel erreiche.

Bei dir klingt es, als wäre die Partnerwahl ein Krieg. Verlieben war wohl kein Kriterium?

Ich war nicht naiv.

Du meine Güte.

Die einen Männer machen dir den Hof, die andern Männer bringen dir den Schmus. Ich zog die vor, die mir den Hof machten. Wer sich in den Schmuser verliebt, wird blind für seine Schwächen. Und wenn der Schmus irgendwann weg ist, bleiben die Schwächen zurück. Zum Heiraten brauchte ich einen ehrlichen und tüchtigen Kerl, der mich mit Respekt behandelte, sich regelmäßig wusch und voraussichtlich ein verlässlicher Vater sein würde.

Waren damals alle Frauen dermaßen unsentimental?

Natürlich nicht. Aber wer Grenzerfahrungen gemacht hat wie ich, weiß, worauf es ankommt. Dass ich einen unserer Retter geheiratet habe, war auch kein Zufall. Die haben damals meine Meinung von den Männern wieder etwas korrigiert.

Wieso war sie denn schlecht?

Weil die Männer es verbockt haben.

Was haben sie verbockt?

Alles. Die ganze Reise.

Im Verallgemeinern kannst du es mit mir aufnehmen, das muss man dir lassen.

Du kannst es gern konkret haben: Keseberg schlägt seine Frau und lässt den alten Belgier zurück. Reed ist ein stures Großmaul, reitet uns mit seiner Abkürzung in den Schlamassel, ersticht im Streit einen Begleiter, wird verbannt. Hastings, der »Erfinder« der Abkürzung, ist ein unzuverlässiger Blender. Reinhardt bringt aus Geld-

gier Wolfinger um. Will Foster erschießt versehentlich Will Pike.
Wie blöd muss man sein?

In Ordnung, der Punkt geht an dich.

Im Hungercamp haben die Männer mehrfach vernünftige Lösun-
gen torpediert. Durchgedreht sind öfter Männer. Als wir Hoffnungsträger uns im Schnee dem Tod entgegenschleppten, hätten
Foster und Eddy sich im Delirium beinahe gegenseitig erschossen,
weil sie einander beschuldigten, Amanda oder mich umbringen
und essen zu wollen. In diesem grauenhaften Winter habe ich gelernt, Männer zu verachten.

Ich kann es dir nicht verübeln.

Wie gesagt, einige unserer Retter haben mich wieder etwas be-
sänftigt. Insbesondere John Stark, der im Alleingang sieben Kinder und zwei Erwachsene gerettet hat. Er wurde später übrigens
Richter, Sheriff und Vater von elf Kindern. Bestimmt war er der
beste Vater in ganz Amerika.

*Was wäre denn herausgekommen, wenn die Frauen entschieden
hätten?*

Wir wären auf dem bekannten Oregon Trail geblieben und hätten Kalifornien noch im Herbst bei lebendigem Leib erreicht. Und
wenn wir schon dabei sind: Zu uns Hoffnungsträgern gehörten
fünf Frauen und zehn Männer. Überlebt haben alle fünf Frauen,
aber nur zwei Männer. Hätten wir Frauen den Treck geführt, wir
hätten manches Männerleben gerettet. Das so nebenbei.

*Hast du darüber nachgedacht, wie dein Leben verlaufen wäre,
wenn du gewusst hättest, was dich erwartet?*

Unzählige Male.

Und?

Ich wäre in Illinois geblieben, vielleicht nach Chicago gezogen,
Lehrerin geworden, vermutlich hätte ich geheiratet und Kinder
gehabt, und vielleicht hätte ich mich politisch engagiert.

Wofür?

Vielleicht für Frauenrechte.

Waren die damals ein Thema?

Selbstverständlich. Lucrecia Mott und Elizabeth Cady Stanton haben schon gegen die Sklaverei und für Frauenrechte gekämpft, als von Emmeline Pankhurst noch nie jemand gehört hat.

Warum bist du denn nicht in Illinois geblieben?

Eine Farmerstochter lässt Eltern und Geschwister doch nicht im Stich. Sie erfüllt Erwartungen.

Hast du es je bereut?

Immer mal wieder. Aber ich denke, man braucht den Weg nicht zu bereuen, den man gegangen ist, nur weil man im Rückblick einen andern Weg genommen hätte. Meine sieben Kinder waren eine große Bereicherung für mein Leben. Andererseits lebt ein Mensch ja nicht nur, um sich selbst zu bereichern, sondern auch die Gesellschaft.

Das ist dir ja trotz deines Lebensweges gelungen.

Darum bereue ich ihn ja auch nicht. Aber gelungen ist es ja gerade nicht »trotz meines Lebensweges«, sondern wegen ihm. Ohne das Drama der Donner Party wäre ich nicht in die Geschichte der USA eingegangen und hätte nicht mit meinem Lebenswillen Hunderte Millionen Menschen inspiriert.

Aha. Jetzt weißt du ja doch, warum Gott die Tragödie zuließ.

So einfach ist das nicht. Die grundsätzliche Sinnfrage ist ja nicht beantwortet, nur weil ich in meiner eigenen Biografie einen Sinn erkenne.

Oder zu erkennen glaubst.

Willst du meine Wahrnehmung oder Urteilskraft in Zweifel ziehen?

Nichts läge mir ferner.

Dann lass es bleiben. Dir ist klar, worauf es hinausläuft, wenn man die Sinnhaftigkeit und also letztlich den Wert des Lebens eines anderen Menschen beurteilt?

Vielleicht darauf, dass die Mehrheit nicht auslost, wen man zwecks Nahrungsmittelgewinnung erschießen soll, sondern sich selbstverständlich darauf einigt, dass es die Indianer sein sollen? Mary Ann? Hörte ich da ein Seufzen?

Glaub mir eines: Wenn ich etwas bereue, dann diese Tat.

Die hast nicht du begangen.

Ich habe weggesehen, das ist fast dasselbe. Der Widerhall dieser beiden Schüsse hat mich mein Leben lang geplagt. Er war meine persönliche Todsünde.

Es tut mir leid, ich hätte das nicht sagen sollen.

Ist schon in Ordnung. Weißt du, wenn eines meiner Kinder starb, war ich wütend auf Gott, weil mir schien, er hätte auch einfach weggesehen. Aber dann hatte ich jeweils sofort wieder vor Augen, wie ich selbst damals meinen Blick abwandte, damit William Foster Luis und Salvador erschießen konnte. Glaub mir, in meinem Leben habe ich viel über Rassismus nachgedacht.

Und du hast bestimmt vieles getan, um das wiedergutzumachen.

So ist es. Die Furcht, das eigene Leben würde irgendwann genauso gnadenlos bewertet, begleitete mich aber trotzdem noch lange.

Ist es so gekommen?

Gott sei Dank nein.

Wie ist es denn gekommen?

Anders.

Wie anders?

Unvorstellbar anders, und du brauchst gar nicht erst weiterzubohren. Hier machen wir Schluss.

Mary Ann Graves, ich danke dir für das wunderbare Streitgespräch.

Gern geschehen.

Wenn ich mir die Bemerkung erlauben darf – mit dir habe ich mich gerne verrannt.

Oh, vielen Dank.

∗ ∗ ∗ ∗

Mary Ann Graves war 20 und **Elisabeth Christ Trump** 22, als sie sich auf jene Reisen begaben, die für beide ihr Leben auf den Kopf stellte. Wären sie sich begegnet, sie wären wohl keine best friends geworden.

Elisabeth Christ Trump · 1880 – 1966

Deutsche Auswanderin

Die kleine Elisabeth aus Kallstadt in der Pfalz ist fünf, als der 16-jährige Friedrich Trumpf aus derselben Straße sich eines Oktoberabends 1885 davonmacht, um sein Glück zu suchen. Jahrzehnte später wird ihr gemeinsamer ältester Sohn vor den Staatsanwälten sagen: »Ich bin bei 43 Firmen der einzige Anteilseigner. Solche Details entfallen mir halt manchmal.«

Man schreibt das Jahr 1880. Die Pfalz liegt im Königreich Bayern. Sie ist reich an armen Schluckern. Doch als gehorsame deutsche Bürger bereiten sie ihrem Monarchen keine Sorgen. Ludwig II. ist ohnehin anderweitig beschäftigt. Oberhalb von Füssen entsteht ein weiteres repräsentatives Eigenheim. Bis zur Entmündigung des Königs werden zwar noch sechs Jahre vergehen, den Verstand hat er allerdings schon länger verloren.

Einer der armen Schlucker, dessen Augen nie die Gemächer von Schloss Neuschwanstein erblicken werden, ist der »Gscherr-Christ« von Kallstadt, einem Flecken in der Pfalz, sechs Fußstunden von Mannheim. Eigentlich heißt er Philipp Christ, aber da sein kleiner Weinberg nicht viel hergibt, handelt er nebenher noch mit Geschirr, was ihm seinen Spitznamen eingebracht hat. Der Gscherr-Christ ist ein verdrießlicher Zeitgenosse, und nach seinem Tod 1908 wird man im Dorf munkeln, er habe sich wohl eigenhändig umgebracht, seine kaltherzige und herrische Gattin Anna Maria sei halt auch kein Sonnenschein.

Am 10. Oktober 1880 bringt Anna Maria Christ die kleine Elisabeth auf die Welt. Sie hat blonde Haare, blaue Augen und keine Zukunft. Zumindest keine in der Pfalz. Das arme deutsche Reich ist Exportweltmeister bei den Wirtschaftsflüchtlingen. Allein in New York leben 320 000 Deutsche, jeder zehnte Bewohner der Hafenstadt spricht deutsch.

In Kallstadt träumen viele von Amerika. Auch Katharina Trumpf, Witwe des Johannes Trumpf, die mit ihren sechs Kindern an der Frankenheimerstraße lebt. Die älteste Tochter gleichen Namens ist bereits ins Gelobte Land ausgewandert. Friedrich, der jüngere von Katharinas beiden Söhnen, schließt 1885 seine Lehre als Friseur ab. Anfang Oktober macht sich auch der 16-jährige auf in Richtung Zukunft, setzt von Bremen nach Southampton über, reist im Zwischendeck der SS Eider nach New York und betritt am 17. Oktober an der Spitze von Manhattan die Vereinigten Staaten von Amerika.

Friedrich zieht in Manhattan bei seiner Schwester und ihrem Mann ein. Er schneidet Pfälzer Haare, er spricht Pfälzer Dialekt, er isst wie daheim, kleidet sich wie daheim und ist unzufrieden wie daheim. Die Zukunft ist ihm nicht groß genug. Nach sechs Jahren zieht Friedrich Trumpf Richtung Westen, denn in Washington boomt der Bergbau, und davon möchte er etwas abhaben. Im Rotlichtviertel von Seattle übernimmt der 22-jährige Friseur ein kleines Restaurant. Seinen Gästen bietet er starke Getränke und warme Mahlzeiten an, den gewerbetreibenden Damen Kammern mit Betten. Im Jahr darauf kommt Trumpf endgültig an im »land of the free and home of the brave«: Auf dem Bezirksgericht des Staates Washington nimmt er die US-amerikanische Staatsbürgerschaft an und schwört seiner Treue zum deutschen Kaiser ab, der ohnehin der letzte seiner Art sein wird. Aus dem Kraut wird ein Yank, aus Friedrich wird Frederick, aus Trumpf wird Trump. Der arme Pfälzer von einst kann dem Kapitalismus viel abgewinnen, und das hat er auch vor.

Gold I

In seinem Restaurant in Seattle klimpert Fredericks Kasse laut, für ihn aber nicht laut genug. Nach nur achtzehn Monaten macht er sich auf in die Cascades nordöstlich der Stadt. Erzvorkommen seien entdeckt worden, heißt es. Ölmagnat John D. Rockefeller baue eine Eisenbahnlinie, heißt es. Man werde reich, heißt es. Frederick kommt in der Bretterstadt Monte Christo an, reklamiert bei der Verwaltung kurzerhand einen Goldfund, ganz zufällig unweit des geplanten Bahnhofs, und kriegt auch prompt das Schürfrecht zugesprochen. Statt zu schürfen, stellt er dann aber ein Boardinghouse auf, eine Pension für Neuankömmlinge mit allerhand Dienstleistungen. Auf einem Schürfclaim zu bauen, ist zwar verboten, aber der Westen ist wild, und die andern interpretieren die Regeln auch nicht sonderlich pedantisch.

Das Klima in Monte Christo erweist sich als rau, sozial wie meteorologisch, und Frederick Trump verdient mit seinem Etablissement vier Jahre lang gutes Geld. Doch dann gibt es Gerüchte, in Alaska sei Gold gefunden worden, und wieder ist Fredericks Appetit geweckt. 1897 überlässt er seinen Betrieb in den Bergen der Obhut eines Partners, kehrt nach Seattle zurück und eröffnet drei Blocks von seinem alten Restaurant entfernt ein neues. Er will dabei sein, wenn die Stadt zur Dreh- und Angelscheibe für Glücksritter wird.

Oben in Monte Christo platzt derweil die Blase: Die Erzvorkommen sind enttäuschend, Rockefeller zieht ab, Überschwemmungen und Bergstürze zerstören Gleise und Tunnel. Frederick hat sich gerade noch rechtzeitig aus dem Staub gemacht.

Am 17. Juli 1897 wird es laut im Hafen von Seattle. Der Dampfer Portland fährt ein. Siebzig ebenso schlecht rasierte wie gut gelaunte Kerle gehen an Land. »Zeigt euer Gold«, ruft das aufgekratzte Volk am Pier, und die Neuankömmlinge lassen sich nicht lange bitten. Am Abend greifen die Schriftsetzer der Zeitung von Seattle für ihre Klondike-Extraausgabe des nächsten Tages zu den größten Lettern, die sie im Setzkasten finden: »Gold! Gold! Gold! Gold!« Zehntausende nehmen in den Monaten darauf Kurs auf Alaska, und im Spätwinter 1898 schifft sich der mittlerweile 29-jährige Frederick Trump ebenfalls ein.

Gold II

Wie die meisten Glücksritter geht auch Frederick Trump in der Küstenstadt Skagway in Alaska an Land. Von hier führen zwei Routen zu den Goldminen am kanadischen Klondike River. Abenteuerlich sind beide. Frederick entscheidet sich für den Weg über den White Pass. Er weiß nicht, dass dieser als »Dead Horse Trail« in die Geschichte eingehen wird, weil hier rund 3000 Pferde auf der Strecke bleiben werden. Aber einmal unterwegs, kombiniert er die toten Pferde am Wegrand im Schnee und die ausgehungerten Glücksritter zum Geschäftsmodell, eröffnet ein Zeltrestaurant und brät Fleisch. Der Einzige ist er damit zwar nicht, aber rentieren tut es alleweil. Die unterkühlten und übermüdeten Gespenster, die halb tot ins Zelt stolpern, interessieren sich mehr für das Fleisch als für dessen Herkunft.

Im Mai 1898 erreicht Frederick die erste Siedlung jenseits des White Pass, den Bennett Lake. Einige Tausend übel riechende Glücksritter haben am See überwintert, Tausende strömen nun dazu. Sie bauen Boote, um sich auf den Wasserweg zum Klondike River zu machen.

Frederick beschließt, sich die weiteren 800 abenteuerlichen Kilometer zu den Goldfeldern zu ersparen. Das Gold wird hierher zu ihm kommen. Zusammen mit einem Compagnon eröffnet er das New Arctic Restaurant & Hotel. »Für alleinstehende Männer bietet das New Arctic ausgezeichnete Unterkünfte sowie das beste Restaurant in Bennett«, schreibt ein Autor der *Yukon Sun*, »aber respektablen Frauen würde ich nicht raten, dort zu nächtigen.«

Zwei Jahre lang macht Frederick in Bennett Kasse. Dann erschließt die White Pass & Yukon Railroad hundert Meilen weiter nördlich die junge Kleinstadt White Horse mit der Eisenbahn. Erneut zieht Frederick dem Geld entgegen und eröffnet an bester Lage sein New Arctic Hotel. Er beherzigt die Erkenntnis seines Zeitgenossen Wilhelm Busch – »Bescheidenheit ist eine Zier, doch weiter kommt man ohne ihr« – und erklärt, sein Restaurant könne pro Tag bis zu 3 000 Mahlzeiten servieren. Es gibt Fleisch und Lachs, Zigarren und Zeitschriften, genügend Feuerwasser, Tische für Glücksspieler und Séparées für Zweisamkeiten. Der Laden brummt, und Frederick ist *great again.*

Drei Jahre später macht der Mayor der Stadt sich daran, den Ort mit etwas Moral zu zügeln. Frederick bricht seine Zelte ab. Sechzehn Jahre lang ist er dem Reichtum hinterhergejagt und hat nun ein hübsches kleines Vermögen beisammen. Was ihm noch fehlt, ist eine Frau. Er macht sich auf, eine zu suchen. In der Pfalz.

Elisabeth and Frederick

1901 erreicht Mister Frederick Trump, ein wohlhabender Bürger der Vereinigten Staaten von Amerika, den Ort seiner Kindheit. Die Brautschau zu Kallstadt fällt kurz aus, und Fredericks Mutter Katharina ist entsetzt: Ausgerechnet auf die Tochter vom verdrießlichen Gscherr-Christ fällt das wache Auge ihres Sohnes, auf die Elisabeth, ausgerechnet, die Frau ist doch weit unter ihrer Würde. Frederick indes berücksichtigt nebst Mutters Würde durchaus weitere Kriterien.

Am 26. August 1902 heiraten die beiden in Ludwigshafen, keinen Monat später ziehen sie in die Bronx. Frederick kürzt Haare und stutzt Bärte. Elisabeth erfüllt die Pflichten einer Ehegattin: Sie kocht, wäscht, putzt und wird schwanger. Allerdings wird sie auch heimwehkrank – den deutschen Bierbrauereien zum Trotz unterscheidet sich die Bronx doch erheblich von der Pfalz. Am letzten Apriltag 1904 bringt Elisabeth ihre gleichnamige älteste Tochter zur Welt, zwei Monate später besteigt die junge Familie einen Dampfer mit Kurs nach Bremen.

Der Bürgermeister von Kallstadt ist ob Frederick Trumps Einlage in der Dorfschatzkasse höchst entzückt. Weniger entzückt ist das Königreich Bayern, als der Amerikaner wieder Bayer werden möchte. An Heiligabend 1904 erhält Mr Frederick Trump vom Innenministerium in Speyer einen Brief in der wunderbaren Sprache der Dichter und Denker: »Es scheint bemerkenswert, dass Trump dauerhaft in sein Heimatland zurückkehren will, jetzt, da er sich in einem Alter befindet, in dem er sich als von seiner militärischen Verpflichtung befreit betrachten kann. Da die Annahme nicht unbegründet ist, dass besagter Trump zum Zeitpunkt seiner Auswanderung die Absicht hatte, sich dem Militärdienst zu entziehen, kann seinem Einbürgerungsantrag nicht stattgegeben werden. Im Gegenteil, es gibt Gründe zu prüfen, ob besagter Trump nicht aus dem Königreich ausgewiesen werden sollte.«

Besagter Trump ist zutiefst beleidigt. Er wehrt sich nach Kräften. Doch im militaristischen Reich der Pickelhauben unter Kaiser Wilhelm II. wiegt der Verdacht auf Drückebergertum schwer, und selbst Trumps schwülstige Bittschrift an den bayerischen Prinzregenten Luitpold bleibt erfolglos: »Dem derzeit in Kallstadt befindlichen amerikanischen Bürger und Rentner Friedrich Trump ist eröffnen zu lassen, dass er längstens bis zum 1. Mai lfd. Jrs. das bayerische Staatsgebiet zu verlassen, andernfalls aber seine Ausweisung zu gewärtigen habe.«

Nach fast genau einem Jahr in der Pfalz überquert die junge Familie 1905 an Bord der SS Pennsylvania den Atlantik in Richtung Westen. Frederick ist gedemütigt, Elisabeth ist zum zweiten Mal schwanger.

Gold III

Familie Trumps erste Wohnung in der Bronx liegt an der 539 East 177th Street, wo sie sich mit den Nachbarn ein Bad teilen. Am 11. Oktober 1905, dem Tag nach ihrem 25. Geburtstag, bringt Elisabeth den kleinen Frederick Crist Trump zur Welt, Rufname Fred.

Frederick Trump senior kürzt wieder Haare, stutzt wieder Bärte und hält wieder Ausschau nach einem Goldrausch. Er findet ihn. Und zwar im verschlafenen Gebiet jenseits des East River, bekannt als Queens. Nur 200 000 verstreute Einwohner leben hier. Doch es werden mehr werden. Viele mehr. Grundstücke und Immobilien von Queens werden gefragt sein. An der verheißungsvollen Jamaica Avenue kauft Trump ein zweistöckiges Haus mit sieben Zimmern. Er bezahlt bar. Neun Monate später wird die Queensboro Bridge nach Manhattan eröffnet. Der Rausch nimmt zu. Queens verdichtet sich, die letzten Bauernhöfe und Pferdewagen verschwinden, die Häuser und Preise wachsen, und Frederick Trump wächst mit. Er kauft und zieht um und vermietet und kauft und ist ganz in seinem Element.

Der Erste Weltkrieg bringt Trumps Motor ins Stottern. Nachdem im Mai 1915 ein deutsches U-Boot das britische Passagierschiff Lusitania mit 128 US-Bürgern an Bord versenkt und die USA knapp zwei Jahre später in den Krieg eintreten, gelten auch die Deutschamerikaner wieder als die Hunnen der Nation. Beethoven wird aus den amerikanischen Konzertsälen verbannt, auf den Speisekarten gibt's anstelle von Sauerkraut Freiheitskohl, Deutsch verschwindet aus den Straßen New Yorks, und auch die Trumpkinder sprechen nun hauptsächlich englisch.

Frederick Trump bleibt fokussiert. Unermüdlich klappert er die Makler von Immobilien und Grundstücken ab. Im Mai 1918 – man kann den Frieden in den Straßen schon beinahe riechen – ist er am Vorabend des Memorial Day wieder einmal unterwegs, wie so oft mit Fred junior an der Hand. Recht unvermittelt wendet sich der Vater seinem 13-jährigen Buben zu und bemerkt, er fühle sich schlecht. Die beiden kehren heim. Elisabeth schickt ihren Mann ins Bett. Am nächsten Tag ist er tot. Frederick Trump aus der Pfalz, 49 Jahre alt, bei Goldräuschen stets vorne mit dabei, ist auch bei den Opfern der Spanischen Grippe einer der Ersten.

Reset I

Elisabeth Christ Trump, die Tochter vom Gscherr-Christ, wird mit 38 Jahren Witwe. Ihr und ihren drei Kindern bleiben das Haus in Queens, fünf unbebaute Grundstücke, einige Hypotheken sowie Ersparnisse im Gesamtwert von 30 000 Dollar, was umgerechnet auf heutige Verhältnisse ungefähr einer halben Million Euro entspricht. Die Kinder sind noch zu klein für die Gründung eines Familienunternehmens; bis die Witwe auf diesem Kessel genügend Dampf hat, muss sie also selbst Kohle schaufeln.

Elisabeth nimmt Näharbeiten an und beginnt, aus Fredericks Hinterlassenschaft Kapital zu schlagen: Sie lässt das Grundstück direkt neben ihrem Haus von einem Bauunternehmer bebauen, ver kauft die Häuser und bietet den Käufern Hypotheken an. Mit den Zinseinnahmen will sie die Jahre überbrücken, bis sich die Kinder einspannen lassen.

Es geht schneller als erwartet: Der ältere Sohn Fred ist nicht nur nach seinem Vater benannt, sondern kommt auch sonst nach ihm. Die Highschool absolviert er nur widerwillig, daneben jobbt er als Caddy, Bordsteinwäscher und Lieferjunge, nimmt Abend- und Fernkurse in Tischlerei, Klempnerei, Mauerwerk, Elektrizität und im Verstehen von Bauplänen.

1923 schließt Fred die Highschool ab, heuert sofort als Hilfsarbeiter auf Baustellen an und errichtet nebenbei einem Nachbarn eine Garage. 1924 leiht Elisabeth ihm 800 Dollar für den Bau seines ersten Hauses, das er noch im selben Jahr fertigstellt und verkauft. Weil er mit 21 noch minderjährig ist, gründen Mutter und Sohn 1925 das Bauunternehmen »E. Trump & Son«, und keine zwei Jahre nach der Firmengründung haben Elisabeth und Fred bereits mehr als zwanzig Häuser verkauft. Fred und seine Mutter reihen weiter Haus an Haus. Bis zum Oktober 1929. Dann platzt die Blase, die Börse stürzt ab, die Roaring Twenties sind zu Ende, das amerikanische Volk steht vor den Bäckereien Schlange und kauft keine Häuser mehr. »E. Trump & Son« geht pleite.

Fred Trump eröffnet einen Lebensmittelsupermarkt. Gegessen wird schließlich immer, und »Selbstbedienung« ist das Konzept der Zukunft. Trotzdem ist er nur halbherzig dabei. Ein Auge ist stets auf den Immobilienmarkt gerichtet. Krisen sind Chancen, und was ein rechter Krisengewinnler werden will, bleibt in Lauerstellung.

Reset II

Ende 1933 wird Fred Trump aufmerksam auf die Lehrenkrauss & Co., eine der großen Hypothekenbanken drüben im Stadtteil Brooklyn. Ihre deutschstämmigen Besitzer stehen vor Gericht wegen betrügerischen Konkurses.

Trump will kein Banker werden. Aber in der Firma steckt wertvolles Wissen über Brooklyns Immobilien und über bevorstehende Zwangsvollstreckungen. Der 28-Jährige sieht seine Chance, *great again* zu werden, deklariert auf pompösem Briefpapier reiche Erfahrung im Bereich Hypotheken und Immobilien, bewirbt sich – und bekommt tatsächlich den Zuschlag. Dieses Husarenstück verschafft ihm das Kapital für Bauprojekte und die Namen vieler Hausbesitzer, die finanziell unter Druck stehen. Verheißungsvolle Liegenschaften kann er sich günstig unter den Nagel reißen, noch bevor sie auf den Markt kommen.

Im Jahr darauf lanciert Präsident Franklin D. Roosevelt ein ausgedehntes Förderprogramm für Wohnungsbau. In den nächsten zwanzig Jahren ist Fred Trump damit beschäftigt, zu bauen, wo immer staatliche Fördergelder locken. Chef des Förderprogramms ist der Bruder von Trumps Anwalt. Als Geschäftspartner holt Fred Trump sich den Grundstücksschätzer der Stadt New York an Bord.

Im Januar 1936 heiratet Fred Trump Mary Anne MacLeod, ein Hausmädchen von armer schottischer Herkunft. Nach dem Fest im Carlyle Hotel in Manhattan mit 25 Gästen fährt das Paar auf Hochzeitsreise nach Atlantic City, doch der Honeymoon dauert genau eine Nacht, am Montagmorgen sitzt Fred wieder im Büro.

1948 baut Fred Trump für sich und seine Familie in Jamaica Estates in Queens »The House«, ein Herrenhaus im Kolonialstil mit einer großen Veranda für den von dicken Säulen flankierten Haupteingang. Die 23 Zimmer und neun Bäder bieten genügend Platz für die vier Kinder – der jüngste Sohn ist noch nicht auf der Welt – die Hausangestellten und die beiden Cadillacs mit den Nummernschildern FT1 und FT2. Freds Mutter Elisabeth, mittlerweile 68, wohnt nur einen Steinwurf entfernt. Als stolze und steife Matriarchin lässt sie nur wenige Gelegenheiten aus, ihrer Schwiegertochter zu sagen, was sie zu tun hat. Dazwischen klappert sie Trump-Bauten in Queens und Brooklyn ab und leert die Münzautomaten der Waschküchen.

Fred Trump arbeitet unermüdlich. Er setzt früh auf eine neuartige Werbemethode, »Public Relations« genannt. Er nutzt auch banalste Gelegenheiten zum Versand von »Pressemitteilungen« aller Art. Er lädt Journalisten ein zu aufgebauschten Nicht-Ereignissen. Er lässt aus Flugzeugen Rabattgutscheine für seine Wohnungen abwerfen. Er tut seine Meinung zu politischen Themen kund. Er ruft sich überall in Erinnerung, knüpft strategisch wichtige Beziehungen, baut Abertausende Wohnungen und kassiert Dutzende von Millionen staatlicher Fördergelder – bis der Verdacht aufkommt, er und weitere umjubelte Bauunternehmer New Yorks hätten das Förderprogramm zur eigenen Bereicherung missbraucht. Am 12. Juli 1954 muss Trump in Washington vor einem Senatskomitee antraben.

Reset III

Das Hearing vor den Politikern offenbart äußerst eigensinnige Geschäftspraktiken. Da erfährt die Öffentlichkeit unter anderem, dass Fred Trump eigens eine Firma gegründet hat, mit welcher er gebrauchte Baumaschinen kauft, um sie dann seinem eigenen Bauunternehmen auszuleihen – zu Leasingraten, die zwanzig Mal höher liegen als der Kaufpreis der Geräte. Damit verdient er auf der einen Seite als Leasinggeber, auf der anderen Seite steigert er die Gesamtbaukosten, auf deren Höhe sein eigenes Honorar basiert. Den Verdacht, er schöpfe skrupellos Gesetzeslücken aus, um öffentliche Gelder abzuzapfen, weist Trump von sich: »Ich bin bei 43 Firmen der einzige Anteilseigner. Solche Details entfallen mir halt manchmal.« Die Staatsanwälte können ihm einmal mehr keinen Strick drehen, doch in der Öffentlichkeit kommt die Trickserei schlecht an. Die Behörden setzen Trumps Unternehmen auf eine Schwarze Liste, sodass er sich einige Jahre lang auf privat finanzierte Bauprojekte beschränken muss.

Im Jahr 1960 besucht Elisabeth Christ Trump, die Tochter vom verdrießlichen Gscherr-Christ, noch einmal Kallstadt in der Pfalz, um in der alten Heimat ihren 80. Geburtstag zu feiern. Sechs Jahre später, am 6.6.1966 stirbt sie, nach 48 Jahren als Witwe. Sie erlebt nicht mehr mit, wie ihr Sohn Fred 1971 das Unternehmen ihrem Enkel Donald übergibt, welcher die Geschäftstätigkeit nach Manhattan verlegt und nach zwei Jahren erstmals vor Gericht steht. Wie er Wolkenkratzer, Spielcasinos und Schuldenberge baut und wie seine Gläubigerbanken unter der Führung der Deutschen Bank im Mai 1990 beschließen, ihm monatlich 450 000 Dollar zu überweisen, damit er seinen glamourösen Lebensstil aufrechterhalten und seine Zahlungsunfähigkeit kaschieren kann, weil ein Konkurs von Trumps Gesamtunternehmen auch Banken mit in den Abgrund gerissen hätte.

Reset IV

Fred Trump schickt noch als alter Mann mit 85 Jahren seinen Chauffeur in eines von Donalds Spielcasinos, um für drei Millionen Dollar Spielchips zu kaufen, ohne damit zu spielen. Für diesen versteckten und nicht autorisierten Überbrückungskredit brummt ihm die Glücksspielkommission eine Buße von 30 000 Dollar auf. Es ist nicht das einzige Mal, dass Fred seinem Sohn den Kopf rettet.

> 2019 geht der renommierte Pulitzer-Preis an ein Team der *New York Times*. Ausgezeichnet hat das Komitee »eine umfassende 18-monatige Untersuchung der Finanzen von Donald Trump, die seine Aussagen über selbst gemachten Reichtum entlarvte und ein Geschäftsimperium mit Steuerhinterziehungen enthüllte.«

Nachdem die Ärzte bei Fred Trump 1993 Alzheimer feststellen, überblickt auch er nicht mehr alle Umschuldungen, Umstrukturierungen und Teilkonkurse, die sein Zweitältester aneinanderreiht. Sechs Jahre später segnet Fred das Zeitliche. Um die 27 000 Wohnungen habe er in seinem Leben bauen lassen, heißt es im Nachruf in der *New York Times*. Bei der Gedenkfeier in der Marble Collegiate Church lauschen 650 Gäste den Ansprachen von New Yorks Bürgermeister Rudy Giuliani und Firmenchef Donald Trump. Gehaltvoll erscheint den Zeitungen des Folgetages vor allem das Dekolleté eines 26-jährigen Models namens Melania Knauss, das Donald zur Trauerfeier begleitet hat, drei Wochen nach dessen Scheidung von seiner zweiten Frau Marla Maples, die in ihren angestammten Beruf zurückkehrt und wieder schauspielt.

Fred Trump wird beigesetzt im Familiengrab auf dem Friedhof All Faiths in Queens bei den sterblichen Überresten seiner Eltern Frederick und Elisabeth, seiner Frau Mary Anne und seines ältesten Sohnes Freddy, den er zeitlebens als Schwächling verachtet hatte und der mit 43 Jahren an den Folgen seiner Alkoholkrankheit gestorben war.

»Humor ist Firlefanz.«

Geschätzte Mrs Trump, wie geht es Ihnen so im Jenseits?
So weit gut. Ich ließ mir heute einen himmlischen Saumaache servieren.

Wie bitte?
Einen Pfälzer Saumagen.

Aha. Pfälzer oder himmlisch?
Das ist fast dasselbe. Sie haben offenbar noch nie Saumagen gekostet.

Ich fürchte, dieses Abenteuer habe ich noch vor mir.
Der Saumagen war Helmut Kohls Leibgericht!

Ja, ich weiß. Hat er ihn nicht auch Staatsgästen auftragen lassen?
In der Tat. Thatcher, Reagan, Mitterrand, wer immer Rang und Namen hatte.

Ich habe mich stets gewundert, dass die nach dem Essen nicht heimflogen und Deutschland den Krieg erklärten.
Etwas weniger Schnoddrigkeit würde Ihnen gut anstehen. Helmut Kohl war deutscher Bundeskanzler.

Verzeihung. Ich dachte, Humor würde die Stimmung etwas auflockern.
Humor ist Firlefanz.

Firlefanz?
Er ist unnütz und verwirrt die Leute.

Ach.

Ich wüsste auch gar nicht, wozu eine Auflockerung nötig wäre. Ich bin für Klarheit.

Das bin ich grundsätzlich auch.

Na also.

Gut. Ab sofort kein Firlefanz mehr. Klare Kante.

Wenn ich bitten darf.

Haben Sie in New York für Ihre Familie auch Saumagen gekocht?

Selten. Nach Fredericks Tod 1918 gab ich lange kaum Geld aus für Fleischgerichte. Und in den späteren Jahren wussten die verzogenen Enkelkinder es nicht mehr zu schätzen. Die sind mit Barbecue aufgewachsen.

Wie gelang es Ihnen, drei Kinder über die Runden zu bringen und gleichzeitig den Grundstein für einen Konzern zu legen?

Den Grundstein hat Frederick gelegt. Ich konnte darauf aufbauen. Geschäftstüchtig waren wir beide, und nicht zu faul zum Arbeiten.

Gehörte auch Glück dazu?

Glück hat nur, wer es verdient hat.

Das stimmt nicht, Glück ist per definitionem unverdient.

Vielleicht bei gewöhnlichen Leuten. Wir haben unseres verdient.

Aha. Und womit?

Mit harter Arbeit und klugen Entscheidungen. Ich ließ das Grundstück neben unserem Haus bebauen, verkaufte die Häuser und vergab den Käufern Hypotheken. Es war eine schwierige Zeit, die Inflation von 1919 hat mir viel Kapital weggefressen.

Wie entstand danach das Familienunternehmen?

Als Frederick 1918 starb, war Elisabeth vierzehn. Ich nahm sie aus der Highschool und schickte sie an eine Sekretärinnenschule. Sie sollte später Administration und Buchhaltung übernehmen. Die Jungs mussten die Highschool beenden. Fred sollte danach 1923 als Bau- und Immobilienunternehmer in Fredericks Fußstapfen treten, John würde Architektur studieren.

Kann man eine Familie so generalstabsmäßig planen?

Wir schon.

Nun ja, John ist ausgeschert.

Man kann nicht alles unter Kontrolle haben.

Warum hat er das Architekturstudium aufgegeben?

Er hat es nicht aufgegeben, sondern das Hauptfach gewechselt.

Verzeihung. Und weshalb?

John wollte schöne Häuser planen und bis zum Schluss auf jede
Kleinigkeit achten. Aber Fred wollte die Häuser schon verkaufen,
bevor sie fertig gebaut waren. Darum die Trennung. John wurde
später Professor für Elektrotechnik und Physik am MIT ...

... am Massachusetts Institute of Technology in Cambridge ...

... und dank seiner Radargeräte haben wir den Zweiten Weltkrieg
gewonnen.

Übertreiben Sie jetzt nicht.

Ich darf doch sehr bitten! John wurde 1947 von König George IV.
ausgezeichnet, 1948 von Präsident Harry S. Truman, 1983 von Präsident Ronald Reagan!

Schon recht. Was wurde aus Elisabeth?

Mutter. Und aus Fred wurde einer der größten Bauherren New
Yorks.

Ein großes Wort.

Was soll diese Bemerkung?

*Böse Zungen sagen, er hätte lediglich Staatsgelder kassiert und in
Queens und Brooklyn Kaninchenställe hochgezogen.*

Was erlauben Sie sich!

Sie wollten doch klare Kante?

Stellen Sie gefälligst Fragen, statt den geschäftlichen Erfolg unseres Unternehmens in den Dreck zu ziehen. Die Vereinigten Staaten
von Amerika brauchten für ihre Bürger Wohnraum, und wir haben
ihn gebaut! Mein Sohn hat bei seinem Tod zweihundert bis dreihundert Millionen Dollar hinterlassen.

Ein wertvoller Mensch, gewiss.

Der Nachruf in der New York Times umfasste eine halbe Seite!

Mhm, und die Zeitung ist ja bekannt für ihr großes Format.

Sie selbst haben bis ins hohe Alter mitgearbeitet. Warum?

Warum wohl. Müßiggang ist aller Laster Anfang.

Großmutter waren Sie ja auch noch.

Ja, und?

Haben Sie als Pfälzerin Ihren Enkelkindern Grimms Märchen in der Originalsprache vorgelesen?

Ich hatte Wichtigeres zu tun, als denen Märchen vorzulesen.

Was denn so?

Ich sah nach dem Rechten.

Es heißt, Sie seien eine schroffe Groß- und Schwiegermutter gewesen.

Ich warne Sie. Erweisen Sie mir gefälligst den Respekt, den ich verdiene.

Ich respektiere Ihren Wunsch nach klarer Kante.

Indem Sie mich beleidigen?

Eine Persönlichkeit Ihres Kalibers wird gewiss nicht beleidigt einknicken?

Natürlich nicht, aber das gibt Ihnen nicht das Recht, haltlose Behauptungen über mich in die Welt zu setzen.

Das sind keine Behauptungen, sondern schriftliche Erinnerungen von Verwandten und Bekannten.

Dann sind es eben schriftliche Behauptungen. Von zweifelhaften Verwandten und Bekannten. Ich habe lediglich auf Anstand und Regeln Wert gelegt. Kinder muss man führen und formen mit Prinzipien und Sitten, damit etwas aus ihnen wird.

Und was?

Was wohl? Lebenstüchtige Leute, die auf eigenen Beinen stehen, niemandem etwas schuldig bleiben und die Wahrheit sagen, Erwachsene mit Rückgrat.

So wie Ihr Enkel Donald?

Das war's. Das Gespräch ist beendet. Sie sind ein Nichts.

Elisabeth Christ Trump, Sie starben 1966. Fünfzehn Jahre später starb ihr Enkel Freddy, Donalds älterer Bruder, der ursprünglich die Firma hätte ...

... Freddy? Was interessiert Sie denn Freddy? Das Gespräch ist beendet!

Schade. Dann werde ich Sie nun in Ruhe lassen ...

... ich bitte darum! ...

... und mit Freddy das Gespräch suchen.

Mit Freddy!? Ausgerechnet! Aber bitte sehr, tun Sie sich keinen Zwang an. Er wird stockbetrunken sein.

Zwei Promille boosten jedes Interview in Richtung Wahrheit.

In vino veritas. Ihnen wünsche ich alles Gute für Ihren weiteren Tod.

Sie unterstehen sich, mich einfach so abzuservieren!

Falls ich bei Freddy einen Sinn für Humor entdecke, dann werde ich ihn fragen, ob er den mütterlicherseits geerbt hat.

Von Mary Anne? Dieser eitlen schottischen Gans, die sich aus einer mausarmen Familie in meine Familie hochheiratet und sich dann für eine Königin hält, aber überfordert und andauernd krank ist? Die und Humor? Dass ich nicht lache!

Oh, ich stelle erfreut fest, dass Sie unser gemeinsames Gespräch fortführen.

Oh nein. Das Gespräch ist beendet. Aber nicht von Ihnen. Sondern von mir!

»Zweite Wahl zu sein war schon als Kind meine Hauptbeschäftigung.«

Vielen Dank, lieber Frederick Crist Trump Jun., dass Sie mir von Ihrer Familie erzählen.

Immer gern. Und bitte, meine Freunde nennen mich Freddy, also, schieß los, wie kommst du auf mich?

Ehrlich gesagt: Ich wollte erst ein anderes Familienmitglied interviewen.

Kein Problem. Zweite Wahl zu sein war schon als Kind meine Hauptbeschäftigung. Ein Vergnügen war das keinesfalls. Aber seit ich tot bin, kann ich damit leben.

Warst du das schwarze Schaf der Familie Trump?

Für die Boulevardpresse auf jeden Fall, so ein schwarzes Schaf verleiht ja jeder Familiengeschichte ihre reizvolle Note. Und auch für die Sippe selbst war ich es. Mein Sohn hat ihr das bei seiner Grabrede an meiner Beerdigung auch vorgehalten. Alle haben nach Luft geschnappt, aber ich habe mich gefreut darüber, dass es endlich jemand aussprach.

Hast auch du selbst dich als das schwarze Schaf verstanden?

Natürlich nicht. Ich war vermutlich der Harmloseste von allen, die tragische Figur der Sippe. Aber inzwischen hat Donald mich wohl auch da abgelöst, der musste schon als Knirps stets als Sieger vom Platz. Aber sag, wen hattest du mir denn als ersten Gesprächspartner ursprünglich vorgezogen?

Deine Pfälzer Großmutter.

Mein Beileid. Und warum hast du dich eines Besseren besonnen?

Wir haben uns nach ein paar Fragen auseinandergelebt.

Ja, mit meiner Großmutter war schon zu Lebzeiten nicht durchwegs gut Kirschen essen. Eher noch Pfälzer Apfelkuchen.

Wie war sie denn so?

Förmlich, distanziert und oft barsch. Meist war sie tadellos gekleidet, mitsamt weißen Handschuhen. Sie wohnte uns gegenüber am Midland Parkway in einem von Dads Apartmenthäusern und kam fast täglich herüber. Für Mutter war sie eine herrische Schwiegermutter, und für uns Kinder keine Grandma, die man für Küsse anspringt.

Ihr wart zu fünft.

Maryanne war mit Jahrgang 1937 die Älteste. Die durfte noch nicht mal Lippenstift benutzen. Ich kam 1938 als Fred Trump junior zur Welt, Elisabeth 1942, Donald 1946 und Robert 1948.

Wart ihr euch eurer deutschen Wurzeln bewusst?

Ja, schon. Großmutter hing an der Pfalz. Aber zelebriert haben wir das nicht. Da hallte vielleicht der Rausschmiss noch nach.

Welcher Rausschmiss?

Das Königreich Bayern hat meinem Großvater Frederick die Rückkehr verweigert.

Ja, richtig.

Eine solche Kränkung vergisst ein Trump nicht. Dad hat in der Öffentlichkeit übrigens jahrzehntelang erzählt, wir würden aus dem schwedischen Karlstad stammen. Wegen der jüdischen Mieter in seinen Appartementhäusern und der jüdischen Banker und Immobilienhaie von New York. Schweden klang neutral und sympathisch, mehr nach Charles Lindbergh und weniger nach Himmler. Donald ließ diese Lüge weiterverbreiten, sogar noch in seinem Buch *The Art of the Deal* von 1987. Deutsches hatte Donald aber tatsächlich nicht mehr viel an sich, im Gegensatz zu Dad.

Was war denn an deinem Vater deutsch?

Na, der Häuslebauer. Schaffe, schaffe, schaffe, schaffe, schaffe, schaffe. Was war dieser Mann tüchtig, ehrgeizig und diszipliniert. Andererseits ...

... anderseits?

Diese gewisse Sentimentalität, die man Deutschen gerne nachsagt, ging ihm ab. Er war weder Dichter noch Denker, mit Musik oder Kunst konnte er nichts anfangen. Sein Sinn für das Schöne beschränkte sich auf Wertsteigerung und Eitelkeit.

Der Geschäftsmann Fred Trump war eitel?

Er trug stets perfekt geschnittene Dreiteiler. In späteren Jahren hat er sich Haare, Schnauzer und Augenbrauen gefärbt und ein Toupet getragen.

Für das Geschäft war das offenbar gut.

Das Toupet?

Ich meine eher Auftritt, Tüchtigkeit und Ehrgeiz.

Klar, aber für das Privatleben war es ein Desaster.

Was habt ihr als Kinder abgekriegt?

Kälte, Drill und Förmlichkeit. Er kam von der Arbeit nach Hause, duschte und zog zum Abendessen einen neuen Anzug an. Wenn er einen Raum betrat, dann hatten wir aufzustehen und ihn zu grüßen. Manchmal erstattete Mutter ihm Bericht über allfällige Kindersünden, und er verhängte dann Strafen.

Prügel?

Im damals üblichen Rahmen. Hin und wieder setzte es Hiebe mit dem Kochlöffel, öfter brummte Dad uns Stubenarrest auf und sehr gerne auch Arbeit.

Gab es Lob?

Selten, in meinem Fall nie. Auch nicht nonverbal. Gestreichelt oder geküsst wurde nicht, Kosenamen lagen auch nicht drin. Und wenn eine Schulfreundin meiner Schwester anrief und nach Lizzie fragte, dann korrigierte mein Vater sie, der Name seiner Tochter sei nicht Lizzie, sondern Elisabeth. Fluch- oder Schimpfwörter wurden sowieso sanktioniert. Und Sparsamkeit war auch so ein Heiligtum.

Aber ihr wart doch reich?

Ja, das waren wir, und meine Eltern sorgten dafür, dass es auch alle sahen. Unser Herrenhaus in Queens thronte über den andern Häusern in der Umgebung, wir besuchten Privatschulen und fuhren im Winter nach Florida und im Sommer in die Catskill Mountains. Aber Mom und Dad wollten, dass wir verstanden, woher Reichtum kommt. Lichter löschen, Teller leer essen, Pfandflaschen sammeln – das war Pflicht.

Ziemlich deutsch.

Ziemlich sehr sogar, und es spricht ja nichts gegen diese Haltung, solange man damit keine Kinderseelen erdrosselt. Die selbstverliebte amerikanische Grandiosität, in der wir aufwuchsen, war unterlegt mit deutscher Kleinbürgerlichkeit, die ja ihrerseits oft aus einer kruden Mischung von Stolz und Minderwertigkeitsgefühl besteht. Ich meine, sorry: Wir Jungs mussten zwar Zeitungen austragen, aber wenn es regnete oder schneite, stellte Dad uns dafür schon mal eine Limousine samt Chauffeur zur Verfügung. Welches Kind entwickelt auf diese Weise ein halbwegs gesundes Selbstbild?

Keines.

Eben.

Was für eine Gesprächskultur wurde bei euch gepflegt?

Gespräch? Kultur? Gepflegt?

Du weißt, was ich meine.

Sobald es bei uns um Substanzielles ging, wurde laut geschwiegen. Ich erzähle dir was. Ein paar Wochen vor dem Umzug in unser neues Haus 1948 war Mutter schwanger mit Robert. Ich, zehnjährig und ahnungslos, fragte beim Nachtessen: »Mom, warum bist du so fett geworden?« Großmutter erstarrte. Mutter lächelte. »In meinem Bauch wächst ein Baby.« Ich hakte nach: »Und wie ist das Baby da hineingekommen?« Und was machten mein Vater und dessen Mutter? Sie standen vom Tisch auf und verließen wortlos den Raum.

Waren sie überfordert?

Großmutter war vor allem prüde. Dad war sicher überfordert. Abgesehen davon war er ein Sexist. Er hat ausgiebig über die Hässlichkeit dieser oder jener Frau abgelästert, gern auch zusammen mit Donald. Für Fred Trump waren Frauen von Natur aus minderwertig.

Obwohl seine Mutter den Grundstein für die Firma gelegt hatte?

In seinen Augen war das bloß ein Versehen des Schicksals. Hätte die Pandemie nicht 1918 meinen Großvater abgetischt, dann hätte Großmutter weiterhin nur gekocht, gewaschen, geputzt, ihrem Mann kleine Nachfolger geboren und sie Mores gelehrt. Frauen hatten nur anzutreten, wenn Not am Mann war. Wir fünf Trump-Kinder haben gelernt, dass der Mann das Sagen hat. Großmutter hat diese Haltung selbst ja auch vertreten.

Und deine Mutter, also ihre Schwiegertochter?

Die war mit sich selbst beschäftigt.

Was war sie für eine Frau?

Die Tochter eines mausarmen schottischen Fischers mit zehn Kindern, die 1930 mit 18 Jahren nach New York emigriert war.

Wo in der Geschwisterreihe stand sie?

Sie war die Jüngste. 21 Jahre jünger als das Älteste, vier Jahre jünger als das Zweitjüngste.

Hoppala.

Eben. Ob sie ein Hätschelkind war, weiß ich nicht. Aber ganz sicher war sie eine Hätschelerwachsene. Sie war der Typ Mutter, der sich nicht kümmert, sondern kümmern lässt. Sie hat uns Kinder nicht getröstet, sondern uns für sich selbst als Trost benutzt. Sie war sehr labil. An einem Tag konnte sie die Partykönigin geben, und am andern Tag versank sie im Selbstmitleid. Vor allem wenn sie wieder mal krank war.

Und für euch blieb keine Aufmerksamkeit mehr übrig.

Ja, das hat Spuren hinterlassen. Babys und Kinder brauchen eine Bezugsperson, die emotional erreichbar ist. Die Halt und Anerkennung gibt. Und die die Gefühle spiegelt, die ein Kind ausdrückt.

Und wenn ein Kind das nicht bekommt?

Dann lernt es weder Interaktion noch Empathie und kann später keine reifen Beziehungen leben. Frag jetzt nicht, ob meine Eltern selbst eine reife Beziehung führten.

Führten deine Eltern selbst eine reife Beziehung?

Schlingel.

Danke.

Mom war ein selbstbezogenes Gefühlsbündel, Dad ein funktionaler Soziopath. Sie bestand vor allem aus Bedürfnissen, und er wirkte, als ob er keine hätte. Wahrscheinlich glaubte er das selbst. Fred Trump verfügte über die emotionale Intelligenz eines Backsteins. Ihm fehlte selbst ein Gespür für Richtig oder Falsch, Fair oder Unfair und schon gar keins für die Bedürfnisse anderer Menschen. Er nahm sie nicht wahr oder missverstand sie.

Wofür hielt er sie denn?

Für Schwäche. Von Dad etwas zu »brauchen«, das war für uns Kinder gleichbedeutend mit Demütigung, Verzweiflung und Hoffnungslosigkeit. Darum lernten wir, keine Bedürfnisse anzudeuten oder zuzugeben. Wir hatten stark und erfolgreich zu sein und uns zu behaupten. Wir lernten, dass das Leben ein Kampf ist, alle gegen jeden, und dass verliert, wer Schwäche zeigt. Killer sollten wir sein, sagte Dad.

Wortwörtlich?

Wortwörtlich. So haben wir gelernt zu kämpfen, statt Solidarität mit anderen Menschen zu empfinden. Vermutlich haben meine Geschwister mich auch darum im Stich gelassen: weil es

Dads Zorn und Häme erregt hätte, wenn sie für mich eingetreten wären.

Es wird Zeit für deine persönliche Geschichte.

Großmutter hat bestimmt bereits über mich abgelästert.

Nein, dafür war unsere Beziehung zu kurzlebig. Als ich ihr sagte, ich würde mit dir das Gespräch suchen, wurde sie ziemlich giftig.

Hat sie dir erzählt, was ich wert bin?

Nein, aber die Alkoholkrankheit hat sie angedeutet.

Well, dann erzähle ich dir, was ich wert bin. Mein Vater Fred starb 1999, achtzehn Jahre nach mir. Bei der Eröffnung seines Testaments zeigte sich, dass er mich de facto enterbt hatte. Meine Kinder fochten das Testament an.

Mit welcher Begründung?

Mit der Begründung, dass Donald meinen schon dementen Vater bei der letzten Aktualisierung des Testaments beeinflusst hätte. Jedenfalls war Mutter über diese Anfechtung dermaßen erbost, dass sie meine Tochter Mary anrief und sagte: »Weißt du, wie viel dein Vater wert war, als er starb? Rein gar nichts.« Dann hängte sie auf.

Heftig.

Mary tat mir leid. Niemand ist gerne das Kind eines Versagers. Sie hat später in klinischer Psychologie promoviert und ihre Geschichte aufgearbeitet.

Du warst der Älteste. Warum hat Fred Trump sein Unternehmen ab den 70ern nicht dir anvertraut, sondern Donald?

Weil ich nicht der gewünschte Killer war. Mein Vater versuchte mich schon als Knirps abzurichten auf eine Welt, in der man fraß oder gefressen wurde. Ich sollte sein wie er. Aber er ahnte schon bald, dass er das nicht hinbekommen würde. Dass ich sein größter Misserfolg werden würde, seine ganz persönliche Niederlage. Das nahm er mir übel. Es verletzte ihn in seinem Stolz.

Und dann?

Dann schlug er zurück. Mit Herabwürdigung und Spott. Wenn ich den Wunsch nach einem Haustier äußerte, sagte mein Vater: »Was willst du denn *damit*?« Er unterlegte seine Stimme mit einer solchen Verachtung, dass ich zusammenzuckte. Was ihn dann umso mehr erboste. Es beleidigte ihn, wenn ich etwas verbockte. Und wenn ich mich dann für meinen Fehler entschuldigte, wurde er noch wütender.

Warum das denn?

Er wollte, dass ich mich anhöre wie ein Killer, nicht wie ein Opfer. In solchen Situationen äffte er meine Entschuldigung hämisch nach: »Entschuldige, Dad!« So hat er mein Selbstbewusstsein demontiert. Satz um Satz, Blick um Blick.

Und Donald?

Der war sieben Jahre jünger, hat zugesehen und begriffen, dass man niemals Schwäche zeigen, Fehler zugeben, Kompromisse eingehen oder Niederlagen eingestehen soll, so wie sein großer Bruder es tat.

Wurde er von eurem Vater auch so hart rangenommen?

Ja. Und er blühte auf, weil er Vaters Abbild war.

Der gewünschte Killer.

Genau. Donald war schon als Kind ein verdammter Rotzbengel ohne jeglichen Respekt vor irgendwas. Er war der Ekelbrocken auf dem Kindergeburtstag, nahm sich stets, was er wollte, ohne irgendwen um Erlaubnis zu bitten. Aber eben nicht, weil er mutig war.

Sondern?

Weil er sich davor fürchtete, als Memme dazustehen, so wie sein größerer Bruder. Er war zeitlebens getrieben von der Angst, das Gesicht zu verlieren. Darum verharrte er nie in einer Abwehrhaltung, so wie ich, sondern zog die stete Angriffshaltung vor. Bloß nie zulassen, dass du in die Defensive gerätst, das war seine Prämisse.

Und der Vater akzeptierte seine Respektlosigkeit?
Anfangs natürlich nicht. Die Auseinandersetzungen waren heftig. Aber je älter er wurde, desto mehr war Dad stolz, dass Donald nicht klein beigab, so wie ich, sondern ihm die Stirn bot.

Donald war dir gegenüber wohl auch im Vorteil, weil er die Leidenschaft seines Vaters teilte.
Das Häuslebauen? Come on. Baupläne und Mörtel waren nur Mittel zum Zweck. Immobilien interessierten Donald nur als Statussymbole. Darum baute er statt funktionaler und hochrentabler Kaninchenställe in Brooklyn, so wie Dad, lieber überteuerte Wolkenkratzer in Manhattan. Phallussymbole mit Protzfassaden.

Und dein Vater fand das gut?
Der mochte das Rampenlicht ja auch, und Donald sorgte für so viel davon, dass auch er sich darin sonnen konnte. Im Prinzip war Donald die Kulmination der Trumps: Großvater Frederick jagte den Erfolg, Vater Fred den Sieg, Sohn Donald das Triumphgeheul über die Verlierer. Großmutter war die Einzige, die bekundete, dass sie mit dem Protz ihre Mühe hatte. So viel Pfalz steckte noch in ihr, trotz ihrer weißen Handschuhe.

Und du? Was wolltest du?
Ich wollte leben. Einfach nur leben wie ein normaler junger Mensch. Mit Freunden draußen an der Spitze von Long Island bei Montauk Boot fahren, angeln, Wasserski fahren und frei sein. Den Applaus der Öffentlichkeit habe ich nicht gesucht, mir hätte etwas Applaus von Dad gereicht.

Und wie hast du versucht, ihn zu bekommen?
Ich habe Wirtschaft studiert, 1960 abgeschlossen und bin zu Trump Management gestoßen, um Vaters rechte Hand zu werden und den Erwartungen zu entsprechen.

Trump Management?
Das war jener Zweig der Holding, der die Bauten verwaltete, über vierzig Gebäude mit Tausenden Wohnungen und Büros.

Und wie war die Zusammenarbeit mit deinem Vater?
Die Hölle. Ich war kein bissiger Verhandler, kein Kartentrickspieler und kein zynischer Opportunist, sondern ein warmherziger und umgänglicher Typ.
Hattest du keine eigenen beruflichen Träume?
Oh doch, die hatte ich. Bist du je selbst geflogen?
Nur als Passagier.
Dann fehlt dir noch was, um glücklich zu sterben.
Kaum. Mir wird beim Fliegen übel.
Okay, das lasse ich als Dispens gelten. Mein Traum war es, zu fliegen. Ich werde mein erstes Mal nie vergessen. Es war eine kleine Cessna 170. Im Slatington Flying Club gab es 1961 eine Holperpiste, und beim Abheben kam man sich vor wie der Eiswürfel im Schüttelbecher. Aber nach jenem ersten Erlebnis als Pilot wollte ich nur noch eins im Leben, nämlich einen Steuerknüppel in der Hand halten und abheben.
Und weiter?
Ich hab Dad nichts gesagt und brav in der Firma gearbeitet. 1962 habe ich eine Stewardess geheiratet, Linda. Wir legten uns einen Pudel zu, mein erstes Haustier, und bekamen unser erstes Kind, benannt nach mir. Und ich kaufte mein erstes Flugzeug. Eine Piper Comanche 180. Meinem Vater habe ich es verschwiegen.
Hat sich eure Zusammenarbeit im Lauf der Zeit verändert?
Nein. Sie blieb frustrierend und demütigend. Er kritisierte mich andauernd, auch vor den Angestellten und Mitarbeitern, und erstickte so die Autorität, die ich hätte entwickeln sollen, bereits im Keim.
Wie lange du das ausgehalten?
Bis Ende 1963. Mit freundlicher Unterstützung von ordentlich Alkohol. Dann gab ich auf und eröffnete meinem Vater, ich würde die Firma verlassen, um Berufspilot zu werden. Für ihn kam das einem Hochverrat gleich. Aber Linda und ich verließen New York

tatsächlich und zogen in ein baufälliges Miethaus in Marblehead, direkt an der Atlantikküste, nur eine Dreiviertelstunde vom Flughafen Boston entfernt.

Das war deine Flucht.

Genau. Ich weiß noch, wie in jenem Juni Robert und Donald auf ein Barbecue zu Besuch kamen. Donald war achtzehn und fuhr in seinem neuen Sportwagen vor, den ihm unsere Eltern zum College-Abschluss geschenkt hatten – bei mir war's ein Reisegepäck-Set gewesen. Ich habe mich ehrlich auf meine Brüder gefreut. Aber Donald musste wieder mal beweisen, welch ein Wonneproppen er war: »Du weißt ja, dass Dad es wirklich satthat, wie du dein Leben vergeudest. Er sagt, er schämt sich wegen dir. Er hat recht, wenn er findet, ein Pilot sei nicht mehr als ein besserer Busfahrer.«

In den 60ern war das Fliegen aber doch ziemlich prestigeträchtig?

Es war sogar richtig glamourös. Die Stewardessen sahen aus wie Filmstars, und wir Piloten waren Helden. Ich habe das sehr genossen. Aber für einen Sohn von Fred Trump war selbst dieses Prestige zu wenig.

Und du wurdest tatsächlich Pilot?

Linienpilot bei der Trans World Airlines, der TWA, ab Mai 1964. Die TWA setzte mich direkt auf einer der begehrten Strecken ein, Boston – Los Angeles.

Wie lange bist du für TWA geflogen?

Vier Monate. Dann haben sie mein Alkoholproblem bemerkt, und ich hatte die Wahl: Kündigen und Fluglizenz behalten oder gekündigt werden und Lizenz verlieren.

Das… tut mir leid.

Gott, wie habe ich mich verachtet. Ein paar Monate konnte ich noch für zwei kleine Airlines fliegen, dann war mein Traum ausgeträumt. Jenes Jahr als Pilot war das glücklichste meines Lebens.

Und nachher?

1965 wohnten wir wieder in derselben Eckwohnung in einer von Dads Wohnbauten in Queens, und ich kroch zurück ins Unternehmen und kämpfte weiter um die Anerkennung meines Vaters.

Warum, um Himmels willen?

Absurd, nicht wahr?

Tragisch, vor allem.

Das Unternehmen bot mir, wenn schon kein Glück, so doch wenigstens finanzielle Sicherheit. Und die Hoffnung, dass Dad sich verändert. Die Hoffnung stirbt zuletzt.

Und?

Ach Gott. Ich habe mir das Leben schöngesoffen. 1965 übertrug Dad mir Verantwortung für eine große Überbauung, den Steeplechase Park in Coney Island, die ins Stottern geraten war. Wenn ich die zum Erfolg bringen würde, dachte ich mir, hätte ich bei Dad einen besseren Stand. Aber das Vorhaben misslang, nicht zuletzt, weil Dad mir reinpfuschte. Hängen blieb der Misserfolg natürlich an mir.

Und Donald?

Bis 1968 beschränkte sich sein Beitrag auf Klugscheißerei. Dann trat er selbst ins Unternehmen ein, bekam von Anfang an mehr Gehalt und mehr Respekt, und natürlich schenkte er mir gar nichts. Wenn Dad trat, trat Donald nach. Dad war nun endgültig klar, dass es Donald war, der seine Erfolgsgeschichte fortführen würde. Er sagte ihm, er sei zum Gewinnen geboren, und stilisierte ihn zu einem kleinen König hoch. Im Unternehmen ließ er ihn praktisch frei gewähren. Viele Jahre nach meinem Tod bemerkte Mom einmal gegenüber meiner Tochter, Dad hätte Donald alles durchgehen lassen, selbst einen Mord.

Wie lief's denn bei dir privat?

Streit, Tränen, Alkohol. Dass ich Linda einmal sturzbetrunken mit einer Waffe bedrohte, war der letzte Tropfen, der das Fass zum

Überlaufen brachte. 1970 ließen wir uns scheiden. Die Boulevardblätter hatten ihr Fressen, und mein Vater war wütend.

Über die Boulevardblätter?

Nein, über mich natürlich.

Verstand er dein Alkoholproblem?

Aber ja doch, und er wusste auch die Lösung. »Reiß dich doch einfach am Riemen.«

Hast du versucht, vom Alkohol wegzukommen?

Herrgott, natürlich. Aber Alkoholismus ist ein Symptom, keine
Ursache. Das Umfeld blieb, der Vater blieb, und also blieb auch
die Krankheit. Und wenn du immer tiefer sinkst und mit über
40 Jahren auf dem unmöblierten Dachboden deines Elternhauses
wohnst und Hausmeisterarbeiten erledigst und in jeder halbwegs
nüchternen Sekunde weißt, dass du der größte Versager bist, den
die Welt je gesehen hat …

Dann was?

Dann hält sich die Lust auf allzu viele halbwegs nüchterne Sekunden in Grenzen.

Und der Alkohol hat dich schließlich umgebracht?

Ja, gewissermaßen. Am 26. September 1981 erlitt ich einen Herzinfarkt. Meine Seele hob nach knapp 43 Jahren auf dieser Rüttel-
piste ab. Gott sei Dank.

Hast du an den geglaubt?

An wen?

An Gott.

Wer Eltern abbekommt wie ich, hat wenig Anlass, an einen Gott
zu glauben.

Glaubten denn die an etwas?

Ja, sicher. An sich, an Reichtum und an Donald. Wir hatten zwar
gelegentlich die Marble Collegiate Church in Manhattan besucht,
aber auch nur weil Dad ein Fan des Pastors war, bei dem es sehr
selten um Geist ging und sehr oft um Geld.

Bei einem Pastor?

Kennst du das Buch *Die Kraft positiven Denkens?*

Natürlich.

Das Buch kam 1952 heraus und wurde zum Millionenseller. Die Kernaussage lautet: Du kannst alles erreichen und jedes Hindernis überwinden, wenn du nur willst und genügend Selbstvertrauen hast. Mit anderen Worten: Wer arm bleibt, ist selbst schuld. Scheitern tut nur, wer es zulässt.

Und wer sich zu wenig am Riemen gerissen hat.

Genau.

Und was hat das Buch mit dem Prediger eurer Kirche zu tun?

Er hat es geschrieben. Norman Vincent Peale. Er war ein Superstar, hatte populäre Radio- und TV-Sendungen, und seine Bücher trugen Titel wie *Du kannst gewinnen!* oder *Hab einen großartigen Tag* oder *Begeisterung macht den Unterschied.*

Und die las dein Vater?

Ach was. Wer schon alles weiß, liest keine Bücher. Dad haben wohl schon die Titel gereicht, um begeistert zu sein. Da fühlte er sich bestätigt. Peales Kirche war voll besetzt mit Bankern, Politikern und Unternehmern. Denen hat es geschmeckt, dass da einer ein Wohlstandsevangelium predigte, das den Kapitalismus moralisch rechtfertigt. Und Dad und Donald hat es geschmeckt, welche Kaufkraftklasse sich in dieser Kirche tummelte.

Was für konkrete Lifehacks hatte Peale denn zu bieten?

Selbstbeschwatzung.

Bitte?

Selbstbeschwatzung. Zehnmal täglich: »Ist Gott für uns, wer mag wider uns sein?« oder: »Ich vermag alles durch den, der mich stark macht.« Es waren Versatzstücke von der Autosuggestion des französischen Hypnotiseurs Émile Coué, einfach in Fromm. Coué empfahl den Leuten, sie sollten sich beim Ankleiden, Rasieren oder Waschen Sätze sagen wie: »Ich glaube, dass dies ein glückbringender Tag ist« und: »Ich glaube, dass es mir heute gelingen wird, alle Probleme erfolgreich zu meistern« und: »Ich fühle mich körperlich und geistig wohl« und: »Es ist schön zu leben.« Ich hab's mir auch mal gegönnt.

Was?

Morgens mit brummendem Schädel ins Bad zu kriechen und dem Versager im Spiegel vorzutragen, es sei schön zu leben, und er werde heute alle Probleme erfolgreich meistern.

Mit einem ironischen Lächeln, nehme ich an?

Natürlich. Ein Verlierer, der sich zum Sieger erklärt, ist an sich schon ironisch. Ziemlich Trump halt. Tragisch-ironisch.

Aber grundsätzlich ist eine optimistische und positive Grundhaltung ja nicht schlecht?

Natürlich nicht. Aber das ist etwas anderes, als daraus eine Selbstschuld-Theologie für Pechvögel zu basteln, die man dann seinem Nächsten um die Ohren hauen kann. Oder sich die Welt mit alternativen Fakten schönzulügen, weil man sie sonst nicht erträgt. Dazu kommt mir eine Episode in den Sinn.

Dauert sie lange?

Ich mach's kurz. Überhaupt ist sie eigentlich ganz passend zum Abschluss dieses Gesprächs.

Schieß los.

Mom war öfter krank, hatte einige Operationen und dann auch Schmerzen. Immer, wenn sie litt, sagte Dad einen Satz wie: »Alles großartig. Stimmt's, Schätzchen? Man muss einfach positiv denken.« Dann ging er hinaus und ließ sie allein. Manchmal antwortete sie noch mit »Ja, Fred«, aber meistens sagte sie nichts, biss die Zähne zusammen und kämpfte gegen ihre Tränen an.

Alles großartig, stimmt's, Schätzchen?

Wenn ich nicht schon seit Jahrzehnten tot wäre, dann würde ich mir diesen Satz auf den Grabstein meißeln lassen. Als Quintessenz eines Lebens als Trump: »Everything great, isn't it, sweetie?«

* * * *

Für **Freddy Crist Trump** war der Tod eine Art Erlösung. Für **James Bedford** nicht. Wobei, nun ja: Wirklich tot fühlt er sich auch noch nicht. Nur hochgradig vom Leben dispensiert.

James Bedford · 1893 – 1967

Der Mann, der sich als Erster tiefgefrieren ließ

Der 12. Januar 1967 ist ein kalter Tag. Besonders für James Bedford. Der 74-Jährige stirbt, lässt sich augenblicklich tiefgefrieren und wartet seither auf Tauwetter, oder besser gesagt: auf ein neues Leben in seinem vom Krebs zerfressenen Körper.

James Hiram Bedford hängt seit 1967 mit dem Kopf nach unten in einem Edelstahltank. Er ist verpackt in eine Art Schlafsack und eingetaucht in flüssigen Stickstoff von minus 196 Grad Celsius. Der Stickstoff ist auch der Grund, warum Bedford kopfüber hängt: Falls der Tank leckt und der Stickstoff ausläuft, dann tauen als Erstes die Füße auf. So kann man länger einen kühlen Kopf bewahren.

James Bedford wartet nicht allein auf bessere Zeiten. Die große Halle der »Alcor Life Extension Foundation« in einem Industriegebiet bei Scottsdale im US-Bundesstaat Arizona erinnert an einen Weinkeller. Nur dass in den senkrecht stehenden Edelstahltanks keine Weine reifen, sondern über zweihundert Menschen hängen, tiefgefroren oder, im Fachjargon: »Kryonisch konserviert.« Der älteste verstarb mit 101 Jahren, das jüngste Kind war 50 Monate alt. Auch einige Dutzend Haustiere harren der Dinge, die da kommen.

Bei Alcor werden die Toten »Patienten« genannt, denn schließlich – und darauf legt die Institutsleitung großen Wert – seien die Toten nicht etwa tot, sondern lediglich »suspendiert«. Dass sie erst suspendiert werden dürfen, nachdem ein Arzt den Tod amtlich bescheinigt hat, tut der Sprachregelung keinen Abbruch.

Auftauen mit Erfolg

Dass eine Temperatur von minus 196 Grad Celsius den Zellverfall stoppt, ist offizieller Forschungsstand. Auch die Schulmedizin kühlt tief, und längst leben Menschen, die als Embryos tiefgekühlt waren. Verschiedene Moose können kryokonserviert werden, ohne ihre Regenerationsfähigkeit zu verlieren. Es gibt Frösche und Insekten, die ein Einfrieren im Winter bis zu einer bestimmten kritischen Temperatur überleben. Im Permafrostboden von Sibirien wurden Fadenwürmer gefunden, die nach 42 000 Jahren im Permafrostboden erfolgreich wiederbelebt werden konnten.

Wenn ein Mensch stirbt, beginnen schon nach wenigen Minuten erste Zellen zu zerfallen. Beim Konservieren zählt deshalb jede Sekunde. Der Verstorbene wird schnellstmöglich in Eis eingelegt und erhält Infusionen, die den Sauerstoffbedarf des Gehirns senken und damit die Bildung zersetzender Stoffe verzögern. Auf dem Weg in das zuständige Institut hält eine Herz-Lungen-Massage den Blutkreislauf in Bewegung, im Operationssaal lässt ein Ärzteteam sodann den Körper vollständig ausbluten, spült die Blutgefäße mit einer kalten Lösung aus und befüllt sie mit einem Kältemittel von minus 125 Grad Celsius. Hat der Patient dieselbe Temperatur erreicht,»verglast« die Flüssigkeit. Nach dieser sogenannten Vitrifizierung wird der Körper langsam auf minus 196 Grad Celsius heruntergekühlt und schließlich im Kryostaten zur vorletzten Ruhe gebettet. Der größte Knackpunkt der Vitrifizierung ist die Wahl des Kältemittels. Es darf keine Eiskristalle bilden. Eiskristalle würden die Zellwände aufbrechen, ähnlich wie bei einer tiefgekühlten Erdbeere, die beim Auftauen matschig wird. Seit der Kryonisierung von James Bedford ist bereits die sechste Kältemittelgeneration im Einsatz, ein nicht ganz ungiftiger Frostschutzcocktail auf Basis von Dimethylsulfoxid, Formamid und Ethylenglycol.

Der Tiefkühlservice an einem Menschen kostet um die 150 000 Euro, zahlbar im Voraus. Als Gegenleistung genießt der Patient oder doch wenigstens sein Körper während seiner Suspendierung vom Leben ein angenehmes Ambiente, die Tanks sind auf Hochglanz poliert und eingetaucht in blaues Licht. Etwas preisgünstiger und weniger stylish hängt man im Cryonics Institute bei Detroit. Echte Sparfüchse aber lassen sich bei Kryorus in Moskau lagern. Für gerade mal 30 000 Euro genießen sie hier fröhlichen Hinterhofcharme, ein Notstromaggregat im Industrial Design und die ehrenamtliche Mitarbeit von Praktikanten. Als Alternative für das überschaubare Budget bietet sich an, nur den Kopf kryonisch zu konservieren. Er lässt sich eines Tages auftauen und einem geklonten oder vielleicht

auch gespendeten Körper aufsetzen oder umgekehrt – beim Prozedere sind durchaus noch ein, zwei Details zu klären.

Leben mit Kälte erhalten

Die Ärztin Anna Bågenholm war 1999 nach einem Unfall in
einem eisigen Bach drei Stunden lang klinisch tot. Im Rettungs-
hubschrauber wärmten die Notärzte Bågenholms Körper nicht
auf, sondern kühlten ihn im Gegenteil weiter, um den Kreislauf möglichst langsam und damit den Sauerstoffverbrauch
des Gehirns möglichst gering zu halten. Bei ihrer Ankunft im
Universitätsspital der norwegischen Stadt Tromsø betrug ihre
Körpertemperatur 13.7 Grad Celsius. Die Ärzte leiteten Bågenholms Blut über einen Bypass aus, erwärmten es, reicherten es
mit Sauerstoff an und führten es zurück in den Körper. Bågenholm konnte reanimiert und rehabilitiert werden. Sie arbeitet
wieder als Ärztin, geblieben sind eine bleiche Haut und ein
leichtes Zittern.

Bei gewissen Gehirnoperationen wird mittlerweile mit geziel-
ter Unterkühlung gearbeitet. Mediziner sind dabei zu lernen,
wie schnell oder langsam sie einen Menschen aufwärmen
müssen, damit seine Organe überleben und sich im Blut keine
Bläschen bilden. Sie kennen jetzt ihre Zeitfenster.

Die sogenannten Transhumanisten wollen gleich gänzlich auf einen
neuen Körper verzichten und stattdessen den Inhalt des aufgetau-
ten Gehirns in eine Cloud hochladen, sodass der Besitzer des Be-
wusstseins dann via Bildschirmkamera und Lautsprecher die Uren-
kelinnen am Tablet fürs Nasebohren tadeln kann, bis diese ihm den
Stecker ziehen.

Wann die Medizin sich imstande sehen wird, ihre ersten Patienten aufzutauen und ihnen neues Leben einzuhauchen, darüber

schließen selbst eingefleischte Kryonikfans keine Wetten ab. Trotzdem mangelt es nicht an Optimisten mit Kleingeld. Allein bei Alcor haben sich über tausend Personen einen Platz im Stickstofftank reserviert. Einige wenige haben eine Vorauszahlung geleistet, die meisten haben eine Lebensversicherung über 200 000 Dollar (Ganzkörper) oder 80 000 Dollar (Gehirn) abgeschlossen, und alle bezahlen zusätzlich ihren monatlichen Mitgliedsbeitrag von 50 Dollar. Das ewige Leben kriegt man nun mal nicht umsonst, und man gönnt sich ja sonst nichts.

»So wahr ich hier mit Ihnen spreche!«

James Bedford, sind Sie wohlauf?

Mir geht es großartig.

Nach Jahrzehnten bei minus 196 Grad Celsius?

Ich bin geistig frisch und körperlich fit!

Und die Standschäden?

Standschäden?

Nun, 1991 wurden Sie ja in einen neuen Kryostaten umgebettet und dabei untersucht. Gemäß dem Protokoll...

Ach, was bedeuten schon Protokolle! Ich habe nicht die geringsten Standschäden, und sie sind so winzig, kaum der Rede wert.

Laut Untersuchungsbericht sind Ihre Augen ein wenig geöffnet, die Hornhaut ist kreideweiß und brüchig, und die Verfärbungen an ihrem Körper...

Ich habe keine einzigste Verfärbung, man sieht sie überhaupt nicht.

Und die Oberflächenbrüche an ihrem Leib, und die blutige Flüssigkeit an Mund und Na...

...was soll dieses Gehabe, Sie kleingläubiger Mensch, von allen Menschen mit Geburtsjahr 1893 bin ich mit Abstand der gesündeste!

Und der Bescheidenste.

Ja, nicht wahr? Und das, obwohl ich einen eigenen Tag habe, der 12. Januar wird jedes Jahr als James-Bedford-Tag gefeiert. An diesem Tag ließ ich mich kryonisieren.

Fürchten Sie sich nicht vor dem Auftauen?

Wo denken Sie hin. Meine Rückkehr wird der größte Augenblick in der Geschichte der Menschheit! Sie können sich ja gar nicht vorstellen, was geschehen wird!

Möchten Sie es mir womöglich schildern?

Wenn Sie darauf bestehen, gerne. Ich werde in einer Spezialklinik aufwachen. In einem großen sterilen Raum, rundherum Glaswände, dahinter Hunderte TV-Kameras. Die Welt wird auf mich blicken, den ältesten tiefgefrorenen Menschen der Geschichte, und den Atem anhalten, bis ich meine Augen öffne. Nur eine einzige Person wird im Raum sein. Meine Ururururenkelin. Rechts an meinem Bett wird sie sitzen, meine Hand halten und mit Tränen in den Augen auf meine ersten Worte warten. Wissen Sie, was ich sagen werde?

Zweifellos das größte Wort in der Geschichte der Menschheit.

Ha! Eben nicht! Schlicht soll es sein, würdig und nüchtern, wie es mir entspricht, in einem so gewaltigen historischen Moment darf man nichts übertreiben, also: Ich werde meine Ururururenkelin so lange liebevoll betrachten, bis es ganz still geworden ist auf der Welt, und dann werde ich ihr ein Lächeln schenken und die Worte sprechen: »Da bin ich wieder.«

Großartig.

Nicht wahr? Ich werde es kraftvoll sagen, aber mit einer Note Verletzlichkeit und Humor. »Da bin ich wieder.« Neil Armstrongs »großer Schritt für die Menschheit« war viel schlechter! Wenn meine Worte verklungen sind, werden meine Ururururenkelin und ich gemeinsam weinen, die Kameras werden ganz nah heranzoomen, auf dem New Yorker Broadway wird der Applaus von Millionen aufbranden, die UNO-Generalsekretärin wird mir in ihrer Live-Grußbotschaft danken, dass ich die Menschheit in ein neues Zeitalter führe.

Ich sehe, Sie sind vorbereitet.

Nach der Werbepause darf der CEO von Pepsi den Raum betreten und mir ein Glas Pepsi auf das Nachttischchen stellen. Damit ist das erste Jahr meiner medizinischen Betreuung schon mal finanziert. Was glauben Sie, wie die Konzernchefs Schlange stehen werden, um mich als Markenbotschafter für sich zu gewinnen.

Werden Sie ein Buch schreiben?

Ich werde nur noch das Manuskript absegnen müssen, das meine Urururenkelin von einem Starautoren hat verfassen lassen, und natürlich hat sie den teuersten Buchvertrag seit der Erfindung der Buchverträge ausgehandelt.

Wie wäre es mit: »Der Mann, der aus der Kälte kam«?

Ach was, der Name muss rein, nur so wird man zur Marke, also: »The Return of Dr. James Bedford«. Die Studios werden sich um meine Filmrechte balgen, aber natürlich werde ich noch weit Größeres vollbringen, ich werde Präsident der Vereinigten Staaten von Amerika.

Ist's wahr?

So wahr ich hier mit Ihnen spreche! Kein Kandidat für dieses Amt hat jemals mehr Lebenserfahrung mitgebracht. Ich bin auserwählt. Wussten Sie, dass ich der Einzigste aus den Pionierjahren der Kryonik bin, der es geschafft hat?

Ja?

Ja, sogar der Allereinzigste! Bis 1973 sind 17 Einfrierungen dokumentiert. 16 endeten mit einem Misserfolg. Nur eine nicht. Raten Sie, welche.

Die Ihre.

Sie sind ein helles Bürschchen. So, und wissen Sie was?

Was?

Ich breche ab.

Das Gespräch?

Nein, die Show. Ich wollte bis zum Schluss den durchgeknallten

Narzissten geben, aber ich schaffe es nicht, mich noch weiter so fremdzuschämen für diesen Kerl.

Jetzt bin ich perplex.

Seien Sie froh, dass Sie dieses Großmaul los sind.

Das fällt leicht. Aber was sollte diese Aufführung?

Naja. Ihre ersten drei, vier Fragen hatten eine leicht süffisante Note, die mich zu einer ironischen Antwort reizten. Und als Sie das nicht bemerkt haben, konnte ich der Versuchung nicht widerstehen, Ihre Erwartungen zu erfüllen.

Welche Erwartungen?

Sie erwarteten einen narzisstischen Freak, der 1967 dem Tod von der Schippe springen wollte, weil er den Gedanken an seine Endlichkeit nicht ertrug. Liege ich falsch?

Ja.

Ich bitte Sie. Spätestens mit dem Begriff »Standschäden« haben Sie sich entlarvt. Mit Ihrer Ironie wollten Sie mich als Erstes zum Eingeständnis zwingen, dass ich einer Illusion nachgejagt bin. Ihr Urteil hatten Sie längst gefällt.

Schön, dass Sie mir so unvoreingenommen begegnen.

Nach so vielen Jahrzehnten kenne ich die Tonalitäten derer, die über mich Artikel schreiben, Sendungen aufnehmen oder Interviews erfinden. Ich weiß doch, worauf Sie aus sind.

Das da wäre?

Sie wollen, dass Ihre Leserinnen und Leser bei der Vorstellung einer tiefgefrorenen Leiche wohlig erschauern, dabei aber gleichzeitig den alten Traum vom ewigen Leben träumen. Das wollen alle, die über mich schreiben. Genau darum unterschlagen die meisten, dass ich zu Lebzeiten erklärt habe, ich würde nicht mit meiner Rückkehr rechnen.

Das haben Sie?

Ja, das habe ich. Und damit habe ich natürlich schon die Luft aus der gruseligen Story gelassen, bevor jemand sie schreiben konnte. Aber offenbar ist sie einfach zu schön, um nicht geschrieben zu werden.

Wenn Sie nicht an eine Rückkehr glaubten, wozu haben Sie sich dann kryonisch tiefkühlen lassen?

Für die Wissenschaft. Ich bin ein unspektakulärer kleiner Psychologieprofessor, der seinen Körper der Wissenschaft zur Verfügung gestellt hat. Aber eine simple Körperspendergeschichte lockt keinen müden Hund mehr hinter dem Ofen hervor. Spüren Sie bereits, wie Ihr Interesse an diesem Gespräch erlahmt?

Nein.

Wunderbar, Sie löbliche Ausnahme, dann beginnen wir das Interview nach diesem kleinen Exkurs noch einmal von vorn. Sie fragten mich, ob ich wohlauf sei.

Sind Sie wohlauf?

Es geht so. Ich weiß nicht, ob ich eher hoffen oder eher fürchten soll, dass sie mich wach kriegen.

Wieso fürchten?

Ich habe die Frostschäden an meinem Körper unter- und die medizinischen Fortschritte überschätzt. Damals, 1967, waren wir davon überzeugt, dass die Medizin ab ungefähr dem Jahr 2010 so weit wäre, mich aufzutauen.

Das war definitiv zu optimistisch.

In jenen Jahren schien fast nichts unmöglich. Die Wissenschaft war unglaublich dynamisch unterwegs. Wir träumten vom Mond und vom Farbfernsehen.

Und wie kamen Sie auf die Idee mit dem Einfrieren?

Mitte der 60er-Jahre erkrankte ich an Nierenkrebs. Ich kam zufällig zur Lektüre der Schriften von zwei Kryonik-Pionieren:»Die Aussicht auf Unsterblichkeit« von Robert Ettinger aus Michigan und »Unsterblichkeit: Körperlich, wissenschaftlich, jetzt!« von Evan Cooper, dem Gründer der »Life Extension Society« LES.

Von wegen »einfacher Körperspender«, Sie träumten sehr wohl von Unsterblichkeit.

»Davon träumen« ist nicht dasselbe wie »damit rechnen«. Außerdem soll man dem Wunsch nicht per se verbieten, Vater des Gedankens zu werden, solange das daraus folgende Handeln niemandem schadet. Wünsche und Träume sind eine wunderbare menschliche Antriebskraft. Darum wollte Evan Cooper damals ein weltweites Netzwerk von Kryonik-Organisationen aufbauen, eigentlich.

Wieso »eigentlich«?

Naja, 1970 dämmerte ihm, dass er sein Ziel zu Lebzeiten nicht erreichen würde. Er hängte seine Berufung an den Nagel und wurde Matrose. Nach dreizehn Jahren ist er auf hoher See verschollen.

Bei ihm hatten Sie sich also 1967 gemeldet?

Das habe ich, und Sie können sich vorstellen, dass ich ein Traumkandidat war. Ein Buchautor und Dozent für Psychologie von der University of California – das gab der Kryonik wissenschaftliche Glaubwürdigkeit. So spendete ich einer von Coopers Gesellschaften, der Cryonics Society of California CSC in Los Angeles, meinen Körper plus 100 000 Dollar.

Für Lagerkosten und Spesen.

Genau.

Und weiter?

Ein Team der CSC erarbeitete ein Prozedere für meinen Todesfall. 1966 wanderte mein Krebs von den Nieren in die Lungen, die Sauerstoffversorgung verschlechterte sich, und ich zog ins Pflegeheim von Raymond und Mildred Vest, einem Ehepaar der Siebenten-Tags-Adventisten. Die Vests kannte ich seit Jahren, und ihr Heim lag in Los Angeles nicht allzu weit vom Institut entfernt. Die Wege und Entscheidungswege waren also kurz, und darauf kam es an.

Wie starben Sie?

An einem Herzstillstand, und zwar am 12. Januar 1967 um 13.15 Uhr. Raymond und mein Hausarzt begannen sofort mit Beatmung und Herzmassage, packten mich in Eis und ließen nach Robert Nelson suchen, dem Präsidenten der CSC, der die Konservierung leiten sollte. Leider habe ich erst nach meinem Tod begriffen, was für ein Hochstapler in ihm steckte. Bis er zur Stelle war, dauerte es über eine Stunde.

Was geschah weiter?

Erst injizierten sie mir Heparin, um die Gerinnung des Blutes zu verhindern, danach das Gefrierschutzmittel, welches das Blut ersetzen sollte, eine Lösung mit Dimethylsulfoxid, DMSO. Sie spritzten es mir in die Halsschlagader und hielten mit Beatmung und Brustkompressionen meinen Kreislauf aufrecht, damit sich die Lösung im Körper verteilte. Nach etwa zwei Stunden legten sie mich dann in einen schaumstoffisolierten Kasten mit Trockeneisplatten, bei knapp minus achtzig Grad Celsius.

Im Rückblick war das wohl etwas handgestrickt?

Das ist noch milde ausgedrückt. Aber es hinderte Nelson nicht daran, noch am selben Abend eine großartige Medienmitteilung zu verschicken. »Der Patient wird auf unbestimmte Zeit eingefroren und aufbewahrt, bis die medizinische Wissenschaft in der Lage sein wird, Krebs, eventuell aufgetretene Gefrierschäden und vielleicht auch das Alter zu heilen.«

Als ob das Alter eine Krankheit wäre.

Im Jahr darauf veröffentlichte er übrigens sein Buch *We Froze the First Man,* stellte sich als großer Pionier dar und schwurbelte von einem aufwendigen Verfahren mit Blutauswaschung und Perfusion, obwohl das bei mir sehr viel rudimentärer ablief.

Und das hat niemand bemerkt?

Bemerkt haben es die Beteiligten, und die haben geschwiegen, weil sie beteiligt waren.

Das soll vorkommen.

Ein gewisses Verständnis habe ich insofern, als man ohnehin nichts mehr ändern konnte. Aber meine Frau und mein Sohn Norman rochen Lunte. Sechs Tage nach meiner Konservierung entzogen sie der CSC und damit Nelson die Verantwortung und ließen mich in ein Institut in Phoenix in Arizona überführen, wo ich in Stickstoff gelagert wurde. Hätten sie das nicht getan, dann wäre ich heute nicht nur vorübergehend tot, sondern endgültig.

Warum?

Haben Sie jemals vom Chatsworth-Skandal gehört?

Nein.

Ich gebe Ihnen eine Kurzfassung. Nelson und seine CSC haben weitergewurstelt, zusammen mit Joseph Klockgether, dem die Renaker-Leichenhalle in Buena Park bei Los Angeles gehörte. Ihre ersten Kundinnen und Kunden lagerten sie statt in Stickstoff in Trockeneis, weil Nelson die Kohle für den Bau der nötigen Anlage fehlte. In Interviews behauptete er allerdings, die Anlage existiere sehr wohl. Und zu den Interviews kam er im Porsche angefahren.

Kühlt Trockeneis genügend?

Nein, tut es nicht. Über Stickstofftanks verfügte Nelson erst Anfang der Siebzigerjahre. Und dann stopfte er drei Körper in eine Einzelkapsel, womit zu wenig Platz blieb für genügend Kühlstoff. Trotzdem schwatzte er munter weiter Kandidaten zusammen. Bis sich 1979 der Vater der achtjährigen Genevieve fragte, ob seine kryokonservierte Tochter wohl ordnungsgemäß aufbewahrt würde.

Was dann wohl nicht der Fall war.

Nelson und Klockgether waren finanziell wie technisch völlig überfordert. Klockgether war Bestatter und verstand nichts von Kryonik, und Nelson war früher von Beruf Fernseh-Elektriker gewesen.

Ach du grünliche Neune.

Sie ließen Angehörige im Dunkeln, wichen Fragen aus und verweigerten Besuche.

Wo lagerten sie ihre Konservierten?

In einer Gruft auf dem Oakwood Memorial Park-Friedhof in Chatsworth nördlich von Los Angeles. Anfang 1979 erstatteten Angehörige Anzeige wegen Betrugs und Vertragsbruch. Im März baute Nelson in den Zugang zur Gruft ein Schloss ein und machte sich aus dem Staub. Vor Gericht erzählte er später, er hätte in der Wüste noch eine Zeremonie abgehalten und sich so von den Konservierten verabschiedet.

Und was geschah mit diesen?

Am 10. Juni 1979 brachen ein Reporter und der Anwalt einiger Kläger das Schloss der Gruft auf. Schon beim Eingang rochen sie weit mehr als Lunte.

Bitte nicht allzu konkret.

Liegt der Begriff »schwarzer Glibber« drin?

Nein.

Gut, dann vermeide ich ihn. Reporter David Walker schrieb in den Valley News, der Gestank hätte ihm seinen Magen dermaßen umgedreht, dass er tausend Purzelbäume geschlagen habe. Jedenfalls war der Stickstoff längst verdampft und die dannzumal neun Leichen verwest. Nelson und Klockgether wurden im Juni 1981 zu je 400 000 Dollar Geldstrafe verurteilt. Und natürlich warf der Chatsworth-Skandal die Kryonik um Jahre zurück.

Und wo lagerten Sie in jener Zeit?

Im Prototyp einer Kryokapsel mit Stickstoff, in unterschiedlichen Institutionen und Lokalitäten, bisweilen in einfachen Lagerhallen. Mein Sohn Norman verschob mich mehrmals.

Warum das?

Es gab viele Gründe. Lagerkosten, Platz, Probleme mit dem Bezug von Stickstoff, Versicherungsfragen, Vertrauensverlust … Es war ja für alle Neuland. Nach zwei Jahren in Phoenix und je vier Jahren in Galison und in Berkeley nahm Norman meine Kapsel 1977 zu sich nach Hause. Fünf Jahre später ließ er mich in die Alcor Life Extension Foundation überführen, der er vertraute. 1991 haben sie mich dort dann in einen neuen Tank umgebettet.

Und untersucht.

Das Thema hatten wir schon.

Würden Sie es wieder tun?

Auf keinen Fall.

Und warum nicht?

Wegen meiner Frau und wegen meinem Sohn Norman und seiner Frau Cecelia. Die haben ihr Leben damit verbracht, meines zu retten, oder zumindest den Traum, dass ich es wiedererlangen würde. Mich in meiner Stickstoffkapsel vor dem Auftauen zu bewahren, hat sie unglaublich viel Zeit, Geld und Nerven gekostet. Norman war loyal, prinzipientreu und zäh.

Hat er an die Kryonik geglaubt?

Nicht wirklich. Auch meine Frau nicht, sie hat sich 1987 kremieren lassen. Vielleicht wollten sie das, was ich selbst ihnen zugemutet habe, andern nicht auch zumuten.

Oder sie hatten sich während der Jahre, in denen sie Sie betreuten, eingehender mit den Risiken befasst als Sie zu Lebzeiten.

Worauf wollen Sie hinaus?

Haben Sie 1967 nie befürchtet, als schwerstbehindertes atmendes oder beatmetes Forschungsobjekt für die Medizin aufzuwachen?

Ach, kommen Sie. Wer immer aufgrund des schlimmstmöglichen Szenarios entscheidet, braucht am Morgen gar nicht aufzustehen. Meine Chancen sind auch heute noch intakt. In dreißig, vierzig Jahren ist die Medizin so weit.

Bis dann sind Sie nicht mehr zu retten.

Nicht wenn der Fortschritt der Wissenschaft schneller ist als der

Zerfall meines Körpers. Schauen Sie sich doch mal an, wie derzeit die Post abgeht! Die Forscher züchten Plasma, Körperteile, künstliches Fleisch. Sie klonen Lebewesen. Sie arbeiten daran, eines Tages mit einem 3-D-Drucker Körperorgane herzustellen. Das wird ein Milliardengeschäft. Und wenn ein Visionär wie Steve Jobs oder Elon Musk auftaucht und die Entwicklung ohne Rücksicht auf Verluste vorantreibt, schickt die Menschheit in einigen Jahren Nanoroboter in die Blutbahn eines Menschen, wo sie dann beschädigte Zellen reparieren können.

Und dann? Dann wachen Sie auf, um hundert Jahre in die Zukunft geschleudert, und Ihre aufgetaute Psyche verkraftet den Kulturschock nicht. Ihr Denken und Fühlen hinkt der Gegenwart hinterher, Sie sind ein Museumsstück mit veraltetem Wissen und Wesen.

Nein, ich bin ein Mensch, der aus dem Mittelalter zurückkehrt und in den Hörsälen erzählt, wie es damals war. Ich berichte, wie wir dachten und fühlten, wie wir uns und die Welt sahen. Ich gebe den Menschen Einblick in das Leben ihrer Vorfahren und damit auch in ihre eigene Geschichte. Ich wecke ihr Interesse an den großen Bögen des Lebens.

Ein schöner Traum. Mehr aber auch nicht.

Was sind Sie bloß für ein desillusionierter Mitmensch! Wissen Sie, dass der Mensch grundsätzlich auch ohne Kryokonservierung 500 bis 1 000 Jahre alt werden kann?

Sagt wer?

Der englische Biogerontologe Aubrey de Grey. »Grey« heißt grau, einen Vollbart hat er auch, man wird dem Mann Glauben schenken müssen.

1 000 Jahre Lebensdauer. Ich freue mich schon jetzt auf die Diskussion über das Rentenalter.

Was würde gegen eine Erhöhung sprechen, wenn die Menschen länger gesund blieben?

Zweitens die Finanzierung und erstens die Nerven.
Ich bitte Sie. Es würden sich doch einfach neue Lebensentwürfe etablieren. Kindheit bis 30, dann Eizellen und Spermien tiefkühlen, anschließend studieren und reisen bis 60, Kinder aufziehen bis 90, dann die Masterarbeit abgeben…
… und den Führerschein…
…ach was, selbst fahren ist morgen so was von gestern.
Wenn Sie mit 90 die Masterarbeit abgeben, kommt Ihr Einstieg ins Berufsleben pünktlich auf das Einsetzen der Demenz.
Gegen welche die Medizin dann längst ein Mittel hat.
Und wie verbringen Sie die restlichen 900 Jahre? Im Berufsalltag werden Sie alle 20 Jahre eine technische Revolution mitmachen müssen. Und privat? Alle 50 Jahre ein Burn-out, alle 60 eine Scheidung, ein Dutzend zweite Frühlinge?
Das wäre doch hübsch?
Stellen Sie sich das doch mal konkret vor: Frauen über 150 werden keinen Mann mehr finden, aber manche knusprige 100-Jährige wird sich einem 700-Jährigen an die Brust werfen, der das Herz und die Kreditkarte auf dem rechten Fleck hat. Und die letzten hundert Jahre in Rente wird man betreut von 600-jährigen Pflegefachpersonen, die selbst schon lange keine Originalbauteile mehr enthalten, und besucht wird man von 1 000 Ururururenkelkindern, die am Sonntagnachmittag nicht lange bleiben können, weil sie noch 20 weitere Ururururgroßeltern abklappern müssen.
Haben Sie getrunken?
Im Gegenteil, ich sehe die Dinge eben gerade nüchtern und sage Ihnen, wie's ist. Die meisten Leute erkennen so zwischen 50 und 90, dass der Mensch aus der Geschichte nichts lernt. Wie viel Spaß macht das Leben da noch, wenn Sie weitere 900 Jahre vor sich haben, in denen nichts Neues mehr geschieht unter der Sonne? 900 Jahre voller unfähiger Regierungen, Skandale, Krisen und Katastrophen. Nach dem Dritten Reich durchleben Sie noch

die Reiche vier bis neun, und jedes Mal sehen Sie sie schon von Weitem kommen. Prost Neujahr.

Das beste Mittel gegen das Vierte Reich ist der Mensch, der das Dritte Reich miterlebt und verstanden hat, wie es dazu kommen konnte. Ich könnte 900 Jahre lang von den alten Fehlern erzählen und meine Erfahrung mitbringen.

Wer sagt denn, dass Sie Ihre Erfahrungen überhaupt dabeihaben? Vielleicht wachen Sie gar nicht mehr als James Bedford auf.

Sondern?

Sondern als Niemand. Das Gehirn auftauen ist eins, den Geist darin wohl ein anderes. Tiefgekühlte Erinnerungen bleiben wohl nicht so frisch wie tiefgefrorene Zucchetti.

Vielleicht nicht, Sie Miesepeter, aber vielleicht doch. Also muss man es doch herausfinden.

Waren Sie 1967 sicher, dass in einem Menschen ein Ich steckt, das über den physischen Tod hinaus besteht?

Natürlich nicht. Auch das wollte ich herausfinden. Die Wissbegier ist der edelste Trieb des Menschen, sagt Gotthold Ephraim Lessing. Es ist eine unglaubliche Vorstellung, nach Jahrzehnten wieder zurückzukehren. Für die Menschheit wäre es ein Meilenstein!

Und Sie würden in die Geschichte eingehen.

Das ganz bestimmt. Jeder Mensch sucht Bedeutsamkeit oder möchte etwas hinterlassen. Das ist nicht ehrenrührig.

Absolut, wenn man das Ziel mit der nötigen Demut ansteuert.

Grundgütiger! Ihr Europäer werdet wohl nie verstehen, was es heißt, groß zu denken. Chancen sind da, um gepackt zu werden.

Auch wenn sie noch so klein sind?

Das hängt davon ab, was man zu verlieren hat. Ich konnte 1967 wählen zwischen todsicher tot und höchstwahrscheinlich tot. Da wählt man doch die Variante, in der mehr Leben steckt. Kennen Sie Walther Matthau?

Der Schauspieler, der mit Jack Lemmon Komödien drehte.

Ebender. Sein Sohn Charlie Matthau hat sich bei Alcor auch einen Platz in einer Kapsel reserviert. Seinen Vater wollte er auch dazu überreden. Der brummte nur, das funktioniere bestimmt nicht, aber womöglich ja doch, und er habe keine Lust, als Karnevalsnummer zurückzukehren. Charlie Matthau selbst sagte: »Die Menschen glauben an die bizarrsten Dinge. Die kryonische Konservierung wird vermutlich nicht funktionieren, aber sie schlägt die Alternative.«

Wer an ein Leben nach dem Tod glaubt, hat eine Alternative.

Durchaus, aber eine relativ ungewisse.

Das sagen Sie, aber es gibt Leute, die mit sehr wenig Zweifel auskommen.

Absolut, und ich sage Ihnen als Psychologieprofessor: Wer nie zweifelt, ist gefährlich.

Sie haben wohl nicht an ein Leben nach dem Tod geglaubt, sonst hätten Sie sich ja nicht kryokonservieren lassen.

Mit dem Leben nach dem Tod hielt ich es wie jeder ernst zu nehmende Wissenschaftler: Ich habe es in keinster Weise vermutet, aber nicht völlig ausgeschlossen. Und ich gebe gern zu, dass es recht hübsch ist, hier post mortem mit Ihnen zu plaudern.

Dem kann ich beipflichten. Es hat Spaß gemacht. Was haben Sie heute noch vor?

Nichts Besonderes. Ein wenig zwischen den Edelstahltanks herumgeistern und mir die Kunden ansehen, die vorbeikommen, für sich ein Plätzchen reservieren wollen oder gerührt einen Tank betrachten, in dem ihre Mama oder ihr Papa hängt, mit dem Kopf nach unten. Wenn wir dann mal alle aufgetaut sind, werde ich mit ihnen eine Selbsthilfegruppe gründen.

Und sicher werden Sie ab und an gemeinsam rumhängen.

Gewiss.

Geschätzter Dr. Bedford, besten Dank für das Gespräch. Sollten Sie noch zu meinen Lebzeiten aufgetaut werden – ich werde die Liveübertragung mitverfolgen.

Und ich werde in die Kamera winken.

* * * *

Als fünffacher Vater hat **James Bedford** die Entführung von »**Baby Lindy**« wohl auch mitverfolgt. Und über die Schuld oder Unschuld von Bruno Richard Hauptmann debattiert.

Charles A. Lindbergh Jun. · 1930 – 1932

Opfer der Medien

»Ich bin froh, dass er jene Nacht nicht überlebt hat. Er war so ein vergnügter und sicherer kleiner Junge, er war im Leben stets geliebt worden und war der König unserer Herzen gewesen. Ich könnte es nicht ertragen, wenn man ihn getäuscht, ihm wehgetan, ihn mit roher Gewalt verstümmelt hätte. Ich hoffe, dass er sofort tot war und dass er sich nicht wehrte und um Hilfe schrie – nach mir.«

Am 21. Mai 1927 spaziert die 21-jährige Anne Morrow am Krankenhaus vorbei, in dem ihre Freundin Elizabeth Bacon mit Masern im Bett liegt. »Bacon!«, ruft sie aufgekratzt durchs Fenster, »ein Mann ist allein über den Atlantik geflogen. Er heißt Charles Lindbergh!« Charles Lindbergh, Sohn eines schwedischstämmigen Abgeordneten und einer Chemielehrerin aus Minnesota, Showflieger und Postpilot, ein kühler kluger Kopf, hat beschlossen, den Preis von 25 000 Dollar für den ersten Nonstop-Flug von New York nach Paris einzuheimsen, und er liefert. 27 Stunden nach dem Start wird er über Irland gesichtet, und als er um 22.24 Uhr Ortszeit auf dem Pariser Flugplatz Le Bourgeret aufsetzt, umringen 150 000 jubelnde Menschen seinen klapprigen Flieger, »als versuchten alle Hände der Welt den neuen Christus zu berühren, und als sei das Flugzeug ein neues Kreuz«, wie ein Beobachter später schreiben wird.

»Der neue Christus« ist ein halb toter 25-Jähriger mit nasser Hose, der seit 33 Stunden und 30 Minuten auf seinem Hintern gesessen ist, seit 56 Stunden nicht mehr geschlafen hat, das Motorengeräusch nicht mehr aus den Gehörgängen kriegt und nun wegen der tobenden Menschenmasse zwar aus dem Cockpit, aber nicht auf den Boden gelangt.

Ein geistesgegenwärtiger Franzose zieht dem armen Helden seine Fliegerkappe vom Kopf und setzt sie einem Reporter auf, ein anderer wirft ihm seinen Mantel über die Schultern. In der allgemeinen Verwirrung können drei Helfer Lindbergh in ein Auto bugsieren und in einen kleinen Hangar bringen, wo er sich einen Augenblick sammeln kann. Die jubelnde Masse trägt derweil den Reporter mit Lindberghs Fliegerkappe zum Empfangskomitee, und Devotionalienjäger reißen Teile vom Flugzeug.

Charles

Als Charles Lindbergh am nächsten Nachmittag in einem Pyjama des Botschafters in der US-Residenz in Paris aufwacht, ist er der berühmteste Mensch der Welt. Allein die New York Times hat seinem Rekordflug fünf komplette Seiten gewidmet. Ein Kammerdiener steht neben seinem Bett und streckt ihm den offenen Bademantel entgegen. Das Bad ist bereits eingelassen, die Zeit drängt, im Parterre warten 250 Reporter und Kameramänner. Nach einem Interview für die New York Times nötigt der Botschafter seinen Stargast auf den Balkon, denn Paris schreit nach dem Helden. Für den zurückhaltenden jungen Mann beginnt ein Traum und Albtraum.

Lindberghs Tage in der französischen Hauptstadt sind mit Zeremonien getaktet. Der Triumphzug im offenen Wagen auf der Champs-Élysées erinnert an eine Kaiserkrönung. Die Filmangebote, die er in Paris erhält, würden ihn zum Millionär machen. Er lehnt sie ab: »Mir ist das alles zu sensationslüstern, ich bin kein Mann der Medien.«

Von der nächsten Ausgabe der New York Times ist Lindbergh schwer enttäuscht: Aus seinem »Interview« wurde ein Artikel, geschrieben in der Ich-Form, als Verfasser ist er selbst genannt. Weder entspricht der Text Lindberghs Wesen und Haltung, noch ist er inhaltlich korrekt. In jenem Moment, wird Lindbergh später erzählen, habe er begriffen, dass die Medien ihren eigenen Regeln folgten, und er habe sich sehr einsam gefühlt.

Einige Tage später verabschiedet der Held sich von der Stadt an der Seine mit einigen Loopings und steuert dann Richtung Belgien zu König Albert, der ihn eingeladen hat. Vor sich hat er nun zwei Stunden Flug. Zwei Stunden Ruhe. Durchatmen. Bei sich selbst sein. Fliegen und fliehen werden für den Rest seines Lebens zu Synonymen.

Als »der Prophet eines neuen Zeitalters« am 11. Juni in die USA zurückkehrt, brechen Rundfunksprecher in Schluchzen aus. Ein

Dutzend Biografien sind in Arbeit. Den Schluss des Triumphzuges in Washington D. C. bilden Postlastwagen mit einer halben Million Päckchen und Briefen. Nach der Parade in New York bietet die Stadt 2000 zusätzliche Straßenkehrer auf, um der Konfettiberge Herr zu werden. In St. Louis säumen 500000 Menschen die Straßen. Die Ringe unter Lindberghs Augen werden von Stadt zu Stadt dunkler. Nach einer mehrmonatigen Promotour durch 48 US-Bundesstaaten hat der junge Mann die Kontrolle darüber, wer und was »Charles Lindbergh« ist, weitgehend verloren. Er ist eine Projektionsfläche im Besitz einer Nation. Der einzige Steuerknüppel, den er noch fest in der Hand hält, ist derjenige in seiner einmotorigen »Spirit of St. Louis«.

Anne

Im Herbst lernt Charles Lindbergh den Ex-Banker und frisch gekürten US-Botschafter in Mexiko Dwight W. Morrow kennen. Morrow bittet den Superstar um einen Flug von Washington nach Mexiko City. Er könnte die Beziehungen zwischen den beiden Ländern verbessern. Lindbergh hebt Mitte Dezember ab. Für die 3800 Kilometer budgetiert er 24 Stunden. Über Mexiko liegt Nebel. Der Pilot verirrt sich, geht in den Tiefflug und folgt dem Verlauf von Eisenbahnschienen. Der erste Bahnhof ist mit Caballeros angeschrieben, doch dieser Ort ist nicht auf seiner Karte eingezeichnet. Auch die nächsten Ortschaften heißen Caballeros. Jetzt dämmert es dem Helden, dass er der spanischen Bezeichnung für Herrentoilette gefolgt ist. Um zwei Stunden verspätet erreicht er Mexiko City. Dem Jubel der Massen am Rollfeld tut es keinen Abbruch.

In der Residenz von Botschafter Morrow lernt Lindbergh dessen Kinder kennen. Die schüchterne Anne sitzt beim vergnüglichen Rundflug am Stefanstag hinter ihm. »Ich bin erst wieder glücklich, wenn ich das noch einmal erleben darf«, schreibt sie am Abend in ihr Tagebuch. Vor ihrem Examen am College im Frühling formuliert sie zwei Wünsche: Sie will den Jordan-Preis für die originellste Arbeit in Prosa oder Lyrik, und sie will Charles Lindbergh.

> »Du Närrin! Du bist vollständig und unumstößlich anders als er.
> Ihr habt nichts gemeinsam. Wenn du ehrlich bist, interessiert
> dich seine Welt überhaupt nicht. Du bist nur hingerissen durch
> die Kraft seiner Ausstrahlung.«
>
> Anne, Tagebuch

Anne Morrow gewinnt nebst dem Jordan-Preis auch noch eine Auszeichnung für den besten Essay über Frauen im 18. Jahrhundert. Und sie gewinnt Charles Lindbergh, der im Jahr darauf bei Dwight und Betty Morrow um ihre Hand anhält. »Dir wird der Himmel gehören«, sagt Betty zu ihrer Tochter.

Als Anne und Charles im Februar 1929 in Mexiko zu einem Ausflug abheben, sieht Charles, wie eines der Räder seines Fliegers mutterseelenallein über die Flugpiste rollt. Er erklärt Anne, dass er jetzt mehrere Stunden fliegen muss, um den Tank möglichst leer zu kriegen, damit der Flieger bei der zu erwartenden Bruchlandung weniger heftig explodiert. Panik empfindet Anne nur kurz. Was sie mehr beschäftigt, ist die Frage, wie sie in den Augen ihres Verlobten dastände, falls sie diese Prüfung nicht bestehen würde. Charles polstert sie mit den beiden Sitzkissen, geht in den Sinkflug, setzt den Flieger auf einem Rad auf und kann die andere Seite etwa 30 Meter weit in der Luft halten, bis die Achse sich in den Boden bohrt und der Flieger sich überschlägt. Anne bleibt unverletzt, Charles renkt sich die Schulter aus, und Betty Morrow schreibt in ihr Tagebuch: »Anne sehr gelassen & gefasst & er ist furchtbar stolz auf sie. Dazu hat er aber auch allen Grund!«

»Die bloße Tatsache, dass ich geliebt wurde, war unglaublich und veränderte meine Welt, mein Lebensgefühl und mich selbst. Der Mann, den ich heiraten wollte, glaubte an mich und an das, was ich konnte, und folglich entdeckte ich, dass ich mehr konnte, als mir bewusst war, sogar in dieser geheimnisvollen äußeren Welt, die mich faszinierte, die mir aber unerreichbar vorkam. Er öffnete mir die Türen zum wirklichen Leben, und es ängstigte mich zwar, lockte mich aber auch.«

Anne, Tagebuch

Die Hochzeitsvorbereitungen geheim zu halten ist schwierig. An manchen Flugplätzen haben Journalisten Arbeiter bestochen für Infos über Lindberghs Flugpläne – zur Hochzeitsreise wird das Traumpaar ja wohl fliegen. Im Mai 1929 lässt Charles anonym in Long Island ein Motorboot reservieren. Dann bestellt er seinen Flieger nach Rochester und gibt Anweisung, ihn startklar in einem Hangar unterzustellen. Ein Teil der Pressemeute geht ihm auf den Leim und spekuliert in die falsche Richtung. Anne und Charles heiraten an einem unauffälligen Montag in Annes herrschaftlichem Elternhaus »Next Day Hill« mit zwanzig Hektar Land in Englewood, New Jersey, jenseits des Hudson River auf Höhe der Bronx. Dass es nicht nur um eine Einladung zum Tee geht, wird den zwanzig handverlesenen Gästen erst klar, als Reverend Brown auftaucht.

Nach der Trauung vor dem großen Kamin im Salon fährt Charles um halb fünf Uhr im Auto eines Freundes an Reportern am Fuß des Hügels vorbei. Anne duckt sich auf den Boden des Wagens. In einer Sackgasse wartet der Freund. Sie tauschen die Autos, Anne und Charles setzen sich Mützen und dunkle Brillen auf und starten nach Long Island, wo sie abends das Boot erreichen. Die *Daily News* bringt am selben Nachmittag einen langen Artikel über Lindberghs baldige Hochzeit mit 1500 Gästen.

Nach ein paar Tagen Honeymoon werden Anne und Charles an der Küste von Massachusetts beim Tanken erkannt und für den Rest der Hochzeitsreise von Reportern in Booten und Flugzeugen verfolgt. Im ersten Jahr ihrer Ehe treffen bei Lindberghs rund eine Million Briefe aus aller Welt ein. Charles verbrennt sie lieber, als eine Sekretärin dafür zu bezahlen, säckeweise Briefe zu öffnen, nur weil auch persönliche Nachrichten wichtiger Leute darin sein könnten.

>»Es dauerte nur wenige Monate, bis ich, mit meinem leidenschaftlichen Wunsch nach dem »wirklichen Leben«, begriffen hatte, dass ich lediglich den einen Ausnahmezustand mit dem andern vertauscht hatte, nämlich den der konventionellen Erziehung, des engen Familienkreises und einer klösterlichen Bücherexistenz gegen den des Ruhmes, der Publicity und des ständigen Herumreisens.«
>
> Anne, Tagebuch

Charles bringt Anne das Fliegen bei, und im Jahr nach der Hochzeit macht sie als erste US-Amerikanerin den Segelflugschein. Im April holen die beiden in Los Angeles ihr neues Flugzeug ab, einen Sirius-Eindecker von Lockheed. Auf dem Rückweg nach New York will Charles beweisen, dass es sinnvoller ist, oberhalb des Wetters zu fliegen, und steigt auf 4500 Meter über dem Meer. Wegen der Höhe und der Abgase im Cockpit ist es Anne in den letzten vier Stunden des Fluges so sterbenselend, dass sie nach der Landung nicht in der Lage ist, das Flugzeug zu verlassen. Charles versucht die Presse abzuwimmeln. Eine halbe Stunde später beobachtet jemand, wie die aschfahle Anne mit verweinten Augen in eine schwarze Limousine befördert wird. Die Boulevardpresse kolportiert einen Nervenzusammenbruch. Mit der Flugzeit von 15 Stunden haben Charles und Anne den transkontinentalen Geschwindigkeitsrekord um vier Stunden unterboten. Anne ist im siebten Monat schwanger.

»Ich habe keine Geduld, kein Verständnis und kein Wohlwollen für die Menschen, die uns angaffen und hinter uns herlaufen und über uns kichern, die Fragen stellen, uns bedrängen und über unser Privatleben etwas in Erfahrung bringen wollen. Ich denke überhaupt nichts mehr, wenn ich diesen lüsternen Blick des Erkennens auf jemandes Gesicht sehe und den Rippenstoß, der jemand anderen zum Hinsehen veranlassen soll. Ich fühle bloß ein verbittertes ›Ihr Rohlinge‹ und drehe mich um und starre sie so eisig und so verwundert und so beleidigend an, wie es mir möglich ist. Das ist so zermürbend. Ich frage mich, ob das jemals weniger wird. Heute wage ich mich nicht hinaus.«

Anne, Brief

Charlie

Am 22. Juni 1930 erhält Charles' Mutter Evangeline Lindbergh in Detroit das Telegramm eines gewissen Reuben Lloyd mit den Worten: »Anwesen kaufen!« »Reuben« ist Charles' Pseudonym, »Anwesen kaufen!« die verschlüsselte Botschaft für: »Es ist ein Junge.« Seit Wochen schon ist die Welt in freudiger Erwartung, Reporter haben offenbar 2 000 Dollar für Geheimnisse aus dem Haus Lindbergh geboten, ein Vermögen für eine brave Telefonistin oder Telegrafistin. Weil sich eine Geburt in einem Spital nicht geheim halten lässt, bringt Anne ihr erstes Kind, Charles, genannt Charlie, in der Stadtwohnung ihrer Eltern in Manhattan zur Welt, just an ihrem 24. Geburtstag, dem 22. Juni 1930.

Anne macht den Privatpilotenschein und begleitet als Co-Pilotin, Funkerin und Navigatorin Charles, der für Fluggesellschaften und Regierungen Flugrouten zwischen den Kontinenten erkundet und kartiert. Gemeinsam erforschen sie ab Juli 1931 in ihrer einmotorigen »Sirius« abenteuerliche polare Routen von Kanada und Alaska nach China. Im November empfangen sie in Japan die Nachricht vom Tod von Annes Vater und brechen ihre Reise ab.

»12. Nov. 1931. Es ist schön, wieder zu Hause zu sein – und oh, das Baby! Er ist ein Junge, ein kräftiger, selbstständiger Junge, der auf seinen festen kleinen Beinchen herumwackelt. Er erkannte uns nicht mehr, hatte aber auch keine Angst vor uns.«

Anne, Tagebuch

Charles Lindbergh will weg von den Menschenmassen. Zwei Autostunden außerhalb von New York lassen Lindberghs auf dem Gebiet der Dörfer Hopewell und East Amwell 200 Hektar bewaldetes Gebiet zusammenkaufen und ein Landhaus bauen. 1931 ziehen sie ein, wochentags aber leben sie weiterhin bei Annes Mutter und ihren 32 Hausangestellten in Englewood, in der Nähe von Charles' Büro in Manhattan.

»Ich glaube, die schottische Bewerberin, Betty Gow, ist sehr gut und würde den Kleinen gewissenhaft versorgen. Aber sie und auch Elsie und Ollie Whateley haben bisher sehr wenig Erfahrungen mit der Publicity und mit Reportern. Das Haus ist wenig geschützt. Wenn der Kleine nicht jede Sekunde bewacht wird, kann jeder hereinkommen und ihn fotografieren. Vielleicht ist das albern. Ich denke an die Extremfälle, die ich kenne: Leute, die in den Zeitungen lesen, dass wir fort sind, und das ausnutzen. Leute, die nicht ganz richtig im Kopf sind, wie die Frau, die mir geschrieben hat, oder wie eine Frau, die hier an die Türe kam und sagte, sie müsse den Kleinen sehen, und koste es ihr Leben. Oder womöglich Gerüchte, wir seien abgestürzt (einmal gab es sechs solcher Gerüchte in zwei Wochen) und einen Ansturm von Reportern, die ein Foto des möglichen Waisenkindes machen wollen etc.«

Anne, Tagebuch

29. Februar 1932. Anne will mit Charlie wie jeden Montag vom Landhaus in Hopewell ins Stadthaus ihrer Eltern nach Englewood zurückkehren. Doch der kleine Charlie ist erkältet. Anne bleibt in Hopewell. Am nächsten Tag kommt Charles aus New York. Um 19.45 Uhr bringt das Kindermädchen Betty Gow den kleinen Charlie zu Bett. Um 21.00 Uhr hört Charles im Wohnzimmer ein Geräusch, als habe jemand in der Küche eine Holzkiste fallen lassen. Um 22.00 Uhr sieht Betty ein letztes Mal nach Charlie. Das Bettchen ist leer, das Fenster steht halb offen, auf dem Fenstersims liegt eine Lösegeldforderung: »Dear Sir! Have 50 000 $redy 2.500$ in 20$ bills 1 500$ in 10$ bills and 1 000$ in 5$ bills. After 2-4 days we will inform you were to deliver the Mony. We warn you for making anyding public or for notify the polise the child is in gute care. Indication for all letters are singnature and 3 holes« (Rechtschreibung wie im Original).

Zusammengefasst: Dem Kind geht es gut, macht Lösegeld bereit und wartet auf Anweisungen in einem Brief mit dem Geheimzeichen aus drei Löchern.

> »Ich erinnere mich an meinen zweiten Gedanken nach dem Schock und an die Vorstellung des toten Babys in jener ersten Nacht. Ich dachte: ›Wenn das wahr ist, werde ich niemals wieder etwas glauben.‹ Ein völliges Auslöschen des Vertrauens an das Gute und an die Sicherheit in diesem Leben.«
>
> Anne, Tagebuch

Um 22.50 Uhr wird Großalarm ausgelöst. Die Nationalgarde errichtet Sperren auf den Hauptstraßen nach New York City, Newark und Trenton. Das Haus füllt sich mit Polizisten, die Schlagzeile jagt um den Globus, und Hopewell (»Gute Hoffnung«) wird zum Nabel der Welt. Das *Evening Journal* von Medientycoon Randolph Hearst schickt gleich ein Dutzend Journalisten. Beim Wendeplatz seines

Hauses entdeckt Lindbergh zwei Krankenwagen, ausgestattet mit mobilen Dunkelkammern. Die »Sanitäter« sind Fotografen, die dank Blaulicht und Sirene bis zum Tatort vordringen konnten.

Lindbergh organisiert Wachen, verwandelt sein Haus in eine Polizeizentrale, lässt in der Garage 20 Telefonanschlüsse verlegen und stellt der State Police und dem FBI private bezahlte Ermittler zur Seite, was für einige Konfusion sorgt.

Die Täter haben Indizien hinterlassen: Drittens ein Dreiviertelzollmeißel im Garten. Zweitens die Lösegeldforderung, deren Rechtschreibefehler auf deutschsprachige Täter hindeuten. Und erstens die hastig gebastelte, aber klug konzipierte dreiteilige Ausziehleiter aus Holz mit einem Bruch auf halber Höhe.

»Sie wussten von unserem Aufenthalt in Hopewell an einem Wochentag (Das ist seit letztem Jahr nicht mehr vorgekommen). Ihre Kenntnis des Kinderzimmers, das Fehlen von Fingerabdrücken, die passende Leiter, alles deutet auf Berufsverbrecher, was ziemlich günstig ist, denn das heißt, dass sie nur Geld wollen und dem Baby nicht böswillig wehtun werden.«

Anne, Brief

Radiosender streichen ihr Programm und berichten rund um die Uhr über die Entführung. Anne gibt Reportern Auskunft über die Ernährungsgewohnheiten von Charlie und appelliert via Medien an die Entführer, diese zu befolgen. Ein Privatpilot offeriert an klaren Tagen besorgten Mitmenschen für $ 2.50 Besichtigungsflüge über dem Haus. Im Madison Square Garden wird ein Wettkampf unterbrochen, Zehntausende verharren drei Minuten lang im Gebet für Charlie. Die Postboten bringen säckeweise Briefe, darunter 8 000 Hinweise und 12 000 Briefe von Leuten, die aufgeregt von ihren zweifellos ermittlungsrelevanten Träumen berichten. Unzählige Hochstapler, Selbstdarsteller, Wahrsagerinnen und Hobbydetektive bieten selbstlos ihre fachmännische Hilfe an. Tausende falsche Erpresserbriefe von Trittbrettfahrern treffen ein. Charles harrt auf Briefe, die das vereinbarte Kennzeichen enthalten. Via Medien versucht er die Erpresser bei Laune zu halten. Er fürchtet, dass gut gemeinte, aber eigenmächtige und unbedachte Aktionen Unbeteiligter zu gefährlichen Missverständnissen führen könnten.

> »Im Gegensatz zur allgemeinen Vorstellung sind die ersten Tage des Schmerzes nicht die schlimmsten. Die ersten Reaktionen sind gewöhnlich Schock, Erstarrung und Ungläubigkeit. Man hat eine Amputation durchgemacht. Auf den Schock folgte der tiefste, erste Kummer wie eine Art ›geballte Gegenwart‹ – fast eine Form des Besitzens. Man spürt das verlorene Glied noch bis hinunter ans Ende des Nervs.«
>
> Anne, Tagebuch

Am Tag 8 nach der Entführung veröffentlicht der pensionierte Schuldirektor John F. Condon auf eigene Faust in der *Bronx Home News* eine Anzeige, worin er sich den Entführern als Kontaktperson anbietet. Diese nehmen tatsächlich Kontakt auf. Handschrift und Erkennungszeichen stimmen überein. Mittels Zeitungsannoncen (Condon) und Briefen (Entführer) werden Übergabemodalitäten ausgehandelt. Auf dem Woodlawn-Friedhof in der Bronx kommt es zu einem ersten Treffen mit einem Unbekannten namens »John«. Condon fordert von ihm einen Beweis und bekommt an Tag 16 Charlies Pyjama zugeschickt. Zwar erweist Condon sich als großmauliger Selbstdarsteller, aber da er das Vertrauen der Entführer hat, sind Lindberghs Ermittler auf ihn angewiesen. Nach einigem Hin und Her trifft Condon am Tag 32 erneut »Friedhof-John«, wie der Erpresser mittlerweile genannt wird, übergibt ihm 50 000 Dollar und erhält dafür einen Zettel mit Anweisungen und der Information, dass sich Charlie auf dem Boot »Nellie« bei der Insel Martha's

Vineyard in Massachusetts befindet. Zwei Tage lang suchen Küstenwache und Charles die Gegend ab. Ohne Erfolg. »Wir sind hereingelegt worden«, sagt Charles Lindbergh düster.

> »Ein stiller Kummer, ganz gleich wie groß, ist besser als dieses verzerrte, nie enden wollende, unwirkliche Grauen. Bis das nicht vorüber ist, wird es keinen neuen Anfang geben. Im Moment bauen wir nur nach hinten weiter, nicht nach vorn. Ich fühle mich, als ob ein Gift in meinem Körper arbeitete – diese Vorstellung von dem Verbrechen. Wie tief wird es sich in unser Leben hineinfressen?«
>
> Anne, Tagebuch

Am Muttertag 1932 verbringen Anne und Charles das erste Mal seit 68 Tagen eine Nacht allein. Sie schlafen in der Wohnung von Annes Mutter in Manhattan, denn Anne will am andern Morgen ihren Gynäkologen aufsuchen. Sie ist im sechsten Monat schwanger. Die Untersuchung verläuft positiv.

Drei Tage später stapft außerhalb von Hopewell ein Lkw-Beifahrer in den Wald zum Pinkeln und entdeckt Charlies Leichnam. Der Kopf ist zertrümmert und weist zudem ein Loch auf, das von einem Schuss herrühren könnte. Laut Gerichtsmedizinern ist er seit zwei Monaten tot.

Schon am nächsten Tag nimmt Countrysänger Bob Miller zwei Songs auf: »Charles A. Lindbergh, Jun.« und »There's a new star up in Heaven (Baby Lindy is up there)«. Über 100 000 Kondolenztelegramme und -briefe gehen ein. Eine Kanadierin schickt Fotos ihres einjährigen Sohnes, »der dem kleinen Engel gleichsieht«, und bietet ihn Lindberghs zur Adoption an. Fotografen brechen durch ein Fenster in die Leichenhalle von Trenton ein und fotografieren die sterblichen Überreste von »Baby Lindy«.

»Ich verspüre seltsamerweise eine Empfindung des Friedens – nicht Frieden, aber ein Ende der Ruhelosigkeit, ein Endgültiges, als schliefe ich in einem Grab. Ich bin froh, dass ich Charlie an jenem letzten Wochenende verwöhnte, als er krank war, dass ich ihn auf den Schoß nahm und ihn wiegte und ihm Liedchen vorsang. Und ich bin froh, dass er in jenen letzten Tagen nach mir verlangte. Ich weiß, dass Charlie mich mehr als jeden anderen liebte, als er uns verließ. Unmöglich, ein Wort zu sagen, ohne in Tränen auszubrechen.«

Anne, Tagebuch

»Charles kam gestern Nacht ungefähr um zwei Uhr nach Hause. Er sprach so schön und ruhig über den Tod, dass es mir großen Mut machte. (...) Man glaubt, dass das Baby in der ersten Nacht getötet wurde. Demnach konnte nichts, was wir taten, etwas ändern. Das erspart uns Gewissensbisse.«

Anne, Tagebuch

Das Jahrhundertverbrechen

Der Boulevard fiebert weiter. »Die Nation sucht ein Kind« klang gut, doch »Die Nation sucht einen Kindermörder« klingt noch besser. Ein Teil des Lösegeldes besteht aus seltenen Goldzertifikaten. US-Präsident Franklin D. Roosevelt befiehlt, das alte Zahlungsmittel innerhalb eines Jahres aus dem Verkehr zu ziehen. Die Erpresser müssen die Zertifikate also umtauschen oder ausgeben, bevor es wertlos wird. Ganz New York überprüft die Seriennummern auf Banknoten und Zertifikaten. Es locken exorbitante 75 000 Dollar Kopfgeld.

»Wenn ich mich jetzt von jemandem verabschiede, verfolgt mich der Gedanke, dass ich ihn nicht wiedersehen werde. Unausgesetzt tönt in mir eine Stimme: ›Halte fest, was du jetzt hast, erinnere dich an diese Bewegung, es ist das letzte Mal.‹ Etwas in mir möchte allem Bedeutung verleihen, vielleicht deshalb, weil ich die wenigen Stunden, die ich mit Charlie zusammen war, nicht wichtig genug nahm, sie unbekümmert erlebte, weil ich noch unzählige Jahre mit ihm vor mir sah.«

Anne, Tagebuch

Mit im Fokus der Ermittler sind die Hausangestellten. Sie, die wussten, dass Charlie an jenem schicksalhaften Montagabend nicht wie üblich in Englewood, sondern in Hopewell sein würde. Das englische Hausmädchen Violet Sharpe ist besonders nervös und verschwiegen. Zwischen der ersten und der dritten Befragung nimmt die junge Frau zwanzig Kilogramm ab. Als sie am 10. Juni zu ihrer vierten Befragung ins Polizeipräsidium aufgeboten wird, bricht sie in Tränen aus, läuft in ihr Zimmer und schluckt eine Silberpolitur. In der Speisekammer bricht sie zusammen. Annes Mutter versucht sie noch zu retten, doch das Kaliumzyanid tut seine Wirkung. Die Polizei findet schließlich heraus, dass Violet lediglich eine peinliche Beziehung zu einem Butler geheim halten wollte. »Unschuldiges Mädchen in den Tod getrieben!«, empört sich der Boulevard.

Abseits des Rampenlichts verstreut Charles Lindbergh am Tag von Violets Suizid in aller Stille Charlies Asche aus einem Flugzeug über den Ozean – ein Grab wäre zu einer Touristenattraktion geworden.

»Ich habe das Gefühl, dass die Menschen, die sich das Leben nehmen, nicht so unwiederbringlich und unwiderruflich fort sind wie die, die sterben. Können sie so schnell und vergleichsweise leicht entkommen? Dadurch, dass sie mit offenen Augen dem Tod begegnen, dass sie mit offenen Augen die Schwelle überschreiten, die das Leben vom Tode trennt, müssen sie den Weg hinüber kennen, und das erleichtert ihnen das Kommen und Gehen.«

Anne, Tagebuch

Am 16. August 1932 bringt Anne den gesunden kleinen Jon auf die Welt. Nicht nur sie nennt ihn gelegentlich aus Versehen Charlie. Sie ertappt sich dabei, wie sie sich freut, bis er »wieder« so groß wird, und wie sie von Verlustangst gepackt wird, wenn der Kleine einmal ein wenig kränkelt. Sie kämpft dagegen an.

»Nach dem letzten Herbst und diesem Winter nun ein vollkommenes Baby. Es war ein Wunder. Ich spürte, dass ich mehr als nur einem Baby das Leben geschenkt hatte: neues Leben auch mir, Charles und Mutter. Ich hatte das Gefühl, als sei mir das Leben wieder zurückgegeben – eine Tür ins Leben geöffnet worden. Mein Vertrauen war wiedergeboren.«

Anne, Tagebuch

Im Frühling 1933 verlassen Lindberghs Hopewell und ziehen nach Englewood. Das unselige Anwesen von Hopewell soll ein Domizil für hilfsbedürftige Kinder werden. Danach starten Anne und Charles mit ihrem einmotorigen Flugzeug zur Vermessung von Flugrouten über den Atlantik. Nach fünfeinhalb Monaten kehren sie vor Weihnachten zurück zu ihrem 16 Monate alten Zweitgeborenen.

Nur wenige Meilen entfernt, in der Bronx und in Manhattan, tauchen immer wieder Scheine aus dem Lösegeld auf. Am 26. November bezahlt ein Mann ein Kinoticket mit einer achtfach gefalteten Note aus dem Lösegeld. Kinokassiererin Cécile Barr versichert, sie würde den Mann wiedererkennen.

Der Direktor der US-Forstwirtschaftsbehörde, Arthur Koehler, hat unterdessen die Holzleiter der Entführer analysiert. Mehrere Streben zeigen kleinste Unregelmäßigkeiten, verursacht durch ein defektes Sägeblatt. Koehler gelingt es, ebendieses Sägeblatt in einer Sägerei in South Carolina ausfindig zu machen.

Am 18. September 1934 vergleicht ein Kassierer der Corn Excange Bank in der Bronx ein Zehn-Dollar-Zertifikat mit der Lösegeldliste: Match. Als Joker erweist sich die auf die Banknote gekritzelte Autonummer 4U-13-41. Die Ermittler vermuten einen Tankwart, klappern die Bronx ab, und stoßen auf Walter Lyle von der Tankstelle Ecke Lexington Avenue/127th Street. Er hat die Nummer auf den Schein notiert, weil der Fahrer eines dunklen 1930er-Dodge für nur 98 Cents tankte, aber mit einem Zertifikat bezahlt hatte. Als Autobesitzer registriert ist Bruno Richard Hauptmann, 1279 East 222nd Street, Bronx. Die Wohnung liegt nur Minuten entfernt vom Woodlawn-Friedhof.

Hauptmann wird verhaftet. In seiner Brieftasche findet sich eine weitere Note aus dem Lösegeld – achtfach gefaltet. Seine Fünfzimmerwohnung im zweiten Stock ist für einen Arbeiter ohne feste Anstellung überaus hochwertig möbliert. »Aktiengeschäfte«, sagt Hauptmann. Während er in einem brutalen 24-stündigen »Verhör« leugnet, noch mehr Lösegeld zu haben, nehmen die Ermittler Hauptmanns Garage Brett für Brett auseinander und bringen über 13 000 Dollar aus dem Lösegeld und eine Pistole ans Tageslicht. FBI-Chef J. Edgar Hoover steigt in den nächsten Zug nach New York, um sich im Gewitter der Blitzlichter seiner Brillanz zu rühmen.

Auf dem Boulevard ist man bester Dinge. Der perfekte Bösewicht des Jahres 1934 ist ein illegaler deutscher Wirtschaftsmigrant ohne Job, aber mit viel Lösegeld, mit einer unschuldigen Stuttgarterin als

Ehefrau, einem unschuldigen einjährigen Knäblein und einem unschuldigen Blick. Dass er alles leugnet, obwohl er mindestens einmal von Polizisten zusammengeschlagen wird, macht die Story perfekt. Und die ganze Welt will wissen: Wer ist der Mann?

Der Jahrhundertverdächtige

Bruno Richard Hauptmann kommt Ende 1899 im sächsischen Kamenz auf die Welt, beginnt eine Lehre als Zimmermann und lügt sich mit 16 zwei Jahre älter, weil er in den Krieg ziehen will, »getragen von Begeisterung, so wie Millionen meiner Brüder«. Aufgeboten wird er aber erst 1917, als der Krieg seine unlustige Seite gezeigt hat – wer hatte das auch ahnen können – und bereits zwei ältere Brüder gefallen sind. Hauptmanns Freude an den Schützengräben im Elsass hält sich in Grenzen, aber dass er die Handgranaten mit 63 Metern weiter wirft als die anderen Infanteristen seiner Kompanie, darauf wird er noch beim Verfassen seiner Lebensgeschichte in der Gefängniszelle neben dem elektrischen Stuhl stolz sein.

Vom Schlachtfeld kehrt Hauptmann verletzt zurück ins Zivilleben. Mit einem Kriegskameraden begeht er Raubüberfälle und Einbrüche. Unter anderem steigen die zwei mit einer Leiter durch ein Fenster im ersten Stock des Bürgermeisterhauses ein. Ein anderes Mal rauben sie bewaffnet zwei Mütter aus, die mit ihren Kindern spazieren gehen. Hauptmann sitzt vier Jahre im Zuchthaus von Bautzen ab und schleicht sich nach seiner Entlassung in Bremen als blinder Passagier an Bord der SS Hannover. Im Hafen von New York City wird er entdeckt und zurückspediert. Nach einem weiteren misslungenen Versuch schafft er es schließlich im Kohlebunker der SS George Washington im dritten Anlauf über den Atlantik und betritt am 26. November 1923 US-amerikanischen Boden.

Als Untermieter in Manhattan spannt er seinem Gastgeber innerhalb weniger Wochen die Ehefrau aus, die zwei ziehen zusammen und nehmen eine Untermieterin auf, mit der er ebenfalls eine

Beziehung anfängt und die er 1925 heiratet. Sie arbeitet als Kellnerin, er hat kurze oder sehr kurze Anstellungen in Maschinenwerkstätten oder auf Baustellen und handelt nach dem Börsenkrach 1929 mit Aktien.

Im Frühling 1931 weist Hauptmanns Konto über 25 000 Dollar auf. Er kauft sich einen dunklen 1930er Dodge. Während der nachgeholten Hochzeitsreise brechen die Finanzmärkte zusammen und fegen Hauptmanns Konto leer. Hauptmann arbeitet danach teilweise wieder auf Baustellen, investiert etwas Geld in den Pelzimport von Isidor Fisch, einem tuberkulosekranken New Yorker Kürschner aus Leipzig, und legt im Gegenzug dessen Geld am Aktienmarkt an. Am 2. April 1932, dem Tag der Lösegeldübergabe, erscheint Hauptmann zum letzten Mal an seiner letzten Stelle.

Eine Vorgeschichte wie diese kommt dem Generalstaatsanwalt von New Jersey, David T. Wilentz, sehr zupass. Er muss Hauptmann auf den elektrischen Stuhl bringen, wenn er nicht für den Rest seines Lebens Schmähbriefe öffnen will. Für die Geschworenen bereitet er nun die Erzählung eines geldgierigen deutschen Einzeltäters vor, dem auf der Fluchtleiter eine Sprosse bricht, woraufhin ihm das entführte Kind zu Tode stürzt. Zwar ist das nur ein Unfall mit Todesfolge, doch wenn er bei einer Entführung geschah, ist eine Mordanklage trotzdem möglich. Wilentz weiß um die Schwachstelle seiner Erzählung: Zweieinhalb Jahre lang haben Polizei und Medien von den Tätern im Plural gesprochen, aber er kann den Geschworenen nur einen Einzeltäter präsentieren. Hier wird der Verteidiger angreifen. Wenn er etwas taugt.

Hauptmanns haben Edward J. Reilly engagiert, einen seit Langem erfolgreichen New Yorker Strafverteidiger. Mit 52 hat »Big Ed« seine besten Jahre bereits hinter sich, aber für ein Spektakel ist er selbst an jenen Vormittagen gut, an denen er nüchtern ist. Das Spektakel ist überhaupt erst der Grund, warum Ed Reilly zum Zug kommt – der *New York Daily Mirror* von Zeitungstycoon Randolph Hearst hat ihn den Hauptmanns nicht nur ans Herz gelegt, sondern auch die Bezahlung seines Vorschusses von 25 000 Dollar zugesichert, wenn Anna Hauptmann sich dafür vertraglich verpflichtet, ihre Interviews exklusiv dem *Mirror* zu geben. Anna unterschreibt und wird ab Prozessbeginn stets von einem Hearst-Team begleitet.

Auf den Prozess freut sich auch der junge Bürgermeister des Bezirkshauptortes Flemington, John Schenk – das Jahrhundertereignis wird seinem schmucken Flecken international Publicity bringen. 400 Medienleute lassen sich akkreditieren, im Gerichtsgebäude werden 45 Direktleitungen in Redaktionen auf der ganzen Welt gelegt. Von einem provisorischen Rollfeld etwas außerhalb können täglich Filme zum Entwickeln nach New York geflogen werden.

Der Jahrhundertprozess

Am 2. Januar 1935 eröffnet Richter Thomas W. Trenchard den Prozess. Mehrere Zehntausend Menschen fallen im Landstädtchen ein. Einwohner vermieten zu Wucherpreisen Privatzimmer. Schnellrestaurants bieten »Lindbergh-Eisbecher« und »Hauptmann-Pudding« an. Kinder verkaufen für einen Vierteldollar selbst gebastelte Miniatur-Entführungsleitern und für fünf Dollar »echte« Locken von Charlie Lindbergh.

Im Gerichtssaal drängen sich auf 150 Quadratmetern 600 Menschen. Eine Dame aus der Schickeria lässt sich im Rolls-Royce vorfahren, eine Schauspielerin tritt auf im Leopardenfellmantel, mehrere New Yorker Mafiosi grinsen in die Kameras, gewöhnliche Bürger bringen Vorfreude und Lunchpakete in den Gerichtssaal und geben auch schon mal Szenenapplaus. »Man hält es für chic, zum Hauptmann-Prozess zu gehen«, schreibt Schriftstellerin Edna Ferber in der *New York Times*. »Das ist eher ein Cricketmatch als ein Prozess«, bemerkt Grace Noble vom *London News Service*, und Journalist H. L. Mencken nennt den Prozess ironisch »das wichtigste Ereignis seit der Auferstehung«.

Reilly und Hauptmann plädieren auf nicht schuldig. Auch sie haben für die Welt eine Erzählung vorbereitet. Die Erzählung von Isidor Fisch. Isidor Fisch, der schwer kranke Geschäftspartner von Hauptmann, reist am 9. Dezember 1933 zurück nach Deutschland und übergibt Hauptmann bei einer kleinen Abschiedsparty am Vorabend eine Schachtel mit der Bitte um Aufbewahrung. Hauptmann stellt sie auf das oberste Brett im Küchenschrank und vergisst sie. Im März erliegt Fisch in Leipzig der Tuberkulose. Im August stößt Hauptmann wieder auf die vergessene Schachtel, öffnet sie und findet 14 000 Dollar in Goldzertifikaten. Da der verstorbene Fisch ihm noch rund 7 000 Dollar schuldet, beschließt Hauptmann, das Geld in der Garage zu verstecken und auszugeben. Natürlich ohne jede Ahnung, was für Geld es sein könnte.

Ankläger Wilentz hat für die Fisch-Story nur Spott übrig. Er lässt aus Leipzig Verwandte von Fisch einfliegen, die erklären, dass Fisch nicht mal mehr das Geld für die nötigsten Medikamente gehabt hätte. Die Kinokassiererin Cécile Barr identifiziert im Zeugenstand Hauptmann als denjenigen, der bei ihr mit dem achtfach gefalteten Fünfdollar-Goldzertifikat aus dem Lösegeld das Kinoticket gekauft hat – notabene einen Monat, bevor Hauptmann Fischs Geldschachtel überhaupt zur Aufbewahrung bekommen haben will. Taxifahrer Perricone identifiziert Hauptmann als Überbringer eines Erpresserbriefes, John Condon erkennt in ihm »Friedhofs-John«. Genauso Charles Lindberg – er hatte Condon einmal auf den Friedhof begleitet und erkennt drei Jahre später die Stimme wieder, die er aus siebzig Metern Distanz die Worte »Hey, Doctor« rufen gehört hatte. Hauptmanns Verteidiger Reilly getraut sich nicht, den Nationalhelden ins Kreuzverhör zu nehmen. Auch Cécile Barr lässt er ziehen. Einer von Wilentz' Zeugen, der beschwört, er hätte Hauptmann und seinen dunklen 1930er-Dodge am Abend der Entführung in Hopewell gesehen, ist 86-jährig und halb blind, aber auch diese Chance packt Reilly nicht.

Ankläger Wilentz demgegenüber kennt keine Gnade. Er nimmt Reillys Entlastungszeugen in die Zange, bis ihre Behauptungen zu vagen Vermutungen schrumpfen. Und er zwingt Hauptmann dazu, seine finanziellen Verhältnisse zu erklären. Einige Aussagen sind so abenteuerlich, dass im Gerichtssaal Gelächter ausbricht. Der Angeklagte spürt den Druck wachsen, kritisiert Verteidiger und Zeugen und verliert den Rückhalt auch im weiblichen Teil des Publikums – anfangs hatten sich daheim bei Anna Hauptmann noch Briefe von Frauen gestapelt, die sich in ihren Mann verliebt haben wollten. »Wie lange soll eine Frau eigentlich zu ihrem Mann halten?«, fragt Kathleen Norris in der *New York Times*. Hauptmann sei der ungehobelteste Angeklagte, den er jemals vor Gericht erlebt habe, schreibt Reporter Leigh Matteson vom *International News Service*, und Prozessbeobachter Jack Benny bemerkt lakonisch: »Bruno braucht an sich noch eine zweite Chance.«

Noch mehr Schlagseite bekommt die Verteidigung, als Wilentz den Geschworenen seine Indizien präsentiert. In Hauptmanns ansonsten kompletter Werkzeugkiste fehlt der Dreiviertelzollmeißel. Dafür findet sich in einem Notizbuch in seiner Wohnung die Skizze einer handgefertigten Leiter. Er präsentiert den Geschworenen ein Brett aus Hauptmanns Wandschrank, auf dem dieser mit Bleistift Condons Telefonnummer hingekritzelt hatte. Hauptmanns Erklärungsversuche sind ein einziges Stottern und Schlingern.

Überhaupt, die Handschrift: Wilentz hat ein halbes Dutzend Experten aufgeboten, um die gesammelten Erpresserbriefe mit Hauptmanns Schriftproben zu vergleichen. Sie legen Hunderte Seiten von Schriftanalysen und kommentierten Abbildungen vor. Ergebnis: Satzbau, typische Rechtschreibefehler, Wortwahl, Syntax, Papier, Tinte, alle Faktoren stimmen überein. Reillys wenige Gegengutachten sind weit unterlegen. Und als Reilly seinen vorbereiteten Mandanten bittet, zur eigenen Entlastung das falsch geschriebene Wort Signatur richtig zu buchstabieren, buchstabiert dieser es falsch.

Was Hauptmann schließlich das Genick bricht, ist der 87. und letzte Zeuge der Anklage. Holzexperte Arthur Koehler hat schon zehn Monate vor Hauptmanns Festnahme die Sägerei ermittelt, aus der ein Teil des Holzes der Leiter stammt. Nun belegt er auch noch, dass die Sägerei auch die National Lumber Company in der Bronx beliefert. Und er legt Auftragsbücher dieses Holzhändlers vor, laut denen Bruno Richard Hauptmann zwei Monate vor der Entführung hier Holz gekauft hat. Zu guter Letzt referiert Koehler über die Leiterstrebe Nr. 16. Das auffällige Muster von vier alten Nägeln mit viereckigen Köpfen hatte ihn von Anfang an vermuten lassen, das Brett sei zuvor im Innenausbau verwendet worden. Nach Hauptmanns Verhaftung hatte er dessen Dachboden untersucht und entdeckt, dass Holzart, Wuchsrichtung, Maserung und Fräsmuster mit den übrigen Brettern übereinstimmten – und die Nagellöcher mit jenen auf dem Balken. Koehler ist überragend, und Hauptmann verlässt den Gerichtssaal an diesem Abend sichtbar geknickt.

Nach 29 Verhandlungstagen mit 381 Beweisstücken und 162 Zeugen ist der Spuk vorbei. Verteidiger Reilly beschuldigt im Schlussplädoyer alle möglichen Leute der Verschwörung. Er behauptet aber nie, dass Hauptmann nicht beteiligt gewesen sein könne. Hauptmann selbst hat sich so viele Sympathien verscherzt, dass Ankläger Wilentz am Schluss sogar seine Erzählung vom Unfalltod unter den Tisch fallen lässt und Hauptmann des ruchlosen Kindermordes bezichtigen kann, ohne damit viel zu riskieren.

»Schuldig oder nicht«, schreibt Edna Ferber in der *New York Times*, »dieser Mann hatte mit noch nicht einmal 17 Jahren Angst, Schmerz, Gewissenlosigkeit, Mord, Hunger und Kälte erlebt. Er war ein deutscher Soldat im Krieg gewesen und ist das Produkt dieses Krieges.«

Am Vormittag des 13. Februar 1935 gehen die Geschworenen in Klausur. Die Welt ist gespannt, auf der Hauptstraße von Flemington herrscht Jahrmarktstimmung. In der ersten Abstimmung fordern fünf Geschworene lebenslänglich, sieben votieren für die Todesstrafe. Elfeinhalb Stunden später fällen sie ihr einstimmiges Urteil. Bei Lindberghs zu Hause ist an diesem Abend das Radio an. Der Moderator verkündet das Verdikt und der Korrespondent übermittelt das wilde Jubelgeschrei in Flemington. Charles Lindbergh stellt das Radio ab und sagt angewidert: »Das ein Lynchmob.«

Diese Sache in New Jersey

Das Leben geht weiter. Die Geschworenen von Flemington kündigen ein Buch an, Kontaktmann John Condon geht mit einem Varietétheater auf Tournee, Bruno Richard Hauptmann verfasst in der Todeszelle eine kurze Autobiografie und eine Artikelserie für den *Daily Mirror,* und seine Frau hält Vorträge, um für die Verteidigung im Berufungsprozess Geld aufzutreiben. Lindberghs suchen Schutz vor Paparazzi und Psychopathen und ziehen Anfang 1936 nach England, wo sie mitbekommen, dass Hauptmanns Berufung sowie Gnadengesuch abgeschmettert werden. »Ich sterbe als unschuldiger Mann«, erklärt Hauptmann, bevor er im Staatsgefängnis von Trenton am 3. April 1936 von 20.44 Uhr bis 20.47 Uhr auf dem elektrischen Stuhl mit Stromstößen von 2 000 Volt hingerichtet wird, bis Rauch aufsteigt.

Im Mai bittet der US-Militärattaché in Berlin Charles Lindbergh, sich vom Oberbefehlshaber der deutschen Luftwaffe, Hermann Göring, zur Besichtigung der deutschen Luftwaffe einladen zu lassen, gewissermaßen unter Fliegerkollegen: »Ich bin sicher, dass die Deutschen sich darin überbieten werden, Ihnen mehr zu zeigen, als sie uns je zeigen würden.« Tatsächlich ist Göring von Lindberghs Interesse gebauchpinselt, plustert sich beim Besuch auf und überreicht Lindbergh einen Orden. Lindberghs Bericht über die Schlagkraft der deutschen Luftwaffe erweist sich für die USA als wertvoll, der Orden aber schadet Lindberghs Reputation nachhaltig.

Vier Monate bevor Adolf Hitler den Zweiten Weltkrieg auslöst, schiffen sich Lindberghs in Le Havre wieder für ihre Rückkehr in die USA ein. Lindbergh, äußerst beeindruckt von der deutschen Schlagkraft, spricht sich mehrfach dezidiert gegen einen Kriegseintritt der USA aus und kritisiert seine jüdischen Landsleute heftig dafür, dass sie ein Eingreifen der USA fordern. Er wirft ihnen vor, sie würden die Medien für Kriegspropaganda benutzen, und handelt sich den Vorwurf ein, er sei ein Antisemit, Rassist und Nazifreund. Sein Verhältnis zur Öffentlichkeit wird weiter beschädigt. Auf ein Eingeständnis seiner Fehleinschätzung wartet die Welt auch nach der Befreiung von Auschwitz vergebens. Erst 1971 wird er wieder mit einem Journalisten sprechen, nach gut dreißig Jahren Eiszeit.

Charlies Tod ist in der zuletzt siebenköpfigen Familie kein Thema mehr. Für Charles Lindbergh ist es nur noch »diese Sache in New Jersey«. Die älteste Tochter Anne hört zum ersten Mal davon, als eines Tages ein durchgeknallter Mann an der Haustüre steht und behauptet, ihr Bruder Charles Augustus Lindbergh jr. zu sein. Der jüngere Sohn Scott stößt mit etwa zehn Jahren in einer Bibliothek auf den Fall und erfährt so, dass er ein totes Brüderchen hat.

Anne Morrow Lindbergh veröffentlicht 13 Bücher, Erzählungen über ihre Rekordflüge, Lebensratgeber, Tagebücher, Romane. 1955 führt sie 47 Wochen lang die *New York Times* Bestsellerliste der Sachbücher an. Zu ihren Auszeichnungen gehören fünf Ehrendoktortitel. Unter Charles Lindberghs unzähligen Orden, Medaillen und Ehrenverdienstkreuzen befindet sich der Pulitzerpreis 1954 für sein Buch über seinen Atlantikflug mit der »Spirit of St. Louis«. Im selben Jahr wird Lindbergh zum Brigadegeneral der Air Force ernannt. Zeitlebens bleibt er für die US-Regierung und Luftfahrtunternehmen weltweit unterwegs und arbeitet auch in der Forschung. In späteren Jahren entwickelt er sich zum Naturschützer und entdeckt seine Faszination für Asien und Afrika. Die Massai, schreibt er, seien nicht primitiver als die Amerikaner des 20. Jahrhunderts.

Frühling und Herbst verbringen Lindberghs daheim in Connecticut, den Sommer an Annes Zufluchtsort, ihrem Schweizer Chalet über dem Genfersee, den Winter an Charles' Zufluchtsort, ihrem Haus auf der Insel Maui, Hawaii. Allerdings bleibt Charles Lindbergh bis ans Lebensende ständig und oft über Monate hinweg auf Reisen, und Anne weiß manchmal wochenlang nicht, wo er ist. »Du kennst doch Charles«, sagt sie, wenn sie darauf angesprochen wird. »Wenn er da ist, ist er da.« Zwei ehemalige Hausangestellte finden unabhängig voneinander dieselbe Beschreibung für ihre Hausherrin: »Die einsamste Frau der Welt.«

Charles Lindbergh stirbt am 26. August 1974 auf Maui an Lymphknotenkrebs. Seine letzten Worte notiert er auf einen Zettel, damit sie korrekt überliefert würden. »Ich weiß, es gibt eine Ewigkeit jenseits unserer selbst. Ich frage mich, ob wir auch eine Ewigkeit in uns tragen.«

Ein halbes Jahr nach dem Tod ihres Mannes erhält Anne Morrow Lindbergh einen Brief aus dem Autohaus Schurstein in Walldorf nahe des Flughafens Frankfurt am Main. Da sei noch ein himmelblauer VW-Käfer mit dem Schweizer Zollkennzeichen GE 9473, zugelassen auf Charles Lindbergh, geboren in Detroit, bei dem es sich wohl um ihren Mann handle. Anne bestätigt dies, erbittet die sofortige Verschrottung des Autos, die Zustellung der Quittung als Bestätigung und das Vermeiden jeglicher Publizität.

In Walldorf kommt man der Order nach, obwohl Lindberghs 34-PS-Käfer, Modell »Export«, mit seinen fast 300 000 Kilometern auf dem Tacho im Showroom eine prächtige Attraktion abgeben würde. Die Kfz-Papiere immerhin behält Kundenberater Gerald Schöbel bei sich. Zur Erinnerung an seinen geheimnisvollsten Kunden, den »gleichnamigen entfernten Cousin des Atlantikfliegers«. Etwa drei bis vier Mal pro Jahr war er aufgetaucht und mit dem himmelblauen Käfer davongeknattert, hatte ihn drei Wochen später mit einigen tausend Kilometern mehr auf dem Tacho zurückgebracht und stets bar bezahlt. Und das von 1961 bis zu seinem Tod 1974. Wen er mit dem Käfer so oft besucht hat, wird die Welt erst drei Jahrzehnte später erfahren.

Anne Morrow Lindbergh erleidet Anfang der 90er-Jahre mehrere Schlaganfälle. Danach kann sie sich kaum mehr an ihre Triumphe als Fliegerin und Autorin erinnern. Bis zuletzt präsent aber bleibt »diese Sache in New Jersey«. Die Autorin, Fliegerin und Mutter stirbt im Februar 2001 in ihrem 95. Lebensjahr.

69 Jahre zuvor hat sie über ihren Sohn Charlie in ihr Tagebuch geschrieben: »Ich dachte, ich würde ihn führen, ihn lehren, und nun ist er als Erster in diese größte Erfahrung im Leben eingegangen. Er ist mir voraus. Vielleicht, wenn ich da hindurchmuss, werde ich an ihn denken und daran, wie mein fröhliches, selbstsicheres Kind das bewältigte – und es wird nicht so furchterregend, nicht so schrecklich sein, eine kleine Tür.«

»Ich habe meinen Tod gar nicht mitbekommen.«

Als Sie starben, lieber Charles Augustus Lindbergh, waren Sie noch keine 20 Monate alt.

Stimmt.

Sie sind mein mit Abstand jüngster Interviewpartner.

Naja.

Naja?

20 Monate alt war ich letztmals im Jahr 1932. Betrachte mich lieber als Gesprächspartner mit Jahrgang 1930. Und nenn mich Charlie, so wie meine Eltern.

Wenn man als Kind stirbt, kommt man dann auch als Kind im Jenseits an?

Mit Pampers, meinst du?

Etwas weniger profan vielleicht.

Fast alle kommen als Kind an, auch die Erwachsenen. Orientierungslos wie Erstklässler am ersten Schultag. Die meisten können sich gerade noch daran erinnern, als wer sie bis eben erst noch gelebt haben. Manche erwachen wie aus einem Traum und wissen nicht, wie ihnen geschieht.

Wusstest du es?

Natürlich nicht. An mein Selbstbild als kleiner Junge kann ich mich nicht mehr erinnern, und Jenseitsvorstellungen hatte ich mit zwanzig Monaten noch keine im Gepäck. Aber genug Urvertrauen, um mich schnell wohlzufühlen. Mittlerweile kommen auch viele Erwachsene so an.

Was meinst du mit »so«?

So wie ich, mit viel Vertrauen und wenigen Vorstellungen. Nur noch gelegentlich fragt jemand als Erstes, wo es denn bitte zum Fegefeuer geht. Sporadisch ist auch mal einer fassungslos, dass keine 72 unverhüllten Jungfrauen auf ihn warten. Ein Brudi dieser Bauart kriegt meist einen Szenenapplaus, wenn bei ihm der Fufz'ger fällt.

Wieso einen Szenenapplaus?

Zur Feier seines Erkenntnisgewinns, dass er kein islamistischer Märtyrer ist, sondern ein verblendeter Idiot. So manche kommen nach dem Tod ganz schön auf die Welt.

Wie kommt drüben ein Mensch an, der auf dem elektrischen Stuhl hingerichtet wurde?

Bruno Richard Hauptmann?

Natürlich.

Das Care Team brauchte mehrere Tage, um ihn zu stabilisieren. Die Todesstrafe an sich ist schon schlimm, aber der elektrische Stuhl ist nacktes Grauen.

Hast du auf Hauptmann gewartet?

Ja, sicher.

Und ihn als deinen Mörder identifiziert?

Du willst ernsthaft, dass ich dir sage, ob Bruno Richard Hauptmann mein Mörder ist?

Natürlich.

Hast du vergessen, dass das hier ein fiktives Interview ist?

Ist das ein Problem?

Meine Antworten saugst du dir selbst aus den Fingern. Willst du implizieren, du hättest den legendären Lindbergh-Fall gelöst?

Ja, und?

Da bist du der ungefähr Drölfzigmillionste. Kriminologen gabs im

Lindbergh-Fall gleich viele wie Virologen während einer Pandemie und Bundestrainer während der Fußball-WM.

Ich sehe das Problem nicht. Behaupte doch einfach mal was, wozu sonst ist ein frei erfundenes Interview da.

Okay, aber erst will ich von dir wissen, was du vermutest.

Ich vermute, Hauptmann war unschuldig.

Glückwunsch, auch da bist du der ungefähr Drölfzigmillionste. Viele Deutsche werden dir beipflichten, sehr viele in Sachsen, die meisten in der Westlausitz und ausnahmslos alle in Kamenz. Und jetzt die Gretchenfrage: Warum war er unschuldig?

Weil er bis zuletzt seine Unschuld beteuert hat.

Oh. Werden Unschuldsbeteuerungen neuerdings als Beweismittel zugelassen?

Ach was. Aber Gouverneur Hoffman und Generalstaatsanwalt Wilentz boten Hauptmann im Januar 1936 die Umwandlung in lebenslänglich an, wenn er eine Beteiligung gestehen würde. Aber der erklärte, lieber wolle er sterben als mit einer Lüge leben.

Falsch. Sie haben ihm nur angeboten, dass sie dem Begnadigungsausschuss eine Umwandlung in eine lebenslange Haftstrafe empfehlen würden. Und das hätte der Ausschuss wohl kaum gemacht, der öffentliche Druck war viel zu groß. Die Mitglieder wären ja gelyncht worden, wenn sie ihn hätten davonkommen lassen. Hauptmann war ein toter Mann.

Ja, genau. Er hatte also nichts mehr zu verlieren.

Worauf willst du hinaus?

Verleger Randolph Hearst bot Hauptmann 100 000 Dollar für Frau und Sohn, wenn er ihm ein volles Geständnis liefern würde, zur exklusiven Veröffentlichung nach der Hinrichtung. Sogar das hat Hauptmann abgelehnt. Der hat bis zum ersten Stromstoß seine Unschuld beteuert. Warum wohl?

Weil er sich so lange in ein Lügengebäude der eigenen Unschuld eingemauert hat, bis er seine eigenen Worte glaubte.

Glaub ich nicht. Hauptmann war vierzehn Monate lang in der Zelle direkt bei der Hinrichtungskammer eingesperrt, drei Meter vom elektrischen Stuhl entfernt. Der wusste, was ihm blühte, »in jeder wachen Stunde«, wie er selbst ein paar Tage vor der Hinrichtung schrieb. Der hatte weiß Gott Gelegenheit für Reflexion.

Aber er hat sie nicht wahrgenommen. Stattdessen schrieb er Texte wie »Mutter, ich bin unschuldig« und eine beschönigende Lebensgeschichte, in der er ein braver Bürger und armes Opfer war. Hast du sie gelesen?

Natürlich.

Der Mann hatte reichlich narzisstische Facetten.

Also gut, du wolltest meine Vermutung hören, ich habe sie geäußert. Jetzt sag du, was Sache war.

Hauptmann ist schuldig. Selbstverständlich ist er das. Lösegeld, Holz, Telefonnummer im Kleiderschrank, Handschrift – die Indizien sind erdrückend. Und die Entlastungs-Story mit Isidor Fisch ist lächerlich. Fisch schuldet Hauptmann die gewaltige Summe von 7 000 Dollar und will todkrank nach Deutschland reisen – und Hauptmann macht gar keine Anstalten, die Schuld noch einzutreiben? Im Gegenteil, er ist sogar noch so nett und nimmt von seinem Schuldner eine Kartonschachtel zur Aufbewahrung entgegen? Und sieht nicht mal hinein? Er, der Jahre zuvor bewaffnet spazierende Mütter überfallen hat? Und dann vergisst er die Schachtel sogar noch? Er denkt nicht mal mehr an sie, als er die Nachricht erhält, Fisch sei verstorben? Der Mann, der ihm noch 7 000 Dollar schuldete? Come on.

Also, hier mein Titel: »Charlie Lindbergh bricht sein Schweigen: Hauptmann hat mich umgebracht«.

Charlie Lindbergh bestätigt rein gar nichts.

Mann, du selbst warst doch das Opfer, also erzähl doch jetzt einfach, was war!

Aber gern. Ich lag in meinem Kinderbettchen und schlief. Jemand drückte mir ein in Chloroform getränktes Taschentuch ins Gesicht, damit ich nicht schrie. Ich war vor dem Aufwachen bewusstlos. Meinen Tod habe ich gar nicht mitgekriegt.

Aber du wirst seit Hauptmanns Ankunft im Jenseits ja wohl mit ihm gesprochen haben. Also?

Er beteuert seine Unschuld.

Ärgerst du mich mit Absicht?

Nein, das ist bloß ein hübscher Kollateralnutzen. Aber ich habe auch gute Neuigkeiten für dich: Hauptmanns Mittäter ist auch hier, und der beschwört, Hauptmann sei schuld.

Okay. Jetzt hast du meine ganze Aufmerksamkeit.

Isidor Fisch.

Ach! Dann hat der Verteidiger wenigstens in diesem Punkt richtig spekuliert!

Das war ja nun wirklich naheliegend.

Was sagt Fisch?

Zum Glück nicht viel, seine Mundhygiene ist erbärmlich. Also. Fisch stand unten an der Leiter. Hauptmann kletterte mit mir unterm Arm herunter. Eine Strebe brach. Hauptmann ließ mich fallen. Zementboden, Schädelbruch und aus war's. Die zwei aufgeregten Entführer standen völlig unter Schock. Dann rannten sie in Panik davon, ließen Leiter und Meißel zurück, vergruben mich, und beschuldigten sich gegenseitig. Fisch beschuldigte Hauptmann, mich fallengelassen zu haben, und Hauptmann beschuldigte Fisch, mich nicht aufgefangen zu haben. Beide sehen sich nicht als Kindermörder.

Und das ist wahr?

So wahr wie dieses Interview. Kennst du Alan M. Dershovitz?

Nein.

Ein renommierter Strafverteidiger und Harvardprofessor. Der hat meinen Fall relativ abschließend auf den Punkt gebracht, wie ich finde:»Es wird heute kaum noch geleugnet, dass der Prozess unfair verlief – nicht nur nach heutigen Maßstäben, sondern auch nach den weit weniger strengen der 30er-Jahre. Aber viele, die den ungerechten Prozessverlauf erkennen, halten Hauptmann dennoch für eindeutig schuldig.« That's it. Und jetzt können wir von mir aus das Thema gerne wechseln.

Und die Todesstrafe? Fandest du die gerechtfertigt?

Bei einem Indizienprozess? Ich bitte dich. Wenigstens in dieser Frage herrscht inzwischen wohl Einigkeit. Mit einem brauchbaren Verteidiger wäre Hauptmann mit lebenslänglich davongekommen.

Das wäre besser gewesen. Dann hätte er fünfzig Jahre später als reumütiger Greis erzählt, wie es wirklich war.

Das bezweifle ich. Er tut es ja bis heute nicht. Der Narzisst hat sich seine Wahrheit erschaffen. Außerdem glaubte seine Frau zeitlebens an seine Unschuld, und die hätte er wohl nur schon ihr zuliebe verteidigt. Sie hat ihn bis zu ihrem eigenen Tod 1994 verteidigt und wurde darin immer hübsch bekräftigt.

Von wem?

Von lieben Mitmenschen, Schlagzeilenproduzenten, Trittbrettfahrern auf der Suche nach dem Rampenlicht. In den letzten Jahrzehnten war ja keine These und keine Verschwörung zu abstrus, um nicht noch zwischen zwei Buchdeckel gepresst oder verfilmt zu werden, und ich würde wetten, irgendein Komiker kommt mal noch auf die Idee, ein Interview mit mir zu erfinden, um einen neuen Tathergang zu konstruieren.

Du würdest ihn wohl gnadenlos durch den Kakao ziehen.

Aber sicher, und der arme Kerl müsste mit knirschenden Zähnen gute Miene zum bösen Spiel machen, weil er als Komiker ja nicht als humorlos dastehen darf. So, jetzt endgültig Themenwechsel, wenn ich bitten darf.

Okay, ich hab's begriffen. Warst du nie sauer auf Hauptmann, weil er dir das Leben gestohlen hat?

Nein. Ich hab nach meiner Ankunft sehr schnell gemerkt, dass es hier netter ist als drüben. Das geht den meisten so.

Außer dem islamistischen Brudi.

Genau. Der muss erst durchs Stahlbad, bevor er auf die Liegewiese darf.

Was für ein Stahlbad?

So nennen wir die Wohngemeinschaft der 72 Feministinnen. Der Brudi darf erst wieder aus der WG ausziehen, wenn die 72 einstimmig beschließen, dass er genügend gereift sei. Ist ein sehr populäres Reality-Format hier im Jenseits, die Alternative zum Hauptprogramm.

Und was ist das Hauptprogramm?

Euch zuschauen.

Wenn ich es mir richtig überlege, glaube ich dir kein Wort.

Gut so. Ich versuche ja auch nicht ernsthaft, die Gegebenheiten und Seinszustände dessen, was du »Jenseits« nennst, in Worte zu fassen. Da kommen nur Klischees heraus. Das »Jenseits« liegt jenseits diesseitiger Ausdrucksformen. Also gesteht man sich seine Unbeschreibbarkeit doch lieber gleich ein.

Und bleibt auf einer ironischen Ebene, wo es Mundgeruch, Szenenapplaus und Feministinnen-WGs für Fundamentalistenbrudis gibt?

Genau. Wenn die Jenseits-Szenarien der menschlichen Sehnsucht nach Gerechtigkeit Nahrung geben, dürfen sie sogar ein wenig boshaft sein, finde ich.

Deine Antwort von vorhin befriedigt mich noch nicht. Bei dir war nach zwanzig Monaten Leben Ende. Nachher hast du von der Tribüne aus zugeschaut, wie dein kleiner Bruder Jon die

Rolle des Ältesten ausfüllt, und hast an jedem Familienfest gefehlt.

Ich fühle mich nicht ersetzt, falls du das meinst. Ich war ich, er war er. Meine Geschichte hat Millionen Menschen bewegt und beeinflusst, meine Eltern hat sie für den Rest ihres Lebens geprägt.

Das schon, aber ohne dein Zutun. Das Leben deiner Eltern hätte für zehn normale Menschen gereicht, dir aber war nicht mal eines vergönnt, du konntest keine Persönlichkeit entfalten, konntest nicht geben und nehmen, lieben und hassen und reifen...

Wenn du erst mal tot bist, wirst du merken, wie lächerlich diesseitig deine Kriterien sind.

Okay. Ich habe aber nun mal nur die. Mich macht es traurig, wenn ein Mensch eine solche Vorbestimmung hat.

Ah, du glaubst an die Vorherbestimmung?

Ein bisschen schon, irgendwie.

Dann ist die Welt ein Puppentheater und als Strippenzieher agiert ein Autokrat. Ich wäre demnach zum Entführungsopfer geboren. Und Bruno Richard Hauptmann wäre vielleicht, sagen wir, zum Retter der Welt ausersehen, weil ich nämlich im Überlebensfalle als US-Außenminister in den 80er-Jahren einen Atomkrieg angezettelt hätte und es nun Hauptmanns Bestimmung war, mich vorher aus dem Verkehr zu ziehen, hurra Willkürregime. So etwa klingt ein Konzept wie Vorherbestimmung, oder irre ich mich?

Charlie Lindbergh, du bist ein Ekelpaket.

Nicht doch. Deine Fragen sind einfach etwas oldschool. Und »Vorherbestimmung« ist eine Krücke für Kleingläubige, die mit der Unbill des Lebens und Sterbens nicht umgehen können und darum die Illusion brauchen, alles sei geplant. Als ob wir einen lieben Gott bräuchten, der Genozide plant und seine Geschöpflein einteilt in Täterchen und Opferchen. Auschwitz bekommen wir allein hin. Das wäre die hässliche Erkenntnis, an der du dich abarbeiten solltest.

Wir leben also ziel- und planlos, deiner Meinung nach?
Natürlich haben wir eine Bestimmung. Wir sind zum Leben bestimmt. Du als du, ich als ich. Als moralischen oder vielmehr ethi-
schen Kompass benutzt du am besten deine Werkseinstellungen,
also Gewissen, Hemmungen, Solidarität und so weiter. Und natürlich die Updates und Upgrades, besser bekannt als Soziali-
sierung und Erfahrung. Das müsste reichen zur Orientierung im
Leben. Ansonsten gibt es so wenig »den« plangemäßen und damit
richtigen Lebensweg für den einzelnen Menschen, wie es die eine
große Liebe gibt. Das Leben ist kein Orientierungslauf, auf dem
man dauernd mit Kartenlesen beschäftigt ist, weil man fürchtet,
den »richtigen« Weg zu verfehlen. Die größten Helden verwechseln Toilettenbezeichnungen mit Ortsnamen und kommen trotzdem an. Viele Wege führen nach Rom.
Viele führen auch an Rom vorbei.
Es müssen auch nicht alle nach Rom wollen. An Mekka führen
auch viele vorbei. Das Ziel verfehlen kannst du in jeder Religion
oder Weltanschauung.
Und wie weiß ich, welches mein Weg ist?
Du selbst machst einen Weg zu dem deinen, indem du dich ent-
scheidest, ihn zu gehen. Manche bleiben stehen und rufen nach
Landkarten, Lesehilfen, Rezeptbüchern, korrekten Zutaten, Versi-
cherungen, Ratgebern und Kleingedrucktem. Die Glückspilze mit
dem Urvertrauen stapfen fröhlich los, denn sie glauben einfach,
dass sie schon am richtigen Ort landen werden, auch wenn sie auf
dem Weg dorthin eine Fehlentscheidung nach der anderen treffen.
*Du klingst so, wie ich mir deinen Vater vorstelle. Er steigt in seine
Maschine, startet den Motor, rollt auf die Piste und hebt einfach
ab. Tatkraft und Zuversicht.*
Das nehme ich gerne als Kompliment. Danke. Mut hatte mein
Vater wirklich. Einer der besten Sätze aus seinen Memoiren bringt

vieles auf den Punkt: »Als junger Flieger war ich zum Schluss gekommen, der beste Weg, mit einer Gefahr fertigzuwerden, sei, mit
ihr in Berührung zu bleiben.«

Sehr schön.

Finde ich auch.

Er entwickelte in seinem Leben eine Art Naturspiritualität?

Ja. Er sah dem Tod natürlich oft ins Auge, nicht zuletzt bei seinen
fünfzig Kampfeinsätzen über dem Pazifik im Krieg. Die Ungewiss-
heit des Lebens führe zu einer Intensivierung desselben, schrieb
er mal in sein Tagebuch. »Gedanken blitzen auf, das Bewusstsein
vertieft sich, man schätzt den Augenblick weit höher ein, weil er
vielleicht der letzte sein kann.«

Glaubte er an einen Gott?

Nicht an eine personifizierte Macht, aber an ein großes Ganzes.
Einmal schreibt er: »Individuen sind die Wächter des Lebens-
stroms – zeitlich begrenzte Manifestationen eines weit größeren
Seins.«

Ziemlich gequirlte Esoterik.

Ja, natürlich. Darum sage ich ja, das »Jenseits« liegt jenseits
diesseitiger Ausdrucksformen. Egal wie man's probiert, es klingt
immer dümmlich. Die Religionen betonen ja nicht grundlos die
Wichtigkeit der Stille und des Schweigens. Wer schweigt, zer-
schwätzt nichts und vereinfacht nichts und klingt nicht dumm.

Darf ich unser Gespräch aber doch aufschreiben?

Obwohl es gar nicht stattgefunden hat?

*Genau deswegen. Bei einem deklariert fiktiven Gespräch wäre
Stattgefundenheit geradezu sträflich verboten.*

Okay, schreib's meinetwegen auf.

Danke, Charlie Lindbergh!

Immer gern.

Charlie Lindbergh?

Ja?

Ich hab was vergessen zu fragen.

Okay.

Was steckt hinter dem Geheimnis des himmelblauen VW-Käfers?

Oh, da sieh einer an. Der himmelblaue VW-Käfer verbirgt eine Geschichte, wie sie der Boulevard nur so alle hundert Jahre bietet.

Dürfte ich sie hören?

Sicher. Sie begann 1954. Da suchte ein mittlerweile 52 Jahre alter Fliegerheld aus Amerika in der *Süddeutschen Zeitung* per chiffrierter Annonce eine Übersetzerin. Aus Franken meldete sich eine 30-Jährige namens Valeska von blauem Blut und blondem Haar. Sie wurde seine Übersetzerin, Privatsekretärin und Geliebte.

Etwas klischeehaft, aber erzähl mal weiter.

Drei Jahre später waren Charles und Valeska in München bei einer kleinen Party zu Gast. Mit dabei aus Schwabing: Brigitte Hesshaimer, 30, Hutmacherin, und ihre Schwester Marietta, 32, angehende Kunstmalerin. Charles bat Brigitte, ihm München zu zeigen. In den Tagen darauf folgten ein kürzerer Bummel, ein längerer Kuss und eine goldene Damenuhr von Tissot für satte 390 Mark, anprobiert und überreicht beim nobelsten Münchener Bijoutier, Uhren-Huber, am 21. März 1957.

Liebe?

Man möchte es denken.

Und mit Valeska hat dein Vater Schluss gemacht?

Nein. Er hatte zwei Geliebte gleichzeitig.

Oh. Ein Organisationstalent.

Genau, und das kam ihm zupass, denn im August 1958 brachte Brigitte Hesshaimer meinen unehelichen Halbbruder Dyrk zur Welt.

Jetzt wird es prickelnd. Was machte der Boulevard?

Das ist das Beste: Der Boulevard hat's nicht gemerkt. Mein Vater flog unter Radar. Von 1941 bis 1968 hielt er keine einzige öffentliche Rede, er war immer noch beleidigt wegen der Prügel für seine isolationistische Haltung und für den Vorwurf, er sei ein Nazifreund und Antisemit.

Merkte es deine Mutter?

Nein, auch wenn sie etwas gespürt haben dürfte. Er war weit mehr als die Hälfte des Jahres auf der ganzen Welt unterwegs, oft in vertraulicher Mission für die Regierung. Lange Abwesenheiten fielen nicht auf. Und Brigitte Hesshaimer weihte auch niemanden ein. In der Geburtsurkunde ihres gemeinsamen Sohnes Dyrk ließ sie »Vater unbekannt« eintragen.

Wusste denn die erste Geliebte deines Vaters, Valeska, dass er der Vater von Brigittes Kind war?

Er gestand es ihr. Und Valeska warf ihn wutschnaubend aus seiner eigenen Wohnung in Rom.

Hoppla.

Valeska brach den Kontakt zu Brigitte und Marietta ab und forderte von Charles ultimativ dasselbe. Er sicherte es ihr zu. Woraufhin Valeska sich mit Charles dermaßen versöhnte, dass sie im Folgejahr einen Jungen gebar.

Dein Vater hatte zwei Jungen von zwei deutschen Geliebten?

Richtig.

Und wie reagierte Brigitte?

Sie wurde ein Jahr später die glückliche Mutter seiner ersten unehelichen Tochter.

Er hat also gegenüber Valeska das Wort gebrochen und die Beziehung zu Brigitte weitergeführt.

Messerscharf erkannt. Valeska hat ein Jahr später selbst wieder einen kleinen Lindbergh geboren. 1962 kam noch einer an. Rate, wer die Mutter war.

Diesmal wohl wieder Brigitte.

Nein, ihre Schwester Marietta.

Du verschaukelst mich.

Es ist krass wahr. Charles Lindbergh hat mit drei Geliebten in fünf Jahren fünf Kinder gezeugt. Und 1966 sowie 1967 kamen von Brigitte und Marietta noch zwei Jungs dazu. Die konnten sich auswählen, ob sie sich als Halbbrüder oder als Cousins betrachten wollten.

Man kann sich das Leben ja auch verkomplizieren.

Charles Lindbergh liebte Herausforderungen.

Und wie hat er diese drei außerehelichen Familienleben aneinander vorbeibugsiert?

Mit freundlicher Unterstützung des himmelblauen VW-Käfers. Er landete ein paar Mal pro Jahr in Frankfurt, holte im Autohaus den VW und bretterte in die Schweiz. Erst besuchte er Valeska mit Sohn und Tochter im sonnigen Tessin. Dann fuhr er zu Marietta mit ihren zwei Buben ins sonnige Wallis. Die letzten Tage verbrachte er in München bei der sonnigen Brigitte und ihren drei gemeinsamen Kindern.

Wussten die Frauen von den anderen Kindern?

Valeska ging wohl zeitlebens davon aus, mein Vater hätte die Beziehung zu den Hesshaimer-Schwestern abgebrochen. Die Hesshaimer-Schwestern waren aber informiert. Natürlich hat mein Vater die Kommunikation dosiert und kanalisiert. Er kam und ging, wann und wie er wollte. Er nahm geheimdienstliche Verschwiegenheit für sich in Anspruch.

Und die Frauen haben das einfach akzeptiert?

Offenbar.

Und Anne Morrow Lindbergh, deine Mutter?

Gewusst hat sie nichts.

Gespürt hat sie es.

Gut möglich. Einmal schrieb sie in ihr Tagebuch: »Er ist nie da. Und wenn er da ist, ist er gleich wieder weg. Ich führe das Leben einer Witwe.«

Traurig.

Meine Eltern hatten ab 1959 übrigens am Genfersee ein Chalet in Dauermiete und ließen drei Jahre später bei Corsier-sur-Vevey sogar eins bauen, direkt neben dem Anwesen von Charlie Chaplin. Es wurde zu Mutters Lieblingshaus. Hätte sie gewusst, dass Vater eine Autostunde weiter talaufwärts eine Geliebte mit zwei Kindern hat …

Wie kann Mann nur.

Meine Mutter hatte in der zweiten Hälfte der 50er-Jahre ihrerseits eine Beziehung zu ihrem Arzt, von der mein Vater offenbar wusste.

Das ist keine Entschuldigung.

Nein, eine Einordnung. Mir scheint nämlich, dass du ziemlich sportlich unterwegs bist, wenn es darum geht, eine Beziehung von außen zu beurteilen und mit dem Zeigefinger auf jemanden zu zeigen.

Ich weiß einfach nicht, ob ich fasziniert oder angewidert sein soll. Hatte er kein schlechtes Gewissen?

Musste er eins haben?

Aber hallo? Der wusste doch, wie viel Schmerz er hinterließ mit seinen Lügen oder zumindest seinen vorenthaltenen Wahrheiten. Was hat er seinen drei Geliebten und den Kindern zugemutet!

Sowohl die Kinder wie die Geliebten haben ausgesprochen positiv von ihm gesprochen. Sie haben sich stets auf die Tage mit ihm gefreut. Alle drei Geliebten waren mündige Erwachsene. Die wussten, was sie erwarten konnten und was nicht und was sie sich selbst zumuten oder zutrauen wollten und was nicht.

Das ist jetzt aber billig. Mit der Schwester seiner Geliebten zu schlafen ist zerstörerisch.

Eine Frau, die mit dem Geliebten ihrer Schwester schläft, handelt genauso zerstörerisch. Es ist nicht nur der Mann schuld.

Aber sie bezahlt den höheren Preis, zumal wenn sie schwanger wird.

Offenbar haben die Frauen das in Kauf genommen. Sie wussten, wer er war, und kannten seine Lebensumstände. Er hat ihnen nie versprochen, sein Leben für sie aufzugeben. Wenn du sie jetzt einfach als Opfer betrachtest, nimmst du sie auch nicht ernst als mündige Erwachsene. Zumal sie sich auch selbst nicht als Opfer betrachteten, jedenfalls nicht als seine.

Woher weißt du das?

Das haben sie selbst so ausgedrückt. Als Brigittes jüngster Sohn David schon längst erwachsen war, sagte seine Tante Marietta einmal zu ihm: »Deine Mutter hat Valeska den Vater ausgespannt, weißt du das?« Und David antwortete: »Ja, ich weiß. Aber dann hast du meiner Mutter den Mann ausgespannt.«

Und wieder mal ist Eva die Sünderin, die das Opfer Adam verführt!

Deine feministischen Reflexe sind tadellos in Schuss.

Und du wirst persönlich, wenn du keine Argumente mehr hast!

Marietta sah die Geschlechter so wie die meisten Menschen ihrer Generation. Willst du sie dafür rückblickend verurteilen?

Ich verurteile nicht Marietta, sondern deinen Vater. Die Männer hatten es einfach verdammt bequem damals, schuld war immer das verruchte Weib! Bezahlt hat er ja wohl auch nicht?

Wirst du nur gegenüber verstorbenen Gesprächspartnern ausfällig oder auch gegenüber solchen, die noch leben?

Sorry. Du hast recht.

In Ordnung. Von wegen bezahlt: Valeska hatte keine Alimentierung nötig. Sie erbte zudem 1963 ein ziemliches Vermögen und eine Jugendstilvilla in Baden-Baden, wo sie dann hinzog. Aber die Hesshaimer-Schwestern hat mein Vater während all der Jahre finanziell anständig unterstützt. Für die Kunstmalerin Marietta hat er zudem im Wallis ein Haus finanziert, für Brigitte 1965 eine

Doppelhaushälfte in Gebetsried und nach dem weiteren Wachstum der Familie in Utting am Ammersee ein Haus.

Aber geerbt haben sie wohl kaum etwas.

Wenige Tage vor seinem Tod 1974 schrieb er allen drei Geliebten einen Brief. Für Marietta und ihre Söhne lag auf einer Genfer Bank ein Aktien- und Gelddepot bereit, für Brigitte gab es eine Leibrente und für Brigittes drei Kinder Dyrk, Astrid und David je 20 000 Mark für die Ausbildung, was Mitte der 70er ein schöner Batzen war. Und er bat um höchstmögliche Verschwiegenheit.

Und wie lange hielt die?

29 Jahre.

Okay, das ist nicht übel.

Nicht übel? Das ist mehr als bloß »nicht übel«! Der einst bekannteste Mensch der Welt, der sich vom Boulevard zeitlebens verfolgt fühlte, hat ebendiesem nach seinem Tod 29 Jahre lang den Stinkefinger gezeigt! Die Medien haben ihn so gehetzt und zum öffentlichen Gut gemacht, dass ich, sein erstgeborenes Kind, für seine Popularität mit dem Leben bezahlte. Dass es diesem Mann gelang, seine sieben unehelichen Kinder so viele Jahrzehnte vor der Öffentlichkeit zu schützen, ist sein größter Triumph!

Es ist wohl eher der Triumph der drei Geliebten. Die haben nämlich Verschwiegenheit gewahrt!

Richtig. Und das, obwohl sie mit ihren Storys nach seinem Tod 1974 viel Kohle hätten machen können. Das haben sie aber nicht. Sie hatten ihm Verschwiegenheit geschworen, und daran hielten sie sich. Das spricht für eine hohe Beziehungsqualität, finde ich. Für meinen Vater ein postumer Triumph der Liebe, nicht?

Fast muss ich mich schnäuzen. Aber in Ordnung, der Punkt geht an dich.

Ich halte das für sein Husarenstück. Selbst die besten Rechercheure unter den Buchautorinnen und Biografen wussten nichts. Noch 1998 brachte A. Scott Berg sein Standardwerk »Lindbergh«

heraus und wurde mit dem Pulitzer-Preis ausgezeichnet. Kein Wort steht darin.

Und deine Mutter, Anne Morrow Lindbergh?

Das ist das Allerwichtigste: Das Geheimnis hat auch meine Mutter überlebt. Sie starb 2001, so wie übrigens auch Brigitte Hesshaimer, mit ganz genau einem halben Jahr Unterschied. Gelüftet wurde das Geheimnis der sieben unehelichen Kinder zwei Jahre darauf.

Von wem?

Von Brigittes Kindern unter Federführung von Astrid. Enttarnt hatte sie die Identität ihres Vaters schon in den 80er-Jahren. In den 90er-Jahren hatte sie dann bei ihrer Mutter 150 handschriftliche Briefe von ihm entdeckt.

Unterschrieben mit Charles Lindbergh?

Nein, mit einem C. Er hat stets alle Briefe so signiert, egal ob sie für seine Frau, seine Geliebten oder seine Freunde waren. Die unehelichen Kinder kannten ihren Vater als Amerikaner namens Careu Kent.

Ein Pseudonym.

Klar. Brigitte hatte ihn den Kindern als Schriftsteller, Geologe und Wildhüter verkauft, der oft auf der ganzen Welt unterwegs war. Sie verbot ihnen, öffentlich über ihn zu reden, weil er sonst nie wiederkommen könne. Astrid studierte Anfang der 80er in München zwei Semester Geologie, fand aber weder in der geologischen Fachliteratur noch in der amerikanischen Belletristik Spuren eines »Careu Kent«. 1983 stieß sie dann mithilfe einer Freundin auf Lindbergh. Brigitte Hesshaimer brach in Tränen aus, bestätigte den Verdacht ihrer Tochter und beschwor sie, das Geheimnis für sich zu behalten.

Und warum hat sie es zwei Jahre nach Brigittes Tod doch gelüftet?

Weil sie sich von der Lüge der Formulierung »Vater unbekannt« befreien wollte. Weil sie fand, dass Lindbergh in A. Scott Bergs Biografie als Vater zu gefühlskalt und abwesend dargestellt wurde. Weil sie ihren eigenen Kindern kein ewiges Geheimnis aufdrücken mochte. Weil die in der Schule ausgelacht wurden, wenn sie im Geschichtsunterricht erklärten, Charles Lindbergh sei ihr Großvater.

Und weil sie eine Story verkaufen konnte?

Es sind nicht alle zynisch.

Ja, okay.

Sie verkaufte rein gar nichts. Sie ging einfach nur zur *Süddeutschen Zeitung*, im Gepäck private Fotos und 150 Briefe von »C.« Die Zeitung ließ erst ein handschriftliches Gutachten erstellen, denn selbst deklarierte Lindbergh-Kinder tummelten sich ja schon einige Dutzend. Die Expertise war eindeutig, Astrids Geschichte wasserdicht.

Und dann? Rummel?

Der Artikel 2003 schlug natürlich ein wie eine Bombe, die Telefone klingelten bei den Lindberghs in den USA und bei den Hesshaimers in Ammersee ohne Unterlass. Die drei organisierten dann eine Medienkonferenz im historischen Sitzungssaal des Münchner Rathauses. Selbst CBS, NBC und CNN schickten Kamerateams. Die US-Medien waren skeptisch. Aber Lindbergh-Enkel Morgan Lindbergh in den USA sah die Fotos der drei, und die Ähnlichkeit zu seinem Großvater schien ihm offensichtlich. Er stellte eine Speichelprobe für einen DNA-Test zur Verfügung.

Der die Story bestätigte.

Sonst hätte ich sie dir hier nicht erzählt.

Dir hätte ich das zugetraut.

Danke.

Wie cool fanden Valeska und Marietta es, dass Brigittes Kinder das Schweigegelübde brachen?

Nicht so cool. Astrid hatte vorab versucht, sie und ihre Halbgeschwister an Bord zu holen, aber sie hatten sich gewehrt. Darum erzählten Dyrk, Astrid und David nur ihre eigene Geschichte. Aber andere Medien recherchierten natürlich im familiären Umfeld Details, und schon wenige Wochen nach dem Primeur der *Süddeutschen* war das Magazin *Focus* auf die Geschichte von Astrids Tante Marietta gestoßen und ins sonnige Wallis gefahren. Allerdings vergeblich. Marietta verweigerte sich jeglicher Publizität.

Und Valeska?

Niemand schaffte es, sie wirklich zu ermitteln. Ihr gelang es, völlig im Dunkeln zu bleiben. Nur ihr Vorname ist bekannt, bei ihren Kindern nicht einmal der.

Woher weiß man überhaupt von ihr?

Von Brigittes Kindern, die zu ihren Halbgeschwistern Kontakt haben, und von den Briefen meines Vaters an Brigitte.

Dann hat dein Vater der einen Geliebten über die andere Geliebte berichtet?

Nicht oft und viel und detailliert, aber: ja.

Das ist nun auch nicht wirklich die feine Art.

Doch wieder mal eine moralische Ferndiagnose deinerseits, ich bin beruhigt, deine Welt dreht sich noch.

Jaja, schon gut.

Hast du diese Geschichte nicht aufmerksam mitverfolgt?

Doch, natürlich.

Und ganz gern deinen Senf dazugegeben?

Man nimmt halt teil an dem, was einen berührt, und?

Nichts »und«. Ganz Mensch.

Genau, ganz Mensch, wo liegt also das Problem?

Ich habe dir überaus private Angelegenheiten anderer Menschen offengelegt. Und du hast gelauscht. Du hättest damals auch den Lindbergh-Prozess sehr eifrig mitverfolgt und mitkommentiert. Du hättest die Boulevardblätter gekauft, hättest sie beim Friseur und in deiner Lieblingsbar emsig diskutiert und dabei gleichzeitig über die Boulevardblätter selbst abgelästert. Damit hättest du selbst zum Hype um Charles Lindbergh beigetragen und seine Familie als mögliche Zielscheibe von Entführern empfohlen.

Mit anderen Worten: Du kamst zu Tode wegen Menschen wie mir.

Sagen wir: wegen des Menschen an sich.

Wäre Desinteresse eine Lösung?

Nein. Sondern Respekt. Vor der Privatsphäre. Dazu gehört auch, nicht immer einen entsicherten Zeigefinger bereitzuhalten, mit dem man auf Menschen zeigen kann, die man zu kennen glaubt, nur weil sie in den Medien sind. Tatsächlich kennt man sie nämlich nicht mal ansatzweise. Man bekommt nur medial gefilterte, gefärbte, selektive winzige Ausschnitte mit, die oftmals reine Inszenierungen sind. Und Jahrzehnte später aufgrund einer Buchlektüre die Protagonisten verurteilen zu wollen, das ist doch hochgradig herablassend.

Jetzt bist du der, der moralisiert.

Als Charlie Lindbergh bin ich in Sachen Prominenz und Privatsphäre ein gebranntes Kind. Nur so viel noch: Es schadet nicht, sich stets bewusst zu sein, dass es keine unbeteiligten Beobachterinnen und Beobachter gibt. Sobald man beobachtet, nimmt man teil. Bekommt ein Geschehen Aufmerksamkeit, verändert es sich. Fahnenverbrennungen und Parolengeschrei entfalten nur dank der Kamera ihre Wirkung, finden gar nur dafür überhaupt statt. Einschaltquoten und Klickverhalten verändern die Dinge und bestimmen, was wir sehen, wie wir es sehen und wie viel davon wir noch sehen werden. Kurz: Du bist, was du guckst, hörst, liest und klickst. Du bist, wem du folgst. Du wertest auf, wem du deine Aufmerksamkeit schenkst. Darum würde ich an deiner Stelle nur denen Aufmerksamkeit geben, die sie verdienen.

Spannenden Biografien von und fiktiven Interviews mit verstorbenen Menschen?

Unbedingt! Zur Kenntnis nehmen, staunen, lernen und nicht verurteilen.

Charlie, das war eine coole Geschichte. Trotz allem liebe ich uns Menschen. Und die Geschichten, die wir machen.

Du wirst es nicht glauben – ich auch.

Was unternimmst du heute noch im Jenseits?

Ooooch, wir treffen uns wohl noch auf eine Runde Black Jack.

Wer ist wir?

Die, welche heute mit mir spielen werden, haben ein Leben absolviert unter den Namen Anne Morrow Lindbergh, Brigitte Hesshaimer, Bruno Richard Hauptmann, Randolph Hearst und ich. Isidor Fisch kommt nicht, zum Glück. Der hat einen Termin bei der Dentalhygienikerin.

Ehrlich?

Aber sicher, beim Barte des Croupiers!

✳ ✳ ✳ ✳

Charles Lindbergh hat nicht einmal zwei Jahre Lebenszeit bekommen. **Katharina Morel** hat wider alle Erwartungen 84 Jahre länger gelebt. Ist ja irgendwie auch nicht fair.

Katharina Morel · 1790 – 1876

Gastgeberin und Unternehmerin in der Fremde

Im November 1812 liegt die Schweizerin Katharina Peyer, 22, auf der Flucht vor den Russen acht Tage lang bewusstlos und schwer krank in Kaliningrad auf einem Strohsack. Niemand rechnet mit ihrem Überleben.

Sie ist Analphabetin und kann kaum rechnen, er hat zehn Jahre in Gibraltar verbracht und spricht fließend Französisch und Englisch: Franz und Kathrin Kaufmann sind ein ungleiches Paar. Gemeinsam betreiben sie das Wirtshaus zum Kreuz in Luzern am schönen Vierwaldstättersee.

Katharina, geboren am 23. Mai 1790, kommt nach dem Vater. Sie hilft schon mit acht Jahren in der Gaststube. Es sind lebhafte Zeiten. Die Französische Revolution hat ein paar der alten Eidgenossen angesteckt, jetzt prügeln sie sich untereinander, von Westen her prügeln die Franzosen und von Osten her die Habsburger fröhlich mit. Katharina und ihr Vater sehen von Weitem, wie der Ort Stansstad niederbrennt. Die Kleine wird politisiert.

1898 wird Luzern Hauptstadt der Helvetischen Republik, die Regierung schwört auf die neue Verfassung, die Stadt feiert – und die achtjährige Wirtstochter steckt mitten im Geschehen. Sie ist ein heller Kopf, wird in die Schule des Ursulinenklosters Mariahilf geschickt und betreut schon bald die Finanzen des elterlichen Gasthauses.

Bereits im Jahr darauf wird Luzern als Hauptstadt wieder abgelöst, und anno 1800 erlebt die Helvetische Republik gleich zwei Staatsstreiche. Für Katharina wesentlich einschneidender ist Mutters sechste Schwangerschaft. Das Mädchen arbeitet von früh bis spät. Es kommt zu einer Frühgeburt, bei der die Mutter stirbt. Sie wird in der Gaststube aufgebahrt, wie es Brauch ist. Verwandte und Gäste nehmen Abschied.

Im Jahr darauf geht Katharinas Vater mit dem Wirtshaus in Konkurs. Er bringt seine Kinder bei Verwandten unter und geht »in die Fremde«. Die zehnjährige Katharina landet bei einem Bruder ihrer Mutter im Nachbardorf Kriens. Nähen soll sie lernen. Was sie auch tut. Aber das Kind braucht mehr Impulse.

Mit zwölf Jahren tritt Katharina ihre erste Stelle an. Dort, wo sie hin will. Ins Gewerbe mit dem Gast. Im Luzerner Restaurant zum

Wilden Mann betreut sie schnell allein Tische und macht die Kasse. Der Wirt unterhält nebst dem Restaurant eine Lohnkutscherei mit drei Knechten und bis zu einem Dutzend Pferden. Auch hier rechnet Katharina nach kurzer Zeit selbstständig ab.

Mit 15 Jahren – Katharina serviert mittlerweile im Restaurant zur Ilge – sticht sie einem Gast ins Auge: Sattler Heinrich Peyer ist mit 160 Zentimetern kaum größer als sie. Bei der Hochzeit im Juli 1806 ist der Bräutigam 21, die Braut ist 16 Jahre und 6 Wochen alt.

Heinrich will sich in seinem Heimatort Willisau als Sattler etablieren, doch das Geschäft läuft schlecht. Ende 1809 lässt er sich für vier Jahre als Klarinettist im zweiten Schweizerregiment der französischen Armee anwerben und reist nach Marseille. Kathrin bleibt in Kriens, verspürt aber nach einem halben Jahr »große Lust zum Reisen«. Mit 20 Jahren und 2 Monaten reist sie in Begleitung von Hauptmann Füssli in zehn Tagen nach Marseille zu ihrem Mann.

In der Fremde

Im Fort Saint Nicolas gibt Oberst Joseph Xaver Segesser vom Schweizerregiment Katharina die Erlaubnis, ein Zimmer einzurichten für Kostgänger. Hier kocht sie nun regelmäßig für bis zu 18 Armeeangehörige und verdient sich so ihren Lebensunterhalt.

Katharina gefällt die Kostgängerei, und sie liebt Marseille. Doch Napoleon Bonaparte, der sich fünf Jahre zuvor in Paris eigenhändig zum Kaiser gekrönt hat, will die Welt nach seinen Vorstellungen formen, und das zweite Schweizerregiment soll mithelfen. Der Marsch von Marseille nach Paris dauert zwei Monate. Katharina verdient ihr Geld wiederum als zivile Begleitperson mit der Kostgängerei. Da Heinrich als Musiker zum Regimentsstab gehört, besteht ihre Kundschaft vor allem aus Unteroffizieren und Offizieren.

Bei der Regimentsparade in Paris bekommt Katharina erstmals den klein gewachsenen und großmauligen Feldherrn Napoleon zu

Gesicht. Aus ganz Europa hat er seine Armeen zusammengezogen. Jeder seiner Vasallenstaaten muss Truppen stellen.

Anfang 1812 marschieren die Verbände in Paris los. Es geht nach Nordosten. Man ahnt, wohin. Lüttich, 350 Kilometer. Düsseldorf, 120 Kilometer. Nauen bei Berlin, 500 Kilometer. Stettin, 160 Kilometer. Pelplin, 300 Kilometer. Kowno/Kaunas im späteren Litauen, 400 Kilometer. Immer wieder stoßen neue Truppen dazu. Die nunmehr vier Schweizerregimente mit vermutlich rund 8000 Mann werden der 9. Infanteriedivision des 2. Corps der Grande Armée zugeschlagen.

Während der fünf Monate von Paris bis Kowno übernimmt Katharina stetig mehr Verantwortung. In Licze bewilligt der Kommandant ihr ein eigenes Pferd mit Wagen. Sie kauft für 22 Taler die Stute Minetta, und ab Marienwerder zieht das Pferdchen die »viver de companie«. Katharina ist eine offiziell bewilligte Vivandière, auch Cantinière oder Marketenderin genannt, eine Art freischaffende multifunktionale Wanderwirtin. Ihre Aufgabe ist es, der Truppe mit ihrem Wagen zu folgen, zu kochen und Lebensmittel, Getränke, Tabak, Knöpfe, Papier und anderes zu verkaufen. Die Warenbeschaffung in Fremdsprachen und die Preiskalkulation in Fremdwährungen sind eine enorme Herausforderung.

Überleben

In Kowno umfasst Napoleons Streitmacht inklusive Nachzug über 600000 Mann und 200000 Pferde, dazu über 50000 männliche und weibliche Zivilisten in allen möglichen Funktionen. Es sind weniger als erhofft. Die oft monatelangen Märsche aus ganz Europa haben die Truppen bereits dezimiert.

Am 24. Juni 1812 betritt eine bereits müde »Grande Armée« bei Kowno russischen Boden. Von einer Anhöhe aus sieht der Feldherr zu, wie all seine Corps mit ihren Divisionen mit ihren Brigaden mit ihren Bataillons mit ihren Regimentern mit ihren Kompanien auf drei

Pontonbrücken den Njemen überqueren, angeführt von unzähligen Kapellen, deren flotte Märsche dem Fußvolk ankünden, wie großartig der Sieg ihres Empereur sein wird, für den sie ihr Leben riskieren. Russland erweist sich erst einmal als Spielverderber. Das Land ist ungemütlich weitläufig, die Siedlungen sind arm, die Bauern zumeist geflohen. Es irritiert die Franzosen, dass sie auf keine Gegner stoßen. Das Land selbst ist ihr Gegner. Der ungeheure Tross mit seinen 1200 Kanonen und seinen nachfolgenden Versorgungstruppen mit Viehherden und Ochsenwagen kämpft sich durch heimtückische Sümpfe und endlose Wälder.

Selbstverständlich hat der große Feldherr alles ganz genau ungefähr geplant. Zuerst sollen die Lebensmittel und die Viehherden verzehrt werden. Danach die Zugochsen der Versorgungstruppen. Kross gebraten auf dem Holz der nicht mehr benötigten Versorgungswagen. Alles wohlüberlegt.

Am vierten Tag verwandelt ein erstes gewaltiges Unwetter die sandigen Wege in Schlammströme. Innerhalb von 24 Stunden ertrinken rund 10 000 Pferde der Kampftruppen und mehrere 10 000 Pferde der Versorgungstruppen, letztere mitsamt den Wagen.

Die Grande Armée erobert Wilna, die spätere litauische Hauptstadt Vilnius, ohne einen Schuss abzufeuern – die Russen wissen, dass sie unterlegen sind. Sie wissen auch, dass die Natur für sie arbeitet.

Die Streitmacht zieht weiter. Tagsüber steigen die Temperaturen jetzt auf bis zu 36 Grad. Der aufgewirbelte Staub der unendlich langen Kolonnen trocknet die Gaumen aus. Brunnen sind rar, Teiche führen abgestandenes Wasser oder gar keines mehr. Dehydrierte Soldaten trinken den Urin von Pferden aus Spurrillen. Die Tiere werden mittlerweile mit Stroh von den Dächern verlassener Bauernhütten gefüttert und leiden an Koliken. Auch Minetta leidet, und für Katharina gibt es kaum mehr Waren zu beschaffen oder Preise zu kalkulieren.

Bis Mitte Juli sind 50 000 Soldaten desertiert, Hunderte haben sich umgebracht. Die Straßen sind gesäumt von Menschenleichen und Pferdekadavern. Fast alle Soldaten leiden an der Ruhr. Wenn die Verbände haltmachen, bestimmen die Kommandanten entsprechend der Windrichtung, in welcher Himmelsrichtung sie austreten dürfen, weil sich sonst innerhalb von Minuten in der Hitze kilometerweit der unerträgliche Gestank von Exkrementen breitmacht. Während der Feldherr seine gequälte Hauptarmee in Richtung Moskau weitertreibt, bleibt das 2. Corps mit den Schweizerregimentern zusammen mit dem 6. Corps und seinen Bayernregimentern an der nördlichen Flanke zurück. Sie sollen die Verbände des russischen Generals Wittgenstein beschäftigen und den großartigen Siegern den Rückweg freihalten. Zu diesem Zwecke besetzen die beiden Corps am 27. Juli die Stadt Polozk. Von den 8 000 Schweizern sind schon vorher 2 000 an Entkräftung oder an der Ruhr gestorben, von 22 000 delegierten Bayern sind 10 000 auf der Strecke geblieben.

Schon nach drei Tagen kommt es zu einem Kräftemessen mit Wittgensteins Truppe: Bei der Schlacht von Kljastizy sowie der ersten Schlacht von Polozk fallen je 10 000 Menschen. Katharina ist tief erschüttert. Danach blockieren sich die Truppen gegenseitig über Wochen hinweg. In Polozk wüten Hunger und Ruhr, die Leute sterben auch ohne Zutun der Russen.

Die Unternehmerin

Auch Katharina kämpft. Trotzdem ist sie wieder Unternehmerin. In Polozk kann sie sich eine Wohnung organisieren und mit Brot, Schnaps und Salz handeln. Die 22-Jährige bleibt auch unter katastrophalen Zuständen aktiv und unterhält mittlerweile drei Pferde und einen Wagen. Allerdings lassen Angebot wie Nachfrage nach, denn Sold wird kaum mehr ausbezahlt. Katharina handelt nun auch mit Leder für Heinrich, der nebenbei für die Gendarmerie von Polozk Sattleraufträge erledigt, um zu etwas Geld zu kommen.

Es wird Herbst. Und es wird kalt – Polozk liegt 230 Kilometer nördlich der späteren weißrussischen Hauptstadt Minsk. Katharina rechnet damit, in dieser Stadt zu überwintern. Die Grande Armée wird bestimmt nicht im Winter zurückkommen wollen. Das wäre ja wohl das Dümmste.

Auch in Moskau ist es Herbst geworden. Auf dem Weg dorthin hat Napoleon seine Soldaten in mehrere Schlachten geschickt und allein in Borodino einige 10 000 Mann verloren. Es blieben aber noch genügend auf den Beinen, um die russische Hauptstadt einzunehmen. L'Empereur richtet sich im Kreml ein und wartet auf ein Friedensangebot von Zar Alexander I., das einfach nicht kommen will.

Nicht ausgeblieben sind dafür diverse Schwierigkeiten. Die größte davon ist der aufkommende russische Winter. Am 19. Oktober verlässt der genervte Feldherr mit seiner auf nur noch 100 000 Mann geschrumpften Armee Moskau in Richtung Südwesten. Russen und berittene Kosaken nehmen die Verfolgung auf.

Fast gleichzeitig greifen General Wittgensteins russische Verbände in der zweiten Schlacht von Polozk die Franzosen und ihre Mitstreiter an. Auf beiden Seiten lassen je 8 000 Menschen ihr Leben. 15 000 Besetzer bleiben übrig, darunter die letzten 1 300 kampffähigen Schweizer, und die fliehen nun nach Süden, um der aus Moskau heranfliehenden Grande Armée bei der Überquerung der Beresina beizustehen.

Katharina und Heinrich sind nicht dabei: Sie sind zu krank. Von Polozk aus werden sie mit vielen weiteren Kranken und Verletzten auf Wagen in Richtung Süden gebracht, überqueren bei Barrisow Tage vor der Grande Armée die Beresina, steuern dann nach Westen und gelangen zehn Tage später nach Wilna.

Wilna ist ein einziges überfülltes Lazarett. Nach einem Ruhetag ziehen sie weiter. In den nächsten sechs Tagen schaffen sie bei beißenden Minustemperaturen 110 Kilometer bis Kowno/Kaunas, dem Ausgangspunkt des Krieges. Hier befiehlt der Vorgesetzte seiner Schar zehn Tage Ruhepause.

Die Leute sterben reihenweise. Auch Katharinas und Heinrichs Gesundheit verschlechtert sich gravierend. Als die Kameraden am 17. November weiterfliehen, sind die beiden nicht in der Lage zu reiten. Sie bleiben in Kowno zurück. Bis hierher hat Katharina es geschafft, ihre drei Pferde zu behalten, doch nun überlässt sie eines davon den Kameraden.

Die Russen nähern sich aber auch Kowno. Es gelingt Katharina, das zweite Pferd zu verkaufen und dafür einen Schlitten für das dritte Pferd zu bekommen. So können sie die Flucht wieder aufnehmen, ohne in den Sattel zu müssen. Obwohl die Temperaturen weiter sinken, schaffen Katharina und Heinrich noch einmal 250 Kilometer. Vier Schlittenstunden vor Königsberg, dem späteren Kaliningrad, verkauft Katharina schließlich das halb tote Pferd mitsamt dem Schlitten und schlägt damit 13 preußische Taler sowie einen Transport nach Königsberg heraus. Hier begegnen sie in den letzten Novembertagen endlich wieder Kameraden von der Musik.

In Königsberg mag Katharinas Körper nicht mehr. Sie wird schwer krank. 18 Tage lang liegt sie in der Stadt, anfangs im Haus eines Bierbrauers auf einem Strohsack, ohne Heizung und Decke. Heinrich betreut sie mehr oder weniger allein. Acht Tage lang ist sie mehr oder weniger bewusstlos. Katharina, 22 Jahre alt, hat sich mit Typhus angesteckt.

Beresina

Während in Königsberg jeden Tag 30 bis 40 Menschen an Typhus, Ruhr, Auszehrung oder Infektionen nach schweren Erfrierungen sterben, haben die Überreste des Heeres aus Polozk sowie aus Moskau nach weiteren kleineren Schlachten die Beresina erreicht. Napoleons Hauptarmee besteht nach fünf Wochen Flucht aus nur noch

20 000 kampffähigen Soldaten, im Schlepptau ist ein Tross von vermutlich rund 50 000 unbewaffneten Nachzüglern, Zivilisten und Verwundeten. Eine Marschordnung ist kaum mehr zu erkennen. Am 26. November bauen Pontoniere bei Borrisow zwei Behelfsbrücken über die Beresina. Sie stehen bis zu den Schultern im Wasser und werden im Viertelstundentakt ausgetauscht, sofern sie nicht von Eisschollen und der Strömung mitgerissen werden.

Zwei Tage später – die Evakuation der französischen Armee ist in vollem Gang – beginnen die russischen Truppen, die Brücken zu beschießen und voranzustürmen. Die Nachhut der Franzosen, unter ihnen die verbliebenen 600 Schweizer, schlägt mehrere russische Angriffswellen zurück.

Nach der Schlacht an der Beresina bleiben aufseiten Frankreichs 10 000 Soldaten und 15 000 Zivilisten tot auf dem Schlachtfeld liegen. Bei den Schweizern hat sich der Bestand erneut halbiert, und von den übrig gebliebenen 300 sind 100 verwundet. Napoleon verteilt unter ihnen für die Seele und fürs Gepäck auf dem Heimweg noch 62 Kreuze der Ehrenlegion, bevor er sich in seine Kutsche setzt und sich in nur zwei Wochen nach Paris kutschieren lässt.

Die Überlebenden machen sich auf den Marsch Richtung Westen nach Wilna. Beim Abmarsch herrschen -30 Grad Celsius. 250 Kilometer weiter, kurz vor der Ankunft in Wilna, sind es -37 Grad. Die Eiskristalle in der Luft, hübsch anzusehen, zerschneiden den Soldaten die Haut, die bei diesen Temperaturen richtiggehend abblättert. Jeden Tag bleiben Dutzende bis Hunderte auf der Strecke und sind in kürzester Zeit steinhart gefroren.

Am 9. Dezember erreichen die geschwächten Flüchtlinge Wilna, doch bereits am nächsten Tag rücken die Kosaken in die Stadt vor. Im Rückzugsgefecht kämpfen die Schweizer wieder in der Nachhut und werden weiter dezimiert.

Die Überlebenden der Grande Armée arbeiten sich großenteils ohne Fuhrwerke oder Pferde, aber mit Erfrierungen via Kowno bis nach Marienburg vor, dem späteren polnischen Malbork, wo sie den Jahreswechsel verbringen. Leutnant Isler hat noch 50 Mann seiner Kompanie. Danach geht der Überlebenskampf weiter, immer weiter, Richtung Westen. Wochen später, im 600 Kilometer entfernten Magdeburg, sind von Islers Leuten noch vier am Leben. Nur wenigen kleinen Gruppen gelingt die Heimkehr.

Erlösung

Man schreibt den 1. März 1813, als in Lauterbourg im Elsass eine Handvoll Russland-Rückkehrer ins Depot des zweiten Schweizerregiments stolpert. Darunter ist ein Ehepaar, das nach allen Regeln der Medizin nicht mehr leben dürfte und das man kaum mehr erkennt. Heinrich und Katharina Peyer.

Katharina in Lauterbourg aufzupäppeln dauert zweieinhalb Monate. Dann kann sie mit Heinrich die letzten 200 Kilometer Richtung Süden bis zur Schweizer Grenze in Angriff nehmen.

Zwei Wochen darauf feiert Katharina ihren 23. Geburtstag.

> »Oh wie war es mir wohl zu muthe, als ich unser vatterland betrath, und nach so viellen gefahren, so hartem schiksaal, die lieben schweizergebirge erblikte, das so wenigen unserer mitbürgern zu theil wurde, wo wir so manchen aeltern, die ihre söhne vermissten, so mancher gattin die traurige todes nachricht mitbringen konten, statt trost. O gewiss mein gefühlvolles empfindsammes herz, brachte seinem schöpfer den heisesten dank, für die wunderbare rettung, & der glücklichen stunden sein liebes vaterland betreten zu können.«
>
> Katharinas Tagebuch

Heinrichs Wiedereingliederung in ein bürgerliches Leben als Sattler gelingt nicht. Er leistet zwei Einsätze für die Schweizer Armee bei Grenzbesetzungen und verpflichtet sich 1815 bei der holländischen

Armee. Katharina ist zerrissen, entscheidet sich aber eigenständig, ihm zu folgen. Ende 1815 reisen die beiden nach Maastricht. Fünf Jahre lang arbeiten sie an verschiedenen Standorten in Europa für die holländischen Truppen. Wieder verdient Katharina sich ihren Unterhalt mit Kostgängerei. Zweieinhalb Jahre leben Peyers in Antwerpen. Hier räumt ihr das Regiment sogar drei Zimmer direkt in der Zitadelle frei. Die Kommandantur hat erkannt, wie wichtig Katharinas Wirken ist. Sie macht all das, was man eines Tages »Catering« nennen wird, und noch mehr. Sie richtet Küchen ein, stellt Mägde an, organisiert Unterkünfte und möbliert sie, mietet und vermietet Räume, zieht über die Lebensmittelmärkte und kauft ein, rechnet ab, verpflegt über lange Phasen hinweg fast jeden Abend ein oder zwei Dutzend Offiziere und kocht auch in minderwertigen Küchen hochwertige Gerichte. Und wenn es Zeit und Kraft erlauben, besucht sie am Abend ein Theater oder einen Maskenball.

Nach Ablauf der Dienstzeit bei den holländischen Truppen reisen Katharina und Heinrich in die Schweiz zurück. Katharina ist nun 32, Heinrich 37. Im Februar 1822 pachten die beiden das Gasthaus Rössli in Sursee, dessen letzter Wirt sich auf dem Dachboden erhängt hat. Heinrich erleidet am ersten Abend einen Blutsturz.

Katharina wird nicht glücklich im ländlichen Sursee, wo die Bauern für die Suppe nur den halben Preis bezahlen und im Gegenzug das Brot selbst schneiden wollen. Heinrich soll derweil für die holländische Armee Männer anwerben, aber er ist ständig krank, und so bleibt auch dieser Job an Katharina hängen. Daneben übernimmt das kinderlose Paar auch noch die fünfjährige Tochter von Heinrichs verstorbener Schwester, die ebenfalls Katharina heißt.

Nach zwei Jahren können Peyers das elegantere Ausflugsrestaurant Bad Rothen bei Emmenbrücke pachten, weitere zwei Jahre später wechseln sie in den Engel in Luzern. Hier hat Katharina endlich Gäste aus jener Liga, die sie bewirten will: inspirierende Persönlichkeiten aus Politik, Wirtschaft und Kultur. Elf Jahre lang erarbei-

tet sie sich mit bis zu 13 Angestellten einen hervorragenden Ruf als
Gastgeberin. Heinrich ist oft krank. Mitte Februar 1837 ruft er nach
Katharina, er habe Durst. Katharina bringt ihm Tee und ruft den
Arzt, aber es ist zu spät. Mit 47 Jahren wird Katharina zum ersten
Mal Witwe.

»Katharina Morel übernahm das damals zu den ersten Etablis-
sements zählende Hotel zum Engel in Luzern, und bald war das
von der geistreichen und vielerfahrenen Frau geleitete gastli-
che Haus der Mittelpunkt der hervorragendsten Staatsmänner
und Gelehrten.«

Aus dem Nachruf der Zeitung *Der Bund*

Neue Ziele, neues Glück

Nach nur sieben Monaten heiratet Katharina den zehn Jahre jüngeren Tuchhändler Josef Morel. Sie gibt das Restaurant Engel auf und
kümmert sich um Jeanette, die Tochter der kranken Schwester ihres
zweiten Mannes. Daneben arbeitet sie im Tuchhandel mit und verpflegt Arbeiter, die in ihrem Haus wohnen.

Das Tuchgeschäft läuft schlecht. Mitverantwortlich sind betrü-
gerische Angestellte und Erbstreitereien. Josef Morel muss gegen
seinen eigenen Bruder prozessieren. Das setzt ihm zu. Nach sieben Ehejahren wird Katharina mit 54 zum zweiten Mal Witwe. Sie
hat eigenes Geld in die Tuchhandlung investiert, aber Josefs Bruder
nutzt es aus, dass sie nicht im Firmenregister gelistet ist. Sie muss
das Geschäft liquidieren, arbeitet zwei Jahre lang ununterbrochen,
reist durch die halbe Schweiz, verkauft Restposten, verhandelt mit
Gläubigern und verliert selbst über 4000 Gulden.

Im ersten Jahr als Witwe bekommt sie fünf Heiratsanträge, vier
davon überaus interessant. Katharina lehnt sie alle ab. Sie müsste
Luzern verlassen, und das will sie nicht. Das Land geht erneut durch

lebhafte Zeiten, und Katharina unterstützt bei den »Pfefferfrauen« die liberalen Kräfte im Kampf gegen die konservative Luzerner Regierung. 1845 organisieren die Frauen die Befreiung und Flucht des Arztes und Freischarenführers Jakob Robert Steiger aus dem Kesselturm.

Im Frühling 1846 pachtet Katharina von der bekannten Luzerner Familie Segesser – verwandt mit dem Oberst in Marseille – das Kurhaus Rigi Kaltbad über dem Vierwaldstättersee. Katharinas Qualitäten als Gastgeberin sind bekannt, sie arbeitet, bis der Rücken schmerzt, und die Gäste strömen den Berg hinauf. Nach vier erfolgreichen Sommersaisons setzt im Herbst 1849 vermutlich ein Funken aus dem Kamin das Holzschindeldach in Brand, und Rigi Kaltbad brennt bis auf die Grundmauern nieder. Katharina verliert fast alles.

Familie Segesser weiß um den Wert von Katharina und bittet sie, die Verantwortung für die Hauswirtschaft im Hotel »Schweizerhof« zu übernehmen, das die Familie vier Jahre zuvor erbaut hat. Der »Schweizerhof« ist das erste Grand Hotel von Luzern und für Katharina definitiv eine Liga zu hoch.

Die 60-Jährige sagt zu

1858 reist der französische Botschafter Graf von Salignac-Fénelon nach Luzern und überreicht Katharina Morel im Namen Frankreichs für ihre Teilnahme am Russlandfeldzug die St. Helena-Medaille. Der Feldherr selbst ist beim großen Festakt in Luzern verhindert, da bereits seit 37 Jahren tot.

Elf Jahre lang leitet Katharina die Hauswirtschaft des Schweizerhofs. Als Segessers das Hotel verkaufen, bieten sie Katharina an, sie könne in einer ihrer Luzerner Liegenschaften eine Pension eröffnen. Sie ist 71. In diesem Alter macht man sich nicht mehr selbstständig.

Neun Jahre lang gehen in der kleinen eleganten »Pension Morel« mit Aussicht über den Vierwaldstättersee Gäste aus der ganzen Welt ein und aus. Sie schätzen ihre Gastgeberin Katharina über alles.

»Die freundliche, den Fremden und Einheimischen wohlbekannte Pension Morel führte sie auf eigene Rechnung. Mitten in ihrem vielbeschäftigten Leben fand sie immer Zeit und Mittel, anderen dienstlich und zumal den Armen und Bedürftigen durch Wort und That nützlich zu sein.«

Aus dem Nachruf der Zeitung *Das Vaterland*

1870 eröffnet Familie Segesser ein weiteres Mal ein neu erbautes erstes Haus am Platz, das Grand Hotel »National«. Oberst Segesser fragt Katharina an, ob sie wiederum die Hauswirtschaft leiten würde. »Ich bin 80 Jahre alt«, antwortet Katharina. »Wenn Sie nur da sind«, erwidert Oberst Segesser, »dann bin ich schon zufrieden.«

So erhält Katharina mit 80 Jahren den Titel einer Direktorin und beaufsichtigt die Hauswirtschaft des nobelsten Luzerner Hotels bis zu ihrem Tod im 86. Lebensjahr.

Ihre eindrückliche Beisetzung in der Luzerner Hofkirche vermelden die Zeitungen in der ganzen Schweiz.

»Im Hotel Schweizerhof leitete sie das Wirtschaftswesen und war stets als leutselige Dame allgemein beliebt. Als fleissige Leserin unseres Blattes nahm sie auch an den öffentlichen Fragen reges Interesse und war bis in ihr hohes Alter von 86 geistig frisch und klar.«

Aus dem Nachruf der Zeitung *Eidgenoss*

»Die blöde Klarinette hätte ich schon viel früher versetzt.«

Katharina Morel, wie geht es Ihnen?

Danke. Ich kann nicht klagen. Das Jenseits ist so tadellos organisiert, ich musste bei meiner Ankunft regelrecht herausfinden, wie ich mich nützlich machen kann.

Und?

Ich lade hin und wieder spannende Gäste ein und koche für sie. Regelmäßig natürlich für meine Familie und …

… warten Sie!

Worauf?

Es interessiert mich sehr, für wen Sie im Jenseits kochen. Aber vorher müssen Sie bitte mir eins erzählen: Wie …

… haben Heinrich und ich es geschafft, von Kaliningrad aus lebend nach Hause zu kommen?

Aha. Ich bin offenbar nicht der Erste, der es wissen will.

In der Tat. Meine Gäste wollen die Geschichte öfter mal hören. Und manchmal frage ich mich selbst.

Es sind ja doch um die 1 500 Kilometer.

Glauben Sie mir, das weiß ich.

Also, ich wäre dann so weit ganz Ohr.

Gut. Beginnen wir im Dezember 1812. Ich liege in Königsberg. Hohes Fieber, Lähmungserscheinungen, Bewusstlosigkeit, Halluzinationen, Typhuszunge, Details zur Verdauung erspare ich Ihnen.

Ich kann damit leben.

Für Medizin oder einen Arzt haben wir kein Geld mehr. So lassen wir »die Natur walten«, wie man damals sagte.

Will heißen: Man ließ Sie sterben.

Sozusagen. Damit musste man auch rechnen.

Sie sind aber nicht gestorben.

Nein, und ich weiß nicht, wieso. Am 15. Dezember sind die Russen im Anmarsch, und wir können uns zur Flucht aufraffen. Heinrich trägt mich auf einen Schlitten, auf dem ein kranker Musikant liegt, und damit schaffen wir in einer kleinen Fluchtgruppe hundert Kilometer weiter bis Elbing, das spätere polnische Elblag. Laut Heinrich dauerte das sechs Tage. Ich habe nicht viel mitbekommen. Entweder habe ich halluziniert oder ich war bewusstlos.

Unglaublich.

In Elbing liege ich auf einer Strohmatratze auf dem Boden eines Spitalsaals für 80 Personen, mit etwa 100 halb toten Menschen aus aller Herren Länder. Mein Silvester 1812 ist also ziemlich denkwürdig. Viele der übrigen Schweizer erleben diesen übrigens nur 30 Kilometer südlich in Marienburg, aber das wissen wir natürlich nicht.

Und weiter?

Mit mir geht es ganz langsam bergauf, aber dafür wird Heinrich schwer krank. Und wieder fliehen wir nach 18 Tagen vor den Russen. In Marienburg treffen wir endlich wieder ein paar Schweizer. Mitte Januar kommen wir in Koniz an, dem späteren Chojnice. Das ganze Dorf ist von Preußen belegt, das Bild ist das gleiche wie in den Städten zuvor, die Leute sind halb tot, und viele haben abgefrorene Gliedmaßen, vor allem Füße. An Koniz erinnere ich mich, weil hier ein Offizier dem St. Galler Grenadier Steiner befiehlt, meinen Mantelsack zu übernehmen, den Heinrich nicht mehr tragen kann. Und weil Heinrichs Stiefel gestohlen werden.

Auch das noch.

Jetzt wickelt er seine Füße in Lumpen. Tags darauf bleibt er im Schnee liegen und spuckt Blut. Er hat hohes Fieber. Die anderen laufen weiter, auch Grenadier Steiner. Für meinen allerletzten Batzen bekommen wir von einer Bäuerin eine Suppe. Heinrich will die Stube nicht mehr verlassen, sondern sich den Russen ergeben, wenn sie kommen. Weil mein Mantelsack bei Grenadier Steiner ist, habe ich nichts mehr bei mir, auch kein Geld. Ich ziehe also einen Ring von meinem Finger, gebe ihn der Bäuerin und bitte sie, uns über Nacht zu behalten. Am nächsten Tag fühlen wir uns wieder ein wenig kräftiger und beschließen, doch eine Flucht zu versuchen. Die Nacht darauf verbringen wir dann wieder bei einem Bauern, zusammen mit 19 Flüchtlingen von Napoleons Schutzgarde und mit 6 Pferden. Ich schlafe auf der Ofenbank.

Glaubten Sie noch daran, zu überleben?

Offenbar schon. Sonst würde ich Heinrich nicht dazu bringen, wieder aufzubrechen. In Jastrow, nach drei Tagen mit den Füßen in Lumpen, hat er endlich den Nerv, die Klarinette gegen ein paar alte Schuhe einzutauschen.

Die hat er zu dem Zeitpunkt noch???

Pflichtbewusstsein und Autoritätsgläubigkeit sind heilig, und die Instrumente gehören der Armee. Die blöde Klarinette hätte ich schon viel früher versetzt. Der Gernegroß in Paris hat wohl andere Sorgen, als Klarinetten zu zählen.

Der Gernegroß?

Napoleon.

Wie geht es weiter?

Wir kämpfen uns halt einfach vorwärts durch den bissig kalten Winter in Richtung Südwesten. Tag für Tag, von Dorf zu Dorf, mit einzelnen Ruhetagen.

Allein?

Meist in kleineren Gruppen. Das ist sicherer, und wir unterstehen auch immer noch dem Kommando. Aber die Zusammensetzung der Gruppen wechselt ständig.

Warum?

Unterschiedliche Kraftreserven führen zu unterschiedlichem Tempo. Wer das Glück hat, sich für ein paar Kilometer auf einen Schlitten zu setzen, packt die Gelegenheit. So verlieren sich die Gruppen aus den Augen und treffen sich vielleicht später wieder. Oder auch nicht mehr.

Und dann?

Einfach immer weiter. Vietz, Berlin, Wustermark. Nach Berlin bin ich wieder tagelang halb bewusstlos und verwirrt. In Magdeburg erfahre ich, dass die Russen Grenadier Steiner erwischt haben.

Mit dem Mantelsack.

Ja, und dabei bräuchte ich meine letzten Habseligkeiten dringend, für mich persönlich und auch, um sie gegen Geld zu versetzen. Ich lege mich auf den Wagen und heule mir stundenlang die Augen aus dem Kopf. Dann Halle. Gotha. Fulda. Frankfurt. Ich verkaufe Ringe, Haarnadeln, sogar ein Halstuch. Bei Oppenheim setzen wir über den Rhein. Wir paar wenigen vom zweiten Regiment steuern dann südwärts, via Worms und Frankenthal bis zu unserem Regimentsdepot in Lauterbourg im Elsass.

Eine solche Ankunft muss eine Erlösung sein.

Vor allem ist sie der totale Zusammenbruch aller noch verbliebenen Kräfte. Das Depot war fast ausgestorben. Seit der Flucht aus Polozk im November trug ich dieselben Kleider auf dem Leib, mit denselben russischen Läusen darin. Dafür hatte ich keine Haare mehr. Aber Gott sei's gedankt, all unsere Gliedmaßen waren noch dran, unversehrt, und dieses Glück war nicht vielen vergönnt. Ich habe im Depot um viele Kameraden und Freunde geweint.

Wie viele haben es geschafft?

Von den 2 200 Mann unseres Regiments hätten es nur etwa 100 nach Hause geschafft, hieß es.

Gut. Jetzt erklären Sie mir bitte eins, liebe Katharina: Wieso zur Hölle lässt man zwei Jahre nach einem solchen Horrortrip seinen Mann nicht nur wieder als Söldner ziehen, sondern folgt ihm auch noch?

Ich reise gerne.

Jaja, sicher. Wanderreisen vermutlich?

Ich meine das ernst! Das Fremde zog mich an, und ich mochte die Herausforderung. Aber ja, ich gebe zu, in erster Linie war es Loyalität und Sorge. Ich hatte Heinrich gern. Und er brauchte mich.

Inwiefern?

Ich war blitzgescheit, konnte besser rechnen, kalkulieren, organisieren und improvisieren als er. Heinrich hatte seine Schwächen.

Gut, damit war er nicht der Einzige.

Höre ich eine Anspielung?

Was Sie hören, weiß ich nicht. Aber es war ziemlich oft so, dass ich übernehmen musste, wo Männer überfordert waren. Auf dem Weg nach Holland habe ich schnell gemerkt, dass der Transportmeister und der Fourier keine Helden waren. Ziemlich bald habe ich die Zahlmeisterin gemacht. Ich war Feldweibel und Fourier gleichzeitig.

Als Zivilperson?

De facto ja, wenn auch nicht de jure. Entsprechend oft war ich todmüde. Für den Umzug von Antwerpen nach Gorum 1819 habe ich für das Material des Regiments ein großes Schiff gechartert. Der Kommandant war so begeistert, dass er mich belohnen wollte. Ich lehnte es ab und bat ihn stattdessen, endlich Heinrich zum Offizier zu befördern.

Und?

Er druckste herum. Das konnte er nicht verantworten.

Oh je.

Heinrich war trotzdem ein guter Kerl. Russland hat uns beide gelehrt, was zählt, und die Erfahrung hat uns zusammengeschweißt. Ich in der Schweiz und er in Holland – wir hätten unsägliches

Heimweh nacheinander gehabt. Wissen Sie, wie wir uns in Russland gegenseitig das Leben gerettet haben?

Durch Beistand in Not.

Den hätte auch jemand anders leisten können. Nein, wir haben uns vor allem gegenseitig den Überlebenswillen am Leben erhalten. Er starb nicht, weil er mich nicht im Stich lassen wollte. Als er krank war, hatte ich keine Zeit, mich selbst aufzugeben. Und vice versa. Auch ich überlebte mehr für ihn als für mich selbst. Das Leiden des einen hielt beim andern Tag für Tag die Betriebstemperatur aufrecht.

Gut. Diese Beziehung erklärt, warum Sie ihm nach Holland folgten. Aber warum wollte er selbst wieder zum Militär?

Viele Kriegsveteranen tun sich schwer mit der relativen Banalität des bürgerlichen Alltags.

Aber Sie selbst wären in der Schweiz glücklich gewesen?

Auf jeden Fall, ich hätte mir meine Herausforderungen schon zugelegt. Allerdings hat mich die Kostgängerei für die Offiziere durchaus wieder gereizt. Es gibt keine dankbareren Gäste. Darum entstanden auch all die Legenden über mich als Soldatenmutter.

Was für Legenden?

All die späteren Erzählungen und Schriften, die meine Geschichte schilderten und mein Verhalten bei der Schlacht von Beresina heroisierten.

Dort waren Sie doch gar nicht… waren Sie dort dabei?

Eben nicht. Während der Schlacht an der Beresina lag ich in Königsberg und starb vor mich hin. Trotzdem gibt es die rührendsten Schilderungen. Den Vogel abgeschossen hat Leutnant Legler, der kolportiert haben soll, wie er selbst mir bei der Schlacht an der Beresina das berühmte Beresina-Lied sang.

»Unser Leben gleicht der Reise.«

Genau, und vor allem: »Mutig, mutig liebe Brüder«. Wie nennt Ihr den pathetischen Mist heutzutage? Bullshit?

Schön wär's.

Hören Sie sich mal an, was Legler dann weiter erzählt haben soll: »Was uns auf dem unbeschreiblich entsetzlichen Rückmarsch immer wieder Mut machte, das war, die Regimentskantine zu sehen, die uns stets nachfolgte. Wir brauchten nur rückwärtszuschauen und unseres Mütterchens Lächeln oder gar ihre helle, klare Stimme zu hören, so wurden wir heiterer und zuversichtlicher. Wie beneideten wir alle den jungen Musiker aus dem zweiten Schweizerregiment um diese selbstlose, tapfere Frau! Sie hatte solch hübsches rotblondes Haar, das in der Sonne wie Gold glänzte, lebhafte Augen, die uns frank ins Gesicht blickten, ernst prüfend, mit wem sie es zu tun hatte. Jeder hätte lieber sein Leben für sie hingegeben als ihr etwas geschehen lassen.«

Gütiger Himmel. Wie entsteht denn so etwas?

Im Wiedererzählen. Für deine Offiziere und Soldaten bist du Köchin, Gastgeberin und eine optische und akustische Wohltat. Du holst sie für ein paar Stunden in eine schönere und bessere Welt. Du lächelst sie an, sie fühlen sich auserwählt und vergessen es dir nie. Der richtige Mix von Attraktivität und Mütterlichkeit war schon damals ein Männertraum.

Keine Geschlechterklischees bitte.

Jahre später werden solche Wohlgefühle im Chaos der Erinnerungen halt mit jedem Weitererzählen mehr aufgeschäumt. Zudem stellen die Herren der Schöpfung beim Erzählen gern ihre eigene edelmännliche Ritterlichkeit zur Schau. Irgendwann im Alter, wenn die Zündschnur schon etwas feucht geworden ist, ordnen sie dann ihre Halbträume der falschen Schlacht oder den falschen Gesichtern zu. So entstehen Legenden von Soldatenmüttern und Truppenengeln. Es gibt übrigens noch eine Steigerung dieser Geschichte.

Ach.

Ja.

Ich lausche.

Legler soll erzählt haben, Napoleon sei bei einer der Pontonbrücken gestanden, in Grübeleien versunken, hätte mich rufen hören »Hü, hü, Minette, vorwärts« und hätte gefragt, wer ich sei. »Die Mutter der Schweiz«, hätten die Leute ihm geantwortet, woraufhin Napoleon gesagt haben soll: »Glückliche Schweizer. Sie sind treu und zuverlässig. Den Orden aber, den verdient sie.«

Das ist ja wohl frei erfunden.

Wie so manche Legende. Diese Legler-Zitate sind aus einem Büchlein einer Autorin namens Frieda Maria Huggenberg. Als Quelle gibt sie Leglers eigene Schrift »Denkwürdigkeiten« an, aber dort steht diese Geschichte nicht drin. Also hat Legler sie wohl auch nie erzählt. Zumal der ja gewusst haben muss, dass ich die Schlacht an der Beresina gar nicht miterlebte, wir Kranken hatten den Fluss ja schon Tage früher überquert.

Wieso erfindet die Schreiberin denn so eine Episode?

Wieso erfinden Sie ein Interview mit mir?

Das ist fies.

»Das wahrhaft Lebensechte« … wie ging es auch gleich weiter?

… hat keine Tatsächlichkeit nötig«, schon gut, ich habe es begriffen, aber ich schreibe wenigstens kein dermaßen verschwurbeltes Pathos, und ich lege offen, dass das alles erfunden ist.

Auch wieder wahr. Aber um Ihre Frage zu beantworten: Das Büchlein hieß »Die tapfere Schweizerin«. Man riecht auf jeder Zeile, dass die Autorin unbedingt demonstrieren wollte, welch wichtige Rolle Frauen spielen. Dafür habe ich ihr eben Modell gestanden. Und weil sie ihre Message auf eine Szene herunterbrechen wollte, die sich auch hübsch in den Köpfen verankert, hat sie mich eben mit der legendären Schlacht an der Beresina verknüpft und mir Napoleons Aufmerksamkeit geschenkt. Mit einer Typhuskranken in Königsberg verkauft man nun mal keine Tapferkeit. Von daher habe ich ja ein gewisses Verständnis. Allerdings hätte Huggenberger ihre tapfere Schweizerin, wenn schon, auch mit einer besseren Geschichte inszenieren können.

Ich lausche.

Napoleon steht bei einer Pontonbrücke, sieht mich und »hü hü Minette« und so weiter, dann ruft er mir zu, wer ich sei, und ich rufe zurück: »Ich bin die Mutter aller Schweizer, und du scheinst mir ein etwas zerlumpter Cousin des gernegroßen Massenmörders aus Frankreich zu sein.«

Oh, Mann. Wo lernt man, Geschichten zu erzählen wie Sie?

Als Kind in der Gaststube. Für Sie ist der Zug damit wohl abgefahren.

Danke fürs Erinnern.

Bei den Gästen bekommt man mit, was die Leute erzählen, Tag für Tag, Abend für Abend, und man erspürt die Färbungen und die Absichten dahinter. In vino veritas.

Muss ein guter Gastgeber Menschen lesen können?

Eine gute Gastgeberin muss Bedürfnisse lesen können. Und die darf sie dann nicht etwa benutzen wollen wie ein Gernegroß, sondern sie muss sie erfüllen wollen. Weil sie das Glück des Gegenübers spüren will. Mir war es mein Leben lang nur wohl, wenn es auch meinem Gegenüber wohl war. Das merkten die Gästinnen und Gäste und kamen wieder.

Oh je.

Was oh je?

Hängen Sie jetzt noch die Feministin raus?

Was soll denn das jetzt?

»Gästinnen und Gäste«.

Ach. Kennen Sie die Gebrüder Grimm?

Die Märchenerzähler.

Also bitte! Die zwei waren die größten deutschen Sprachwissenschaftler meiner Zeit. Und in ihrem großen Wörterbuch von 1854

führen sie die Geistin auf, die Engelin, und eben auch ganz selbstverständlich die Gästin und den Gast. »Gästin« war damals gang
und gäbe. Herrin beispielsweise ist es heute noch. Auch Lands-
männin, wobei man das kaum mehr hört.

Das wusste ich nicht.

Jetzt wissen Sie's.

Wollen wir zurück zum Thema Gaststube?

Gern.

*Ihre Kindheit in der Gaststube hörte auf, als Ihr Vater in Konkurs
ging und seine Kinder weggab. Waren Sie ihm böse?*

Nein. Auch wenn ich ihn natürlich vermisst habe. Aber damals war
der Alltag voller Unabänderlichkeiten. Die Menschen mussten das
Leben nehmen, wie es war. Die Kinder sahen das bei ihren Eltern
von klein auf. So lernten sie schon früh den Umgang mit Sach-
zwängen und Zumutungen. Das Leben mutete und traute einem
mehr zu als heute. Kinder gewöhnten sich früh daran, Motive und
Situationen als gegeben hinzunehmen und nicht zu hinterfragen,
einzustecken, zäh zu bleiben und stark zu werden.

Wenn sie denn nicht daran zerbrachen.

Das gab es oft, keine Frage. Menschen wurden Trinker, kriminell
oder krank. Aber ich war hell und lernte schnell. Mich machten die
Herausforderungen widerstandsfähig.

*Und frühreif. Heinrich haben Sie ja schon mit 16 geheiratet. Und
Marseille war Ihr Startschuss ins Leben als Unternehmerin.*

Oh, Marseille! Das war das pralle Leben! Eine wunderbare Stadt!
So viel Größe und Eleganz! Natürlich habe ich unglaublich viel
gearbeitet, die Kostgängerei war anspruchsvoll. Aber am Abend
ging ich manchmal in die Comédie, das Theater. Auch der Handel war in Marseille so lebhaft. Ich lernte Zitronen, Orangen oder
Melonen kennen, Fische und Meeresfrüchte auch, und die Weine
waren ausgezeichnet und günstig. In Marseille hätte ich bleiben
können.

Wie gefiel Ihnen Paris?
Mit 750 Kilometern in den Beinen und ohne Eiffelturm ist Paris nicht sonderlich prickelnd. Wir waren auch nur einige Tage dort. Paraden, Truppenrevue vor dem Gernegroßen, und dann ging es los nach Osten.

Eine letzte Frage, um das Thema Russland abzuschließen: Gibt es einen prägenden Moment?
Davon gab's etwa tausend.

Sie dürfen nur einen einzigen nennen.
Gut. Meine erste Schlacht bei Kljastizy unweit von Polozk an der Düna. Die Schreie der Verletzten gingen mir zeitlebens nach, und die ersten Leichenberge haben sich mir stärker eingebrannt als alle, die später noch kamen. Ich erinnere mich, wie ich mich unter einen Baum setzte, um auszuruhen und die Pferde zu weiden, und dann sah ich diesen jungen toten Soldaten am Boden. Neben ihm lagen Briefe von seinen Eltern und seiner Geliebten, geschrieben in den zärtlichsten Worten. Er solle baldmöglichst heimkehren und so weiter. Und ich habe geheult und gedacht: Wenn ihr euren Sohn hier liegen sehen würdet. Ich wollte ihnen die Briefe bringen, aber sie sind dann mit meinem Mantelsack zusammen verschollen.

Was mich irritiert, Katharina Morel: Sie müssten eigentlich schwer traumatisiert sein. Aber es wirkt, als ob Ihnen die Dinge leichtgefallen wären.
Das klingt jetzt vielleicht so. Wenn man tot ist, fällt natürlich Druck weg. Aber mein Leben war kein Honiglecken. Wenn mir eine Mahlzeit misslang und ich kritisiert wurde, dann hat mich das geplagt. Ich habe mich oft überarbeitet, hatte immer wieder Schmerzen und diverse Zusammenbrüche.

Zum Beispiel?
Als meine Männer starben, natürlich. Brutal war auch die Liquidation von Josefs Tuchgeschäft. Und nach dem Brand im Rigi Kalt-

bad hatte ich eine Erschöpfungsdepression und lag vier Wochen lang weinend im Bett und durchlitt Albträume. Stoff für Albträume hatte ich reichlich. Und ehrlich gesagt: Als wir aus Russland heimkamen und zu wirten begannen, hätte ich ganz gerne Kinder gehabt. Es hat nicht geklappt. Vielleicht körperliche Spätfolgen, was weiß ich. Umso mehr habe ich mich in die Arbeit gestürzt. Und sowohl mit Heinrich als auch mit Josef hatte ich ja je eine Pflegenichte.

Und wie haben Sie sich wieder hochgekämpft?

Mithilfe derer, denen ich selbst einst beim Hochkämpfen geholfen hatte. Und wenn es nur mit dem regelmäßigen Lachen einer Gastgeberin war. Wer gibt, dem wird gegeben. Diese Leute haben mich wieder geweckt, mich und meine Freude an Menschen und mein sonniges Gemüt. Weil sie das Lachen wiederhaben wollten, das auch ihnen wohltat. Vor allem haben sie auch meine Gabe, genießen zu können, wieder geweckt. Sagen Sie, fragen Sie mich eigentlich auch mal nach einem positiven Erlebnis?

Katharina Morel, ich hätte noch sehr gerne ein positives Erlebnis von Ihnen.

Davon gab's etwa hunderttausend.

Sie dürfen nur ein einziges nennen.

Als ich nach der Hochzeit mit Josef den Engel aufgab, hat mich die Theatergesellschaft Luzern als ihre Gastgeberin feierlich verabschiedet. Sie trugen alle schwarz, um ihre Trauer über meinen Abgang als Wirtin zu demonstrieren. Einer hielt eine herrliche Abdankungsrede und überreichte mir als Dank für die lange gute Bewirtung einen silbernen gravierten Suppenschöpfer. So ein traurig-lustiger Abend.

Sehr schön.

Ja, nicht wahr?

Das Theater war Ihre große Liebe?

Oh ja. Eine gute Gastgeberin liebt die Inszenierung. Als die Luzerner 1839 ihr Theater bauten, habe ich den großen Leuchter im Saal gestiftet und sogar Aktien gekauft.

Haben die Aktien etwas abgeworfen?

Wer Theateraktien kauft im Glauben, sie würden etwas abwerfen, hat nichts Besseres verdient, als Theateraktien zu besitzen. So etwas kauft man, um die Theaterleute ins Restaurant zu locken, aus Liebe zum Theater und vielleicht noch, weil man bevorzugt Plätze kriegt. Außer man kommt zu spät, so wie ich bei der großen Eröffnung. Alle Logen waren schon weg, außer der großen mit 16 Plätzen.

Pech.

Nein, Glück. Ich habe sie für mich gemietet. Und dann habe ich unsere besten Bekannten eingeladen und in der Mitte von allen Platz genommen. Wie in einem Theaterstück!

Was in Ihrem Leben haben Sie sonst noch genossen?

Das Glück meiner Gäste. Die Liebe meiner Untergebenen.

Liebe?

Ja, Liebe. Ich habe viel dafür getan, gute Mitarbeitende zu haben, und das haben sie gespürt. Und ebenso genoss ich das riesige Vertrauen der Segessers. Sie waren eine der wichtigsten Familien Luzerns, haben die Architektur mitgeprägt und den Tourismus der Stadt gewissermaßen erfunden. Meine Jahre in ihren Luxushotels haben mir viel gegeben. Wir waren auch sehr erfolgreich. Im Schweizerhof habe ich sogar noch begonnen, mit Stickereiwaren zu handeln.

Einmal Kauffrau, immer Kauffrau.

Als ich 1858 die St. Helena-Medaille bekam, schrieb das Tagblatt, ich sei in meinem vorgerückten Alter noch ein seltenes Beispiel von Energie und Rüstigkeit. Und meine »Pension Morel« nach meiner Zeit im Schweizerhof, ja, das war schön! Nur 16 Betten und eine kleine Küche, perfekt für persönliche Betreuung. Luzern war im Kommen, ich hatte viele Engländer, Amerikaner, Russen und

Preußen, Barone und Comtessen, Geistliche und Professoren und Generäle und Künstlerinnen, und sie kamen nicht wegen der Matratzen, sie kamen wegen mir.

Empfanden Sie nach Ihren Erlebnissen in Russland den Pomp auf Luxusniveau nicht als dekadent und die Reichen als absurd oder arrogant?

Die Leute bezahlen horrende Preise, da dürfen sie doch auch hohe Erwartungen haben. Den Armen in Russland wäre es nicht besser gegangen, wenn ich den Reichen in Luzern ein schlechtes Gewissen aufgedrückt hätte. Reichtum ist nicht per se moralisch verwerflich. Es hängt davon ab, was man damit macht.

Aber arrogante Gäste hatten Sie doch wohl?

Gernegroße gibt es in jeder Kaufkraftklasse. Herablassend waren vor allem die Emporkömmlinge, die noch nicht begriffen hatten, dass Reichtum auch Verantwortung und Dankbarkeit mit sich bringt. Aber ich habe mehrheitlich großzügige und weitsichtige reiche Menschen getroffen.

Das Plädoyer für die Reichen, gehalten von einer Frau, die Tag und Nacht gearbeitet hat.

Ach, ich hatte ein überaus reiches Leben. Und seit ich es mittels einer Lungenentzündung beendet habe, ist es noch reicher geworden.

Wollen Sie es mir nicht schildern?

Sie Schlaumeier. Ihre Vorstellungskraft und Wortgewalt würden doch gar nicht für mehr reichen als für die handelsüblichen Scheinbarkeiten.

Ich gebe mich geschlagen. Dann würde ich nun zum Schluss noch mal die Scheinbarkeit Ihres Esstisches aufgreifen: Ich möchte liebend gern wissen, für wen Sie im Jenseits denn scheinbar so kochen, wenn Sie Lust haben, Gastgeberin zu sein.

Oh, ich stelle stets neue Menus und neue Menschen zusammen, die sich gegenseitig inspirieren.

Konkret: Wer saß an Ihrem letzten Tisch?
Heinrich und Josef, meine Männer. Die sind fast immer dabei, sowie Jeannette und Katharina, unsere Pflegetöchter. Das letzte Mal saßen außerdem in der Runde: Major Reding, Sarah, Anna und Johannes und dessen Eltern, und außerdem Nappi.

Nappi?
Napoleon Bonaparte.

Wer's glaubt!
Er ist ein dankbarer Gast. Es ruft ihn auch niemand mehr Gernegroß.

Napoleon Bonaparte in dankbar, den nehme ich Ihnen nicht ab.
So ein Tod verändert einen ganz schön. Je größer die Klappe zu Lebzeiten, desto kleinlauter die Fortsetzung. Vor allem bei den Selbstgekrönten.

Mobbing?
Nein, Selbsterkenntnis. Kann fast so schlimm sein.

Sind Sie nicht mehr wütend über Nappi?
Nein. Nach zweihundert Jahren merkt man, dass nachtragend sein auf Dauer sehr ermüdet. Außerdem hat ja nicht nur er etwas begriffen, sondern auch ich. Ich weiß heute, was ihn zu dem Gernegroß gemacht hat, der er war. Er konnte sich Wiege und Wesen so wenig aussuchen wie ich. Und jetzt kommt er nach dem Essen jedes Mal in die Küche und sagt, er wolle beim Abwaschen helfen, dabei weiß er, dass wir selbstreinigendes Geschirr haben. Er will einfach ein wenig bei mir in der Küche stehen. Außerdem bringt er mir jedes Mal eine Flasche Napoléon-Cognac mit.

Sie sprachen noch von einem Major Reding. Einer aus dem Schweizerregiment?
Jein. Ich war erst 15, als wir uns kennenlernten. Zwischen meinen Stellen im Wilden Mann und der Ilge musste ich einmal nach Schwyz, um in einer Spezerei auszuhelfen. Meine Base ...

…die Frau Ihres Onkels…

…bringt mich also morgens um fünf an den Steg zum Postschiff, das mich über den Vierwaldstättersee transportieren soll. Ich weine beim Abschied. Auf dem Schiff setzt sich ein freundlicher Herr zu mir und fragt nach meinem Ziel. Schwyz, sage ich. Dort wohne ich, antwortet er. Nach einigen Stunden Fahrt spendiert er mir beim Zwischenhalt in Gersau einen Kaffee. Wir plaudern viel. Und als wir weiterfahren, fragt er mich, ob ich ihn heiraten wolle.

Mit 15?

Es war ihm ernst. Er würde zwei Jahre warten, bis ich alt genug sei.

Donnerwetter! Dem haben Sie gefallen.

Vor allem sah er wohl die erwachende Powerfrau in mir.

Was haben Sie geantwortet?

Dass ich keine Lust habe. Und Jahre später in Antwerpen steht er plötzlich vor mir, als Major. Unverheiratet, übrigens. Er hat sich während seiner Zeit beim Regiment äußerst liebenswürdig um mich gekümmert.

Und Heinrich?

Nicht so, wie Sie denken!

Verzeihung. An Ihrer scheinbaren Tischrunde war auch noch eine Sarah, sagten Sie?

Sarah Forbes Bonetta.

Der Name sagt mir nichts.

Ich habe sie auch erst hier im Jenseits kennengelernt. Ihr Leben war noch spannender als meins.

Ehrlich?

Natürlich. Mit ihr sollten Sie auch das Gespräch suchen.

Gut, ich denke darüber nach. Und der Letzte in der Runde hieß… wie auch gleich?

Johannes und seine Eltern, und außerdem Anna. Johannes ist der junge Tote, dessen Eltern und Verlobten Anna ich die Briefe heimbringen wollte. Immer am Jahrestag der Schlacht von Kljastizy koche ich für sie, und dann essen und trinken und lachen wir zusammen.

✳ ✳ ✳ ✳

Sarah Forbes Bonetta hat im Jenseits schon öfter die wunderbaren Gerichte von **Katharina Morel** kosten dürfen. Aber das wissen Sie wahrscheinlich schon. Wenn nicht, blättern Sie noch mal zurück.

Sarah Forbes Bonetta · 1843 – 1880

Queen Victorias »little negro princess«

Im Jahr 1848 überfallen Krieger aus dem westafrikanischen Volk der Dahomey das Egbado-Dorf Okeodan. Unter den Gefangenen findet sich ein fünfjähriges Mädchen. Es soll nicht auf dem Sklavenmarkt landen. Sondern auf einer rituellen Opferstätte. Stattdessen landet es im fernen England auf Schloss Windsor.

Adandozan, der neunte König von Dahomey, ist ein blutrünstiger Despot, aber ein miserabler Sklavenhändler. Mit Francisco Félix de Sousa, dem wohl wichtigsten Mittelsmann auf dem Menschenmarkt von Ouidah, müsste er eigentlich florierende Geschäfte treiben. Stattdessen nimmt er ihn gefangen, foltert ihn und versucht den Menschenhandel an sich zu reißen. Seinen Geschäftsbeziehungen ist dies so wenig förderlich wie seiner Handelsbilanz. Darum wird Adandozan 1818 von seinem Halbbruder Gezo vom Thron geputscht – freundlich unterstützt von Sklavenhändler de Sousa.

König Gezo sucht den Aufschwung, auch beim Sklavenhandel, einem traditionell wichtigen Standbein der Exportwirtschaft bei den Dahomey. Bei der Gewinnung von Sklaven setzt der neue Herrscher auf die herkömmliche Methode: Überfälle auf Nachbarvölker. 1848 attackieren Gezos Sklavenjäger deshalb das Dorf Okeodan, in dem Angehörige vom Stamm der Egbado leben, die zum Volk der Yoruba gehören. Gezos Krieger umzingeln das Dorf, feuern mit Langgewehren auf die überraschten Männer und zerren verängstigte Frauen und Kinder aus den Häusern. Widerspenstige und unverkäufliche Artgenossen töten sie, die Jüngeren und Stärkeren nehmen sie gefangen.

Mit dem brennenden Dorf im Rücken macht sich ein langer Zug von Gefangenen auf den Marsch in eine traurige Zukunft. Unter ihnen ist die kleine Aina. Sie ist ungefähr fünf Jahre alt. Die Kleine gehört zu jenem Beifang, den die Menschenräuber nicht nach Ouidah auf den Sklavenmarkt bringen, sondern in ihre Hauptstadt Abomey. Zum Kulturgut der Dahomey gehören Volksfeste mit Menschenopfern.

Zwei Jahre später

1850 besucht ein Weißer die Hauptstadt von König Gezo. Es ist Frederick Edwyn Forbes, Captain der HMS Bonetta. Forbes gehört zum West Africa Squadron, einer englischen Spezialeinheit, die den

Sklavenhandel untergraben soll, indem sie einerseits vor der Küste französische und spanische Sklavenschiffe abfängt und andererseits den lokalen Profiteuren mit diplomatischem Charme und wirtschaftlichem Druck den Gewinn madigmacht.

König Gezo ist eine dominierende Figur im Menschenhandel an der afrikanischen Atlantikküste. Die Lehmmauern seines Palastes Dange-lah-cordeh sind umgeben mit haufenweise verwitterten menschlichen Schädeln, und Gezo legt wenig Wert darauf, grundlos der Harmlosigkeit verdächtigt zu werden. Es gilt, eine Reputation und ein Selbstbild zu verteidigen, und eine Abkehr vom Sklavenhandel auf Wunsch der Engländer könnte als Autoritätsverlust missverstanden werden. Überdies scheint dem Herrscher fraglich, ob er mit Baumwolle oder Palmöl so viel Gewinn einstreichen würde wie mit Menschen. »Ich bin unter den Schwarzen der Erste, so wie deine Queen unter den Weißen die Erste ist«, erklärt Gezo seinem englischen Gast, »und ich tue, was ich will, genauso wie sie tun kann, was sie will.«

Commander Forbes lässt tagelange pompöse Zeremonien und Imponiergehabe über sich ergehen und führt pflichtbewusst darüber Buch. Bei der festlichen Prozession Ek-bah-tong-beh zählt er 6 000 bis 7 000 Sklaven, die der König mit Gütern auf dem Kopf vorbeiparadieren lässt, um seinen Reichtum zur Schau zu stellen. Forbes fallen die menschlichen Schädel auf, die als Trinktassen von den Gürteln edler Damen baumeln, und am Sonnenschirm einer Prinzessin zählt er 148 schmucke Kieferknochen.

Die Dahomey pflegen seit je ein unkompliziertes Verhältnis zum Tod, besonders wenn es nicht der eigene ist. Die Seelen würden in einem schöneren Jenseits weiterleben und von dort aus auf die übrigen Familienmitglieder aufpassen, glauben sie, und die reicheren Herren der Schöpfung nehmen gerne ihre Lieblingsfrauen und einige Sklaven mit in den Tod. Manche opfern sich freiwillig, Witwen bringen sich schon mal selbst um.

König Gezo hält eine Armee von mehreren Tausend Frauen unter Waffen. Viele von ihnen sind Gezos eigene Frauen, die Ahosi. Sie sind professionell trainiert und rigoros diszipliniert, lernen Überlebenstechniken und Respektlosigkeit gegenüber Schmerz und Tod, sie exekutieren Gefangene und nehmen an Kriegen und Menschenjagden teil. »Wie der Schmied eine Eisenstange nimmt und durch Feuer ihre Form verändert, so haben wir unsere Natur verändert«, singen sie in einem ihrer Schlachtgesänge, »wir sind nicht länger Frauen, wir sind Männer.«

Frederik E. Forbes wird die Ehre zuteil, den Vorbereitungen zum See-Que-Ah-Hee beizuwohnen. Der Herrscher lässt die dafür ausgewählten gefesselten Geiseln in Körben vorbeitragen und merkt an, morgen würden sie getötet.

> »Die Feier dauert meist etwa einen Monat, wobei alle paar Tage ein öffentliches Schauspiel aufgeführt wird. Das Ganze wäre sehr unterhaltend, wenn die Menschenopfer nicht wären, welche jährlich gebracht werden, um, wie die Dahomey es nennen, die Gräber der verstorbenen königlichen Familie zu tränken.«
>
> Aus »Geschichte von Dahomey« Archibald Dalzel, London, 1799

Wie üblich, wenn sich Repräsentanten begegnen, werden Geschenke ausgetauscht. Commander Forbes erhält von König Gezo unter anderem ein Fass Rum, eine traditionelle Kleidung und zehn Kaurischnecken, die lokale Währung. Darüber hinaus wird Forbes aufmerksam auf Aina, die kleine Gefangene. Er hält sie für eine Omoba, was so viel bedeutet wie »Tochter eines Monarchen«, denn wäre sie eine gewöhnliche Egbado, so Forbes' Überlegung, dann hätte Gezo sie gewiss nicht zwei Jahre lang einsperren und füttern lassen.

Forbes befürchtet nun, dass auch die Kleine dazu bestimmt ist, als Menschenopfer dargebracht zu werden. Ob König Gezo ihm das

Kind als Geschenk an die englische Queen anbietet, wie Forbes in seinem Reisebericht andeutet, oder ob er aus eigener Initiative um die Freiheit des Kindes bittet, wie Queen Victoria in ihrem Tagebuch schreibt, ist nicht abschließend geklärt. Sicher ist: Als Forbes mit seinen Männern das Königreich Dahomey verlässt, hat er die kleine Aina bei sich. Die Eltern des Mädchens wurden geköpft, aber was mit seinen Geschwistern geschah, weiß es nicht.

Befreit I
Mit der Siebenjährigen im Schlepptau reist Frederick E. Forbes durch die harsche Wildnis hinunter an den Atlantik. Anschließend segelt er auf seinem Kriegsschiff, der HMS Bonetta, entlang der Westküste bis Badagry im späteren Nigeria. Hier lässt Forbes das Mädchen bei der Kirchlichen Missionsgesellschaft von Reverend Owen Vidal taufen, und zwar auf den Namen Sarah Forbes Bonetta. Sarah kommt aus dem Hebräischen und bedeutet »Prinzessin«.

Auf der mehrwöchigen Überfahrt nach England auf der HMS Bonetta wird die Kleine sogleich zum Liebling der Mannschaft. Sally, wie sie bald von allen genannt wird, lernt bemerkenswert schnell Englisch.

Im Oktober 1850 legt die HMS Bonetta im Hafen von Chatham östlich von London an, die *Rochester Gazette* berichtet vom ungewöhnlichen Schicksal des Mädchens aus Afrika. Forbes nimmt Sally mit zu sich nach Hause nach Winkfield Place. Dem Sekretariat der Admiralität schreibt der Rückkehrer, er habe ein Geschenk an die englische Krone in Gestalt eines Mädchens aus Afrika mitgebracht, was man Ihrer Majestät der Königin doch bitteschön vortragen möge. »Es hört jetzt auf den Namen Sarah Forbes Bonetta und ist ein intelligentes, gutmütiges Kind, etwa sechs oder sieben Jahre alt.«

Sarah lebt sich bei den Forbes und ihren Kindern schnell ein. Sie alle sind überrascht, als die Nachricht eintrifft, Ihre Majestät habe vom Geschenk an die englische Krone vernommen und würde es gern sehen.

Am 9. November 1850 fährt Forbes mit Sarah in der Kutsche nach Windsor aufs Schloss. Queen Victoria, selbst bereits siebenfache Mutter, ist angetan von dem Kind. »Captain Forbes hat ihr das Leben gerettet, indem er um sie als Geschenk gebeten hat«, schreibt die Queen am Abend in ihr Tagebuch. »Sie ist sieben Jahre alt, scharfsinnig und intelligent und spricht Englisch. Sie war gekleidet wie jedes andere Mädchen. Als ihre Haube abgenommen wurde, kamen ihr kleiner schwarzer Wollkopf und große Ohrringe hervor.«

Auch Victorias Mann, Prinz Albert von Sachsen-Coburg und Gotha, geboren in Oberfranken, hat Freude an Sarah, desgleichen die drei ältesten Königskinder Vicky, Bertie und die gleichaltrige Alice.

Queen Victoria ist begeistert von einer ganz neuen Technik, Menschen abzubilden, der sogenannten Fotografie. Sie lässt Sarah zu Fotograf John E. Mayall bringen. Als Sarah das Studio betritt, erblickt sie an der Wand das Porträt eines Mannes mit einem Schwert in der Hand. »Kopf abschneiden!«, schreit das Mädchen entsetzt und fährt sich mit der Hand über ihren kleinen Hals, »Kopf abschneiden!« Mayall versichert ihr, der Mann in dem Rahmen sei nicht echt, und freut sich ob der überzeugenden Wirkung seiner Fotografien.

Zurück in Afrika

Queen Victoria gibt Order, Sarah möge weiterhin in der Obhut der Familie Forbes bleiben, sichert aber zu, künftig alle Kosten für Lebensunterhalt und Schule zu übernehmen. Zur verantwortlichen Bezugsperson bestimmt sie Margareth Ann Phipps, die Frau ihres Schatzmeisters.

Sarah entwickelt sich ausgezeichnet. Die zwei Jahre der Gefangenschaft bei den Dahomey haben den Geist des Mädchens ausgehungert, nun saugt er Eindrücke auf wie die trockene Erde den

Frühlingsregen und verknüpft sie zu Erkenntnissen. »Sie ist ein vollkommenes Genie«, notiert Captain Forbes, »sie spricht jetzt gut Englisch, hat großes musikalisches Talent und ist jedem weißen Kind ihres Alters weit voraus.«

Auch Queen Victoria ist bei jedem Besuch entzückt von ihrer »little negro princess«. Was ihr aber gar nicht gefällt, sind Sallys Husten und ihre andauernden schweren Erkältungen.

Ende Januar 1851 erhält Reverend Henry Venn von der Kirchlichen Missionsgesellschaft in Freetown, der Hauptstadt von Britisch-Westafrika, einen Brief aus London. Der königliche Schatzmeister stellt ihm die Ankunft eines afrikanischen Mädchens in Aussicht, welches unter dem persönlichen Schutz der Queen stehe und für dessen Erziehung er bitte besorgt sein solle. Venn ist verwundert – eine dunkelhäutige Protégée von Queen Victoria, wo hat man denn so was schon gehört?

Am 17. Mai 1851 bringt die frisch verwitwete Mary Forbes – Frederick ist zwei Monate zuvor auf einer erneuten Mission gegen den Sklavenhandel in Afrika an einer Krankheit verstorben – ihre kleine Sarah schweren Herzens zum Hafen von Gravesend. Die Achtjährige geht mit verweinten Augen an Bord der Bathurst und trifft nach dreiunddreißig Tagen auf hoher und teils sehr rauer See am 19. Juni in Freetown ein. Schulleiterin Miss Sass heißt Sarah persönlich willkommen. Dass sie für den Transport des Gepäcks vom Hafen zur Schule einen Wagen benötigt, ist auch für sie eine neue Erfahrung. Die wenigsten Kinder haben bei ihrer Ankunft persönliche Geschenke der mächtigsten Frau der Welt dabei.

Sarah schläft nicht im Schlafsaal und trägt nicht die gängigen gewöhnlichen Schulkleider. Sie wohnt in einem eigenen Zimmer mit einem Foto ihrer Beschützerin an der Wand und sie trägt elegante Sachen aus London. Sie spielt gut Klavier und hat gute Manieren, erzählt Geschichten aus dem Schloss und gibt am Geburtstag der Queen für ihre Freundinnen eine kleine Kinderparty. Sie erhält

Briefe und Pakete aus London, von Mary Forbes oder von Queen Victoria, Spielzeug oder Kinderbücher mit Geschichten aus einer weit entfernten Welt voller weißer Kinder mit blonden oder roten Haaren und blauen oder grünen Augen.

Bei der Betreuung ihrer Starschülerin lässt Miss Sass nichts anbrennen. Schließlich muss sie ihren Erziehungserfolg Reverend Venn rapportieren. Und der ihn Mrs Phipps. Und Mrs Phipps ihn der Königin von England. Eines Tages, so hofft Miss Sass, würde Sarah selbst als Lehrerin zwischen den Kulturen und Hautfarben Brücken bauen.

Vier Jahre lang gibt die Mädchenschule der Kirchlichen Missionsgesellschaft ihr Bestes. Dann trifft ein Brief aus London ein; Ihre Majestät wünsche die Rückkehr von Sarah, man möge die Abreise vorbereiten. Ein Grund wird nicht genannt, doch Mrs Sass kann davon ausgehen, dass Sarah in einem Brief an ihre Beschützerin angedeutet hat, dass sie nicht mehr glücklich ist.

Am 23. Juni 1855 macht sich das zwölfjährige Mädchen auf zu seiner dritten langen Schiffsreise zwischen zwei Kontinenten und Kulturen. Betend, dass sie nicht seekrank würde.

Gefangen in England

Sarah Forbes Bonetta landet im England von Charles Dickens und Charles Darwin. Die Zeiten sind rau, der Krimkrieg gegen Russland beschäftigt das Land, doch Sarah wird vor den meisten Schwierigkeiten verschont, mit denen sich das einfache Volk herumschlagen muss. Auf Vorschlag von Queen Victoria zieht sie zur achtköpfigen Familie Schoen, die eine gute Eisenbahnstunde außerhalb Londons in Gillingham auf einer aufgegebenen Farm wohnt.

Sarah nennt ihre Pflegemutter Elizabeth Schoen schon bald Mama, bei ihrem Pflegevater Reverend James Frederick Schoen, einem früheren Afrikamissionar, der jetzt lehrt und publiziert, lernt sie unter anderem ein wenig Deutsch.

Queen Victoria lädt ihre »Sally« regelmäßig zu sich ins Schloss ein und freut sich stets über das aufgeweckte Mädchen. Von Sarahs selbst genähten Hausschuhen für Prinz Albert ist sie so entzückt, dass sie auch für sich ein Paar erbittet. Auch Sarahs Freundschaft zur drei Jahre älteren Vicky und der gleichaltrigen Alice blüht wieder auf. Die Mädchen spielen oft zusammen. Im Jahr zuvor hat der fesche Prinz Friedrich von Preußen sein Interesse an der gerademal 14 Jahre alten Vicky bekundet, die drei jungen Damen haben also reichlich Stoff zum Tuscheln. Mit 16 verlobt sich Vicky mit Friedrich, und ein Jahr später empfängt Sarah von Queen Victoria nicht nur die Einladung zu Vickys Hochzeit, sondern auch gleich das standesgemäße Kleid für ein Fest dieser Preisklasse. Die meisten der 800 großenteils adeligen Hochzeitsgäste aus ganz Europa wirken neben Sarah etwas käsig, und die ungewöhnliche junge Egbado tritt verstärkt ins Bewusstsein der Bevölkerung von London.

Hellwach und clever
»Sarah war hellwach und clever, extrem lebhaft, warmherzig, liebenswürdig und ausgesprochen musikalisch. Sie war 1858 meine Brautjungfer.«
Zuschrift von Annie C. Higgens-Schoen an den *The Church Missionary Gleaner* 1881

Auch um Prinzessin Alice scharwenzeln schon bald erste europäische Prinzen herum. Nur bei Sarah bleibt die Flut von Verehrern überschaubar. Doch 1859 ist James Pinson Labulo Davies zu Besuch bei den Schoens. Der 31-jährige westafrikanische Geschäftsmann hat im Februar seine Frau verloren. Er hat sich zurückerinnert an einen Besuch in der Mädchenschule in Freetown fünf Jahre zuvor, oder besser: an den nachhaltigen Eindruck, den Reverend Venns Vorzeigeschülerin Sarah Forbes Bonetta damals bei ihm hinterlassen hatte. Davies fragt Sarah, ob sie es in Betracht ziehen würde, ihn zu heiraten. Sarah schluckt leer. Der Mann ist 31, sie ist 17. An seinen Besuch kann sie sich nur vage erinnern.

Die Queen, die nach wie vor Sarahs Rechnungen bezahlt, lässt in Freetown Erkundigungen über den Bewerber einholen. Reverend Venn ist des Lobes voll über Davies: Er ist ein Yoruba, die Briten hatten seine Eltern aus dem atlantischen Sklavenhandel befreit. Reverend Venn selbst hatte Davies als Jungen in Freetown noch unterrichtet, hatte seine Talente früh erkannt und ihn gefördert. Davies war Lehrer geworden, hatte als Leutnant für die Royal Navy auf See gekämpft, anschließend das Ruder eines Handelsschiffes übernommen und war zu einem erfolgreichen und gut vernetzten Geschäftsmann mit Hauptdomizil in Lagos aufgestiegen.

Victoria zeigt sich erfreut ob des Berichts und fragt Sarah bei ihrem nächsten Besuch auf Schloss Windsor, ob sie gedenke, Davies zu heiraten. Sarah antwortet, nein, das werde sie nicht.

Die Queen ist nicht begeistert. Ihrer Meinung nach kann eine Frau nicht einfach nur ihrem Herzen folgen.

Es dauert nicht lange, bis ein Brief aus dem Palast bei Mama Schoen eintrifft. Sarah werde umziehen, steht darin. Und zwar nach Brighton, fünfzig Meilen südlich von London. Miss Sophie Welsh, 62, und Witwe Barbara Simon, 73, würden sich über eine Gesellschafterin freuen.

Der Umzug riecht nach Strafversetzung. Sophie Welsh ist eine Verwandte von Mrs Phipps. In der Tat genießt Sarah bei Familie Schoen ein Leben, das ihr wenig Anlass gibt, es zugunsten einer Heirat aufzugeben: Die Familie ist lieb, die Erziehung erstklassig, London und das Schloss sind nah und die Spesen sind gedeckt.

Sarah schmeckt der Umzug nicht. »Ich fühle nicht einen einzigen Partikel Liebe für ihn«, schreibt sie im März 1861 verzweifelt an Mama Schoen. »Bitte sag mir, was ich tun soll, und sag nicht einfach: ›Entscheide nach deinem Gefühl‹. Ich habe um Führung gebeten, aber ich bekomme keine. Ich weiß, viele meiner Freundinnen würden sagen: Akzeptier ihn, dann hättest du ein Heim und einen Beschützer und müsstest nicht weiterhin bei Miss Welsh leben. Andere würden sagen: Er ist ein guter Mann, und du wirst ihn lieben lernen. Ich weiß, dass die meisten sagen würden: Er ist reich, und ihn zu heiraten würde dich unabhängig machen, aber dann sage ich: Soll ich meinen Seelenfrieden eintauschen gegen Geld? Nein, niemals!«

Am 14. August 1862 geben sich Sarah Forbes Bonetta, 19, und James Pinson Labulo Davies, der am selben Tag 34 wird, in der St. Nicholas Church in Brighton vor Reverend Henry Venn das Jawort. Gerade mal eineinhalb Jahre hat Sarah es bei Miss Welsh und Witwe Simon ausgehalten. Sechs Wochen zuvor hat auch Prinzessin Alice geheiratet, nämlich den künftigen Großherzog Ludwig IV. von Hessen.

Der Rest des Lebens

Sarah und James Davies ziehen nach Freetown. James treibt an der afrikanischen Westküste Handel, Sarah unterrichtet an der Schule, an der sie selbst unterrichtet worden war. Wie von Miss Sass erhofft, ist aus der Vorzeigeschülerin eine Vorzeigelehrerin geworden. Das Egbado-Mädchen, das ein Massaker und eine zweijährige Gefangenschaft überlebt hat, bringt bereits mit 20 Jahren die mit Abstand beste Ausbildung und Erfahrung in der englischen Oberschicht mit. Überdies ist sie verheiratetet mit einem respektierten und ehrenwerten Geschäftsmann, und, bemerkenswert: Aus Sarahs Gleichgültigkeit gegenüber James entwickelt sich Zuneigung. Die Ehe entwickelt sich positiv.

Alice in Windsor und Sarah in Freetown bringen beide im Jahr nach ihrer Heirat eine Tochter zur Welt. Beide taufen sie auf den Namen Victoria. Die Queen und Namensgeberin wird für Alice' Tochter zur Großmutter, für Sarahs Tochter wird sie Patin. Unter den Geschenken, die sie zur Taufe nach Freetown schicken lässt, ist ein goldener Becher mit einer Gravur: »To Victoria Davies, from her godmother, Victoria, Queen of Great Britain and Ireland, 1863«. Sarah und James Davies ziehen nach Victorias Geburt nach Lagos. 1871 kommt Arthur auf die Welt, zwei Jahre darauf Stella. Auch als Mutter unterrichtet Sarah in Lagos an der Mädchenschule der Kirchlichen Missionsgesellschaft. Doch ihre gesundheitlichen Probleme, die sie schon lange begleiten, werden stärker. Der Husten verschwindet nicht mehr und wird aggressiver.

1880 reist Sarah auf Anraten ihres Arztes auf die Insel Madeira, die für ihr mildes Klima bekannt ist. Sie ist entschlossen, innerhalb von sechs Monaten gesund zu werden, und schickt am 7. April ihrer Mama Schoen in England einen langen Brief. Sie hat noch einiges vor.

Am 24. August 1880 schreibt auf Schloss Windsor Queen Victoria in ihr Tagebuch: »Nach dem Mittagessen sah ich die arme Victoria Davies, mein schwarzes Patenkind, jetzt 17 Jahre alt, die heute Morgen vom Tod ihrer lieben Mutter auf Madeira erfahren hat. Das arme Kind war furchtbar aufgewühlt und verzweifelt. Ihr Vater ist geschäftlich gescheitert, was die Krankheit der armen Mutter noch verschlimmert hat. Ein junger Bruder und eine kleine Schwester, erst fünf Jahre alt, waren bei ihrer Mutter.«

Sarah Forbes Bonetta, am 15. August 1880 im Alter von 37 Jahren der Tuberkulose erlegen, wird auf dem britischen Friedhof von Funchal in Madeira zur Ruhe gebettet. Ihr Grab trägt die Nummer 206.

James heiratet neun Jahre später ein drittes Mal. Er wird 78 Jahre alt. Bei seinem Tod 1906 gilt er als Pionier des Kakaoanbaus in Westafrika.

Die drei Kinder von Sarah und James werden in Europa ausgebildet. Die älteste Tochter Victoria erhält von ihrer königlichen Namensgeberin und Patin eine Leibrente.

Reverend Henry Venn wird 76 Jahre alt. Ihm widmet die Kirche für seine Lebensleistung im Kampf gegen Sklavenhandel und für

Erziehung ein Marmorrelief in der Krypta der St. Pauls Cathedral in London.

König Gezo gibt dem Druck der Briten nach und verkauft statt Sklaven Palmöl und Baumwolle, die er selbst von Sklaven anbauen lässt. Ab 1895 gehört sein Reich zu Französisch-Westafrika, seit 1990 heißt es Benin. Die Königspaläste von Abomey gehören zum Weltkulturerbe der UNESCO.

Sarahs älteste königliche Freundin Vicky wird an der Seite von Friedrich von Preußen deutsche Kaiserin und 99 Tage später Witwe. Ihre Schwester Alice hat sieben Kinder, darunter Alix, die letzte russische Zarin, und Ella, die spätere Großfürstin Елизавета Фёдоровна.

Am 25. Februar 1885 wird Alice zum ersten Mal Großmutter, als ihre älteste Tochter Victoria im Gobelin-Zimmer auf Schloss Windsor um 16.40 Uhr die kleine Alice von Battenberg auf die Welt bringt. Urgroßmutter Queen Victoria, die das Baby noch in ihren Armen wiegt, stirbt sechzehn Jahre später. Eine der letzten Besucherinnen ist ihr afrikanisches Patenmädchen Victoria. Beim Fest zur Krönung von Bertie zum nächsten englischen König lernt Alice von Battenberg Prinz Andreas von Griechenland kennen.

»Ich dachte, die Engländer sind weiß, weil der Nebel die Haut bleicht.«

Einen lieben Gruß von Katharina Morel.

Oh, danke! Sie hat mir bereits gesagt, du würdest wohl auf mich zukommen für ein Gespräch.

Sie hat dich mir wärmstens empfohlen.

Ja, Katharina ist ein Goldschatz.

Vorab: Soll ich dich Aina oder Sarah nennen?

Gerne Sarah. Aina ist tot.

Sarah auch.

Das stimmt. Aber Sarah starb erst 1880 auf Madeira, Aina jedoch schon 1850 in Nigeria, als Reverend Vidal mich auf den Namen Sarah Forbes Bonetta taufte.

War das ein Startschuss in ein neues Leben?

Ja, sozusagen. Die viktorianischen Kinderkleider, in die sie mich steckten, machten mir das endgültig klar.

Erinnerst du dich an deine erste Begegnung mit Captain Forbes?

Sicher. Ich dachte, er sei krank. Ich hatte doch nicht gewusst, dass es so bleiche Menschen mit so langen Nasen gibt.

Und was geschah dann?

Ich starrte ihn an. Und er starrte mich an. Und dann begann meine Reise in ein neues Leben.

Hattest du Angst?

Ein Kind mit meiner Vorgeschichte hat immer Angst, wenn etwas

Neues beginnt. Aber ich habe bald gemerkt, dass er es gut mit mir meint. Anfangs fürchtete ich noch, er würde mich mit der bleichen Haut anstecken.

Danach bist du als siebenjährige traumatisierte Waise mit fremden Männern 75 Meilen durch den Dschungel marschiert und hast dann eine mehrwöchige gefährliche Überfahrt nach Europa in Angriff genommen.

Wenn du ein Kind bist, zählt nur, dass du nicht allein bist. Und ich habe gemerkt, dass Commander Forbes sich für mein Wohlbefinden verantwortlich fühlte. Nicht nur er, übrigens. Bei ruhiger See war es mit den Männern auf dem Schiff lustig. Die hatten wahrscheinlich noch nie ein Kind als Passagier gehabt, und ein paar wetteiferten darum, wer mich am lautesten zum Lachen bringen konnte.

Wie war deine Ankunft in London?

Unglaublich! Die riesigen Schiffe auf der Themse, die Häuser, die Straßen und Pferde und Kutschen und die vielen bleichen Gesichter. Ich dachte, die Engländer sind weiß, weil der Nebel die Haut wäscht. Und dass ich nach einiger Zeit auch weiß sein würde.

Du kamst im Herbst an.

Ja, es war kalt und nieselig, die Nächte waren lang, und ich war dauernd krank. Der Arzt von Queen Victoria, Dr. Brown, konnte nicht viel machen. Wenigstens waren die ersten Schneeflocken ein unvergessliches Erlebnis. Ich glaubte, es regnet Milch.

Wie waren die Besuche bei Queen Victoria?

Das waren die Höhepunkte. Ich war ja noch ein Kind, aber die Aufregung der andern steckte mich an. Früh aufstehen, waschen, Morgengebet, dann ein serviertes Frühstück mit den Forbes-Kindern. Die Kleider hat Mrs Forbes schon am Vortag ausgewählt und bereitgelegt. Ich habe sie schon nach kurzer Zeit Mama genannt.

Und dann seid ihr mit der Kutsche nach Windsor gefahren?

Genau, und unterwegs gab es noch die letzten Verhaltensanweisungen. Nur etwas sagen, wenn man angesprochen wird, nicht widersprechen, freundlich sein und so weiter. Mama betete, dass ich sie nicht blamierte. Im Schloss übergab sie mich dann an Mrs Phipps, die mich noch einmal kontrollierte, ob ich auch bereit war, vor die Queen zu treten.

Wie war die Queen?

Sie war freundlich und sehr interessiert. Aber ein Herzensmensch war sie nicht unbedingt. Ich mochte Prinz Albert, der manchmal auch dabei war. Und Vicky, Alice und Bertie, die von mir natürlich fasziniert waren. Alice und ich waren gleich groß, gleich fröhlich und vorwitzig. Wir fuhren in der Ponykutsche für Kinder durch den Schlosshof.

Und wie war die Rückkehr nach Afrika?

Die war echt schlimm. Ich verlor wieder meine Familie. Mit acht Jahren. Freetown war ein harter Start, trotz meiner Privilegien. Gesundheitlich ging es mir aber besser und ich wurde exzellent gefördert und betreut. Reverend Venn und Miss Sass wollten mich zur idealen schwarzen viktorianischen Frau modellieren. Und zu einem Beweis für den moralischen Wandel, den die Briten in Westafrika erreichen wollten. Ich war intelligent und musikalisch und hatte die Aufmerksamkeit der Queen, das war auch für meine Erzieher eine Chance, gut auszusehen.

War deine Rückkehr nach England vier Jahre später eine Heimkehr?

Oh ja! Ich war nun etwa zwölf und konnte mich bei der Ankunft kaum satthören, sattriechen und sattsehen, und die Zylinder der Männer kamen mir noch höher vor als früher. Ich erinnerte mich auch wieder, wie ich bei meiner ersten Ankunft als etwa Siebenjährige geglaubt hatte, alle englischen Frauen hätten dicke Hintern.

Die Röcke.

Natürlich. Beim zweiten Mal wusste ich das. Aber lachen musste ich doch wieder. Die Männer hatten teils wirklich affige Bärte und die Frauen überzeichneten ihre Konturen bis zur Karikatur.

Findest du es nicht skurril, dass den Menschen immer erst Jahrzehnte später auffällt, wie absurd ihre Gewohnheiten während einer bestimmten Epoche waren?

Doch, schon.

Queen Victoria ärgerte sich zeitlebens über ihre Körperfülle, aber schnürte sich gleichzeitig wie so viele Damen die Taille zu, damit sich unterhalb ein ordentliches Becken breitmachte, wo dann mit monströsen Reifröcken noch ein doppelter Hintern draufgeklatscht wurde, nein wirklich, die viktorianische Mode war lächerlich.

War die Mode bei den Egbado oder Dahomey weniger lächerlich?

Zumindest weniger bombastisch. Ihnen konnte man noch eine Art Barbaren-Bonus zugestehen.

Das klingt aber ziemlich rassistisch.

Findest du?

Ja, finde ich.

Die Dahomey wollten mich hinrichten, die Briten haben mich gerettet. Da erkenne ich durchaus einen gewissen zivilisatorischen Unterschied.

Ich würde mich trotzdem hüten, so über eine afrikanische Ethnie zu reden.

Überlässt du es deshalb mir, deiner fiktiven Interviewpartnerin, damit du dich nicht dem Verdacht aussetzt, rassistisch zu sein?

Das war jetzt unfair. Habe ich nicht soeben mein Feingefühl bewiesen?

Findest du?

Ja, finde ich.

Obwohl du dich doch nun wirklich weit zum Fenster hinauslehnst?

Was willst du denn jetzt damit andeuten, bitte schön?

Ein weißer Mann erfindet ein Gespräch mit einer schwarzen Frau und legt ihr demnach seine weißen Worte in ihren schwarzen Mund. Wenn das keine kulturelle Aneignung ist, was dann?

Ach, du liebes bisschen.

Sag jetzt nicht, du hättest den Vorwurf nicht kommen sehen, das nehme ich dir nicht ab.

Okay. Hör mal. Ich bin Satiriker, und du bist tot. Satiriker nimmt niemand beim Wort, und Tote geben keine Interviews. Das ist meinen Leserinnen und Lesern ja auch klar. Sie können Fakten und Fiktion unterscheiden und lieben die Literatur als Ort lustvoller Schöpfung. Sie verwechseln auch nicht kulturelle Inspiration mit »Aneignung« und verbieten den Deutschen nicht die Pizza, weil die ursprünglich aus Italien kommt. »Aneignung«, so ein Schmarren!

Oh. Möchtest du darüber reden oder bist du in therapeutischer Begleitung?

Ist doch wahr. Menschen kommunizieren, inspirieren, beschenken sich mit Ideen und reifen aneinander. Das nennt man kultivieren. Was die Moralapostel »Aneignungen« nennen, sind oftmals eigentlich Verneigungen. Ich verneige mich auch vor deiner Geschichte, indem ich sie erzähle!

Lücken- und fehlerhaft und geprägt von dir selbst.

Das liegt ja wohl in der Natur der Sache! Jede Wiedergabe ist Reduktion, Selektion und Färbung, und ja, es stimmt, ich bin weder schwarz noch menstruiere ich noch habe ich je zu Queen Victorias Füßen gespielt.

Eben. Du kannst die Sicht des weißen männlichen Europäers so wenig abstreifen, wie mein englisches Umfeld damals seine koloniale Sicht auf die »rohen Völker« Afrikas abstreifen konnte.

Wenn du meinem Publikum nicht zutraust, das selbst zu merken, bitte sehr, dann beenden wir das Gespräch an dieser Stelle. Schade. A dieu.

Zartbesaitet steht dir gut.

Konsequent steht mir auch gut.

Du hast nur nicht den Nerv, deine Freude an meiner Geschichte abzuklemmen. Und Verstummen ist gesellschaftlich selten die Lösung. So mach halt weiter. In diesem Frage- und Antwortspiel hier klinge ich zwar zwangsläufig zu sehr wie du, aber wozu hat der Mensch zwei Augen bekommen, wenn nicht, damit er stets eins zudrücken kann. Und im Übrigen hast du dich auf ausgesprochen liebenswürdige Weise provozieren lassen.

Ach!

Ich mag ja sonnige Seelen, die es kaum ertragen, wenn sie spüren, dass sie missverstanden werden könnten. Als Satiriker taugst du bestimmt erstaunlich wenig.

Das ist doch mal ein Lob.

Ich habe eben weniger Beißhemmung als du.

Du nennst einen Barbaren-Bonus einen Barbaren-Bonus.

Genau.

Wenn du das sagst, ist es ja auch nicht dasselbe, wie wenn ich das sage. Ich muss mehr darauf achten, nicht rassistisch zu klingen.

Die Altlast der Gewissensbisse.

Natürlich. Millionen Schwarze wurden in der Sklaverei entrechtet und geknechtet und entwürdigt. Du stehst da eben quer in der Landschaft, dich haben die Weißen gerettet, eingekleidet und geadelt.

Richtig. Unzählige Missionarinnen und Entwicklungshelfer haben der Dritten Welt auch Segen gebracht, und wenn ich wählen muss zwischen Victoria und Gezo, dann ziehe ich Victoria vor. Und übrigens: Wir Egbado unsererseits haben für die Sklavenhändler aus dem Volk der Oyo die Siedlungen entlang wichtiger Sklavenhandelsrouten vom Landesinnern hinunter zum Sklavenhandelsplatz Porto-Novo geschützt und verwaltet.

Wetten, da wurden nur Schwarze deportiert?

Natürlich, das war ja in Afrika. Aber Leibeigentum und Sklavenhaltung gab es immer und überall, schon in der Antike. Der westliche Sklavenhandel dauerte übrigens dreihundert Jahre, der orientalische tausenddreihundert. Vom siebenten Jahrhundert an brachten Karawanen schwarze Sklaven vom Maghreb in den Osten.

Das wusste ich nicht.

Die Sklavenmärkte in Algier, Tunis oder Tripolis waren riesig, und da wurden auch christliche Sklaven vom nördlichen Mittelmeerufer angeboten. Irgendwann wird man den arabisch-muslimischen Sklavenhandel in seinen Dimensionen auch noch mal aufarbeiten. Glaubst du übrigens ernsthaft, wenn wir Egbado oder Dahomey den Fortschritt lanciert und das Schwarzpulver erfunden hätten, wären wir netter gewesen als ihr?

Keine Ahnung.

Wir wären auf großen Schiffen nordwärts gesegelt und hätten euch primitiven Europäern an der Côte d'Azur und an der Adria Schnaps und Waffen gebracht und euch eure Feinde abgekauft, den Deutschen die gefangenen Franzosen und den Franzosen die gefangenen Deutschen, wer halt grad im Sonderangebot gewesen wäre. Bist du Deutscher?

Schweizer.

Oh, ein Eidgenosse. Euch langsame Alpöhis hätten die Habsburger eingefangen, und die Italiener hätten für sie die Sklavenhandelsroute via Chiasso und Mailand nach Genua kontrolliert, wo wir euch nach Afrika in die Baumwoll- und Maniokplantagen verschifft hätten. Mit eurem Blut hätten wir die Gräber unserer Ahnen bespritzt und mit euren verwitterten helvetischen Schädeln unsere Lehmpaläste geschmückt. Ihr Europäer wärt für uns allesamt primitive Untermenschen gewesen, die sich gegenseitig bekämpft und ihre eigenen Frauen öffentlich verbrannt hätten.

Donnerwetter.

Gestaunt hätten wir höchstens über euren technischen Ehrgeiz beim Bau der Öfen für größere Menschenmassen.

Autsch!

Ja. Autsch. Lupus est homo homini.

»Der Mensch ist dem Menschen ein Wolf.« Irgendein Römer.

Plautus. Kennst du die zweite Hälfte?

Ich bin nicht wie du in der englischen Oberschicht erzogen worden.

Non homo, quom qualis sit non novit. Vollständig: Der Mensch ist dem Menschen ein Wolf, solange er nicht weiß, von welcher Art der andere ist.

Sprich: Solange man sich nicht kennt. Siehst du, darum erzähle ich Geschichten.

Jaja, ist gut jetzt. Von mir aus hätte Plautus auch noch anfügen können: Der Mensch ist des Menschen Wolf, unabhängig von der Fellfarbe.

Von wegen Fellfarbe, Sarah: Als du 1850 in London ankamst, warst du ja wohl nicht die einzige Schwarze.

Nein, natürlich nicht. Das Empire hatte eine große schwarze Community, darunter viele einstige Sklaven und ihre Nachkommen. Aber die gehörten selten zur Oberschicht. Begafft wurde ich darum nicht, weil ich schwarz war, sondern weil ich trotzdem noble Kleider trug, bedient wurde und Manieren hatte. Damit war ich auch manchen Schwarzen suspekt.

Hattest du Kontakte?

Ja. Reverend Schoen hatte öfter junge Afrikaner als Schüler in seinem Haushalt. Die halfen ihm bei Übersetzungen, und er bildete sie zu Missionaren aus und machte weiße Schwarze aus ihnen.

Im kolonialistischen Verständnis: Er zivilisierte sie.

Genau. Und die waren dankbar für alle Chancen, so wie ich ja auch. Die Engländer hielten mich übrigens für eine besonders wichtige afrikanische Prinzessin, denn weshalb sonst sollte der Queen so viel an mir liegen? Meine Klasse machte also meine Rasse wett, oder eher: Der Rassismus der Weißen hätte mich zur Verliererin gemacht, wäre ich nicht dank ihrem Klassismus aufseiten der Gewinner gewesen.

Moderner formuliert: Dein Status war wichtiger als deine Ethnie.
Zumindest für meine Lebensqualität. Für die Öffentlichkeit war meine Hautfarbe sehr wohl ein Politikum. Die Presse hat die Fortschritte des Schützlings ihrer Königin mitverfolgt.

Wieso?
Die Rassisten waren überzeugt, Schwarze seien dümmer als Weiße. Die Phrenologie war damals ein wissenschaftliches Thema. Die Leute sahen sich Schädelformen an und schlossen dann auf die Intelligenz. Bei meiner Hochzeit beschrieben Zeitungen meine Schädelform als »fast kaukasisch in ihrer Regelmäßigkeit«, und sie stellten fest, meine Gesichtszüge seien nicht so schroff und die charakteristische Wildheit fehle. Offenbar sah die Presse also eine Notwendigkeit, die thumben Rassisten darauf hinzuweisen, mein Schädel spreche nicht für Dummheit.

Die Presse wollte dich quasi von den gemeinen Schwarzen abgrenzen…
…und dadurch meinen Status rechtfertigen.

Und hat auf diese Weise die Stereotype bestätigt.
Ja, genau. Wer ständig auf die Ausnahme verweist, bestätigt damit nur wieder, dass die Regel als Regel gilt. Die Rassisten hätten sich gefreut, wenn meine Leistungen ihrer »Regel« recht gegeben hätten. Den Gefallen habe ich ihnen nicht getan.

Hast du dir nie gewünscht, weiß zu sein?
Doch, sicher. Weiß und gern auch noch männlich. Besonders nach meiner Rückkehr nach London 1855. Ich war zwölf, die Jungs wurden zu einem Thema, und die Auswahl an Burschen war für ein schwarzes Mädchen im viktorianischen England schon sehr eingeschränkt.

Mischehen waren tabu?
Sozusagen. Als James und ich heirateten, hat die Presse hervorgehoben, dass es unter den Gästen gemischte Partnerschaften gab.

Völlig undenkbar waren sie demnach nicht?

Für mich schon. Queen Victoria wünschte sich für mich einen Partner von einem gewissen Stand, und ein weißer standesgemäßer Kandidat heiratet keine schwarze Frau.

Eben doch Rassismus.

Oder auch nur Männlichkeit. Die wenigsten Männer werden gern über ihre Frauen definiert. Mann will der Kerl sein mit dem klugen Kopf oder den großen Ländereien, aber nicht der Kerl mit der schwarzen Frau. Aber es ist nun mal die schwarze Frau, die auffällt und darum in Erinnerung bleibt. Hätte in Afrika ein Dahomey eine weiße Frau geheiratet, wäre er auch für den Rest seines Lebens über die Hautfarbe seiner Frau definiert worden.

Aber als Schützling der Königin wärst du für einen Mann an sich eine interessante Partie gewesen?

Ein Matrose hätte mit mir trotz meiner Hautfarbe punkten können. Aber Ressentiments hätte er wohl doch erlebt, wenn nicht aus Rassismus, dann aus Neid. Das macht solche vermeintlich rechtfertigungsbedürftigen Beziehungen ja so anspruchsvoll.

Was?

Dass man so viel in Kauf nehmen und so viel in die Waagschale werfen muss. Je größer die sozialen Widerstände sind, die zwei Liebende zu gewärtigen haben, wenn sie ihre Liebe öffentlich machen wollen, desto beherzter sollte die reifere Hälfte der Gesellschaft diese Liebe respektieren und unterstützen. Als Gegengewicht zur unreifen Hälfte der Gesellschaft, die eh ihren Teil dazu beiträgt, dass die Milch möglichst bald sauer wird.

Muss eine Liebe, die von der Gesellschaft besonders kritisch beargwöhnt wird, also besonders stark sein?

Ja. Weil sie besonderen Angriffen ausgesetzt ist. Und Häme, wenn sie scheitert. Hätte ein europäischer Prinz es riskiert und mich geheiratet und die Ehe wäre gescheitert, dann hätten sie an meiner

Schädelform bestimmt doch noch eine gewisse Kantigkeit festgestellt.

Warst du nie neidisch, zum Beispiel auf Vicky oder Alice?

In Bezug auf Männer schon. Wobei auch sie nicht einfach Wahlfreiheit hatten. Queen Victoria und Prinz Albert hatten das letzte Wort. Beim Adel war das wie beim Wein, da kam nur ein Gewächs aus einer Appellation d'Origine Contrôlée infrage.

Wurden Vicky und Alice mit ihren AOC-Adeligen glücklich?

Bei Vicky und Friedrich von Preußen war es eine Liebesheirat. Die zwei hatten sich im Sommer 1851 in London an der ersten Weltausstellung kennengelernt, also bereits im Jahr, als ich nach Afrika zurückgeschickt wurde. Vicky war da erst elf, Friedrich war 19, aber da begannen sie ihre Brieffreundschaft, die sich zu einer Liebe entwickelte. Sieben Jahre später haben sie geheiratet.

Wie im Märchen.

Ja, es endete nur leider nicht so. Nach 29 Jahren Ehe und acht Kindern erkrankte Friedrich 1887 an Kehlkopfkrebs. Als er 1888 deutscher Kaiser wurde, hatte er bereits einen Luftröhrenschnitt hinter sich und war stumm. 99 Tage nach der Krönung starb er, mit 56 Jahren.

Und Vicky?

Vicky war noch 13 Jahre lang Witwe und starb 1901 an Brustkrebs, nur wenige Monate nach ihrer Mutter, Queen Victoria. So musste sie nicht mehr miterleben, wie ihr ältester Sohn Wilhelm als letzter Kaiser das Zweite Deutsche Reich mit versenkt hat.

Zumindest nicht im Diesseits.

Ja, natürlich, aber vom Jenseits aus betrachtet man die Dinge von einer höheren Warte aus.

Und Vickys Schwester Alice, die ja gleich alt war wie du?

Das erste Treffen mit Ludwig von Hessen war arrangiert, aber es funkte. 1862 haben sie geheiratet, sechs Wochen vor James und mir, und dann in Darmstadt gelebt.

Glücklich?

Anfangs schon. Mit der Zeit entfremdeten sie sich dann voneinander. Sie blieben aber beisammen und respektierten einander. 1878 kam allerdings die Diphterie nach Darmstadt, die Familie erkrankte, und die vierjährige Marie starb. Alice selbst starb ebenfalls, mit nur 36 Jahren, zwei Jahre vor mir.

Mit wie vielen Kindern?

Sieben, nach dem Tod von Marie noch sechs.

Tragisch.

Sehr. Alice war eine wunderbare Frau, äußerst fürsorglich und sozial, wie geschaffen für die Krankenpflege. Wusstest du, dass das Alice-Hospital Darmstadt nach ihr benannt ist?

Nein.

Auch dank ihr wurde in Deutschland die Pflege von Kranken zum Berufsstand erhoben.

Dann kam es nicht von ungefähr, dass später ihre Tochter Ella als Großfürstin in Moskau und ihre Enkelin Alice von Battenberg in Athen Lazarette und Schwesternschaften mit Pflegeeinrichtungen gründeten.

Eindeutig.

Konntest du deine Begabungen ausleben?

Nicht so sehr wie ein Mann natürlich, aber ja, doch. Sicher mehr als in der englischen Unterschicht und mehr als in Afrika.

Wenn Sarah Forbes Bonetta abends im Bett lag, dachte sie darüber nach, wer sie geworden wäre, wäre ihr Leben anders verlaufen?

Abends im Bett las ich »Onkel Toms Hütte«.

Oha.

Ja, genau. Das kam 1852 heraus. Und ich stellte mir mich selbst als Figur in dieser Geschichte vor, wäre ich 1848 nach dem Überfall auf unser Egbado-Dorf in der Karawane der Gefangenen auf den Sklavenmarkt von Ouidah gelangt.

Und warum war dir ein anderes Los beschieden?

Die ewige Warum-Frage.

So ist es.

Es ist die größte aller menschlichen Fragen. Und ich werde dir ihre Antriebskraft nicht nehmen, indem ich sie dir beantworte.

Verflixt. Das hat Mary Ann Graves schon gesagt. Habt ihr euch abgesprochen?

Nein. Aber die klügsten Köpfe gelangen hier drüben nun mal zu ähnlichen Erkenntnissen.

Mist.

Keep it cool. Irgendwann bist auch du tot und kommst dann darauf. Und bis dahin: Nicht verzagen, weiterfragen.

Das mache ich.

Bonustrack:
Gespräch mit Maria von Nazareth,
ca. 17 v. Chr.

»Ich heiße Maria und du darfst mich duzen.«

Heilige Mutter Gottes, vielen Dank, dass Sie sich bereit erklär …

… du liebe Güte. Ich heiße Maria, und du darfst mich duzen. Bist du katholisch?

Nein, nur höflich.

Gut, das weiß ich zu schätzen. Respekt habe ich durchaus verdient, wie jede Mutter. Und wie jede Frau, jeder Mensch und jedes Geschöpf. Aber die Marienverehrung darfst du den Orthodoxen und Katholiken überlassen. Sie ist nicht so meins, auch wenn ich Verständnis habe.

Für die Marienverehrung?

Ja. Menschenkinder brauchen Mütter, aber das Christentum bietet ja keine. Gott, Jesus, Jünger, Priester, Patriarchen, Päpste, alles Männer. Furchtbar. Wen wundert's, dass die Leute irgendwann begonnen haben, sich an mich zu wenden, es gibt in Gottes Namen Dinge, die man lieber einer Frau anvertraut. So verkörpere nun eben ich Gottes mütterliche Seite. Das ist ja eigentlich schön, Mutter war ich immer gern.

Wenn ich bei diesem Thema grad einhaken dürfte: Wir feiern ja jedes Jahr wieder die Geburt deines Sohnes.

Mit einem Weihnachtsbraten.

Höre ich da leise Ironie?

Was gibt's denn jeweils bei euch daheim?

Einen Weihnachtsbraten.

Dann ist es keine Ironie, sondern Prophetie. Aber du hast natürlich recht: Wer wie ich der Menschheit ein paar Epochen lang beim Werden zusieht, lernt Ironie zu schätzen.

Liebe Mutter Gottes, ich habe mir dich ernster vorgestellt.

Du kennst mich auch nur von traurigen Madonnen und trüben Ikonen. Und viel zu lachen hatte ich zu Lebzeiten tatsächlich nicht.

Und heute?

Die Ernsthaftigkeit ist schon längst einem Schmunzeln gewichen.

Ich habe gelernt, über vermeintlich Großes zu lächeln und mit vermeintlich Kleinen zu lachen.

Ich würde gerne zu unserem Thema kommen, zur Weihnacht.

Bitte sehr.

Was mich interessiert: Was geschah denn wirklich, damals in Bethlehem?

Ach, Herrje. Du klingst wie einer dieser Journalisten, die immer wieder dasselbe Fass aufmachen...

Die Frage ist doch wichtig, denn die Bibel wurde ja erst viel später geschrieben und...

...und sie ist historisch ungenau und überhaupt und die Leute sollen erfahren, wie es wirklich war und...

...natürlich sollen sie das!

Ich erzähle dir was. Wenn du in einem kleinen Bergdorf in Obergaliläa mit wenigen Familien aufwächst und mit siebzehn und unverheiratet schwanger wirst, lernst du als Erstes, wie schnell das Lächeln von Menschen einfrieren kann. So schnell, dass dich fröstelt. Wäre ich nicht schon verlobt gewesen mit Josef, dann hätten unsere untadeligen Mitmenschen auch noch tuscheln müssen, von wem ich mich wohl habe schwängern lassen. Du weißt ja, die Schlampe ist immer die Frau, Männer sind nie beteiligt. Josef war wohl der einzige Mann, der tatsächlich nicht beteiligt war. Und er wusste das. Er sah meinen Bauch wachsen und wusste, er war es nicht gewesen. Da zerbricht eine Menge in einem Menschen.

Zwischenfrage: Wart ihr aufgeklärt?

Ja, aber natürlich. Wir hatten Esel im Dorf.

Esel?

Ja, Esel. Die werden brünstig und gehen unzimperlich zu Werke. Da zählt man als Kind eins und eins zusammen. Und kommt auf drei, bei Ziegen auf mehr. Außerdem wohnten wir in kleinen Hütten ohne schallisolierte Zimmer. Uns hat der Soundtrack der Natur aufgeklärt. Dass es Männchen und Weibchen braucht, wusste also auch Josef – falls du darauf hinauswolltest.

Und er wusste, er war es nicht gewesen.

Richtig. Und ich wusste, ein anderer war es auch nicht gewesen. Und weil ich nicht gut log, sagte ich die Wahrheit. Dass ein Engel mich besucht und gesagt hatte, ich würde schwanger, und das Kind sei von Gott. So etwas ist eine schallende Ohrfeige für jeden gesunden Menschenverstand, also auch für Josef.

Mein Titel für dieses Interview steht. »Maria bestätigt: Ich war noch Jungfrau.«

Tu dir keinen Zwang an.

Aber es stimmt?

So wird es überliefert.

Du drückst dich um eine Antwort.

Selbst wenn die Jungfrauengeburt nicht die Wahrheit wäre, ich würde dir trotzdem keine andere Fassung erzählen. Gläubige würden dir nicht glauben. Niemand lässt sich gern das Fundament erschüttern. Eher würden sie unterstellen, dieses Gespräch sei frei erfunden.

Infam!

Eben. Und die Skeptiker würden sich auf die Schulter klopfen, weil sie ja immer gewusst haben, dass es nie eine Jungfrauengeburt gab, und weil Maria, die es auch nie gab, in einem Interview, das es auch nie gab, erstmals ehrlich zu dieser Lüge steht. Ich habe Gott dem Schöpfer schon mehr als einmal Rückmeldung gegeben, der Mensch sei eine misslungene Spezies. Aber er hört nicht auf mich.

Nahm Josef dir die Engelsgeschichte ab?

Er hat bissig gefragt, ob der Engel aus dem Dorf komme und ob er ihn kenne, und ist mit zusammengepressten Lippen abmarschiert. Mich hat die Einsamkeit mit einer solchen Wucht erfasst, dass ich mich erbrochen habe.

Wann kam Josef zurück?

Nach ein paar Tagen. Es waren die längsten meines Lebens.

Und warum kam er zurück?

Weil Wunder damals noch realistischer waren, im Gegensatz zu heute, wo das moderne Denken kaum mehr Wunder zulässt. Josef war extrem zerrissen, aber es war damals trotzdem einfacher, in Betracht zu ziehen, dass meine Engelsgeschichte stimmte. Vor allem kannten wir uns von klein auf, und er sah, dass meine Verwirrtheit und Verzweiflung echt waren. Außerdem hatte ich schöne große Augen und einen unschuldigen Blick.

Das klingt nun etwas profan.

Männer funktionieren profan.

Danke.

Immer gern.

Erzählst du mir von Bethlehem?

Also gut, aber nur kurz. Von Nazareth nach Bethlehem sind es 157 Kilometer. Das ist gleich weit wie von Berlin nach Magdeburg. Wir waren zu Fuß, ich war hochschwanger. Am Schluss habe ich nur noch geweint. Kurz vor der Ankunft setzten die Wehen ein, wir fanden keine Unterkunft und gerieten beide in Panik. Als die Abstände zwischen den Wehen immer kürzer wurden, suchten wir Zuflucht in einem Stall. Dort habe ich dann geboren. Zum Glück war immer jemand bei mir.

Gott?

Ich meine Josef. Er trug alles mit. Die Schwangerschaft, die Reise, die Zweifel und Verzweiflung. Und in jenem Stall stellte er sich seiner gewaltigen Überforderung und versuchte, seiner jungen Verlobten zu helfen, ein Kind auf die Welt zu bringen, von dem er wusste, dass es nicht von ihm ist.

Das ist heftig.

Mehr als das. Einen Feind überwinden ist groß, sich selbst überwinden ist größer. Und Josef ist von einer überwältigenden Größe.

Man kann sich nicht ausmalen, wie viel Liebe und Zärtlichkeit er von mir für den Rest seines Lebens bekommen hat, und anstrengen musste ich mich dafür nicht einmal dann, wenn er wieder mal etwas vergeigt hat.

Stärkt ein gemeinsam bewältigter Sturm eine Beziehung?

Unsere ganz sicher, ja. Jene Nacht im Stall hat uns extrem zusammengeschweißt. Von mir gibt es viel zu viele Ikonen und Gemälde, auf denen Josef fehlt. Bekanntlich steht neben mancher starken Frau ein starker Mann. Das hätte Josef verdient, und es würde unsere Geschichte besser abbilden.

Aber es wäre kitischig.

Als ob die Maler je Berührungsängste mit Kitsch gehabt hätten. Holder Knabe im lockigen Haar, du liebe Güte. Frisch geborene Kinder sind zerquetscht. Und still war die Nacht auch nicht.

Ein Christkind mit zerquetschtem Gesicht würde die Weihnacht entweihen.

Ich weiß, das Ausblenden ungemütlicher Facetten gehört seit Jahrhunderten zur Weihnacht. Aber gerade wer die Weihnachtsgeschichte als historische Realität betrachtet, müsste mit einer realistischen Erzählung umgehen können.

Gottes Sohn kommt doch nicht zerquetscht auf die Welt.

Warum nicht?

Weil er Gottes Sohn ist.

Aha, dann hat er am Kreuz auch etwas weniger blutig gelitten, weil er Gottes Sohn war?

Das ist etwas anderes.

Nein, so läuft das nicht. Entweder glaubt man an Gottes Menschwerdung oder nicht. Ich glaube natürlich an sie. Ich war immerhin die Gottesmutter. Zudem steht die Geschichte in der Bibel und im Koran.

Im Koran? Echt?

Ja, in Sure 19. »Er sprach: ›Ich bin der Gesandte deines Herrn, um dir einen lauteren Knaben zu schenken!‹ Sie sprach: ›Wie soll ich einen Knaben bekommen, da mich noch kein Mann berührt hat und ich auch keine Dirne bin?‹ Er sprach: ›So spricht dein Herr: Das ist für mich ein Leichtes.‹«

Klingt relativ ähnlich wie in der Bibel, wenn auch komplizierter.

Geschrieben wurde es erst 600 Jahre später. Der Autor Mohammed wird die Bibel wohl auch gelesen haben. In muslimischen Ländern genieße ich übrigens hohes Ansehen. In Ägypten lassen muslimische Mütter ihre Kinder schon mal bei Marien-Heiligtümern der koptischen Kirche segnen. Frauen bringen's halt.

Kommt auch Jesus im Koran vor?

Natürlich. Im Islam gilt er als der letzte Prophet vor dem Auftreten von Mohammed. Und er wird nie als Îsâ ibn Jûsuf bezeichnet, als Sohn des Josef, aber 22-mal als ʾĪsā ibn Maryam, Sohn der Maria. Ich bin übrigens die einzige Frau, die im Koran mit Namen erwähnt wird.

Kann ich zusammenfassend schreiben, die Weihnachtsgeschichte sei wirklich so passiert?

Nein.

Wieso nicht?

Wie wirklich ist die Wirklichkeit?

Jetzt machst aber du ein Fass auf!

Gleiches Recht für alle.

Also gut, ich lausche.

Die jüngsten Bibeltexte sind 1900 Jahre alt. Viele Worte von damals bedeuten heute nicht mehr dasselbe, viele sind emotional anders aufgeladen. Du kannst die Texte gar nicht mehr so verstehen, wie sie damals gemeint und auch verstanden wurden, unabhängig von der Übersetzung. Du wertest nach heutigen Kriterien, stellst andere Zusammenhänge her, ziehst andere Rückschlüsse.

Schon klar, aber …

… Jeder Mensch liest die Texte durch die Brille seiner eigenen Biografie, also pfuschen ihm seine eigenen Ängste, Sehnsüchte, Vorurteile oder Verletzungen in die Interpretation und Gewichtung. Darum hört und liest jeder und jede anders. Und wenn er zwei Glas Wein hatte oder sie den Eisprung, lesen sie auch noch mal anders. Ein Autor wird für denselben Text von den einen gelobt und von den andern gewatscht.

Das stimmt.

Bei heiligen Schriften ist es dasselbe. Aus demselben Satz liest der eine Liebe und der andere Hass. Klammer: Recht hat immer der, der Liebe liest, der andere ist ein Dummkopf. Klammer geschlossen. Was wirkt, sind also offenbar nicht die Buchstaben, sondern der Geist, in dem sie gelesen, interpretiert und empfunden werden.

Und was heißt das nun?

Wenn du eine Erzählung auf ihre Buchstaben und Historizität reduzieren willst, entfernst du ihr den Kern wie einem Apfel jenes Bütschgi, aus dem der nächste Apfelbaum entstehen sollte. Wer das tut, nimmt einen Text nicht ernst.

Gut, ich hab's begriffen, aber ich darf ja wohl trotzdem fragen, wie es wirklich war.

Aber sicher, skeptisch sein ist nicht das Dümmste heutzutage. Nur wird die Antwort immer eine Glaubensfrage bleiben. Die einen glauben's, die andern nicht, den meisten ist es egal. Darum weiß ich etwas Besseres.

Ich bin ganz Ohr.

Frag nicht nur nach der Wirklichkeit, sondern auch nach der Wirksamkeit. Nicht nur nach dem Damals, sondern auch nach dem Heute. In puncto Wirksamkeit hält die Weihnachtsgeschichte ja wohl den Weltrekord. Die pflügt seit 2 000 Jahren die Menschheit um, im Guten wie im Schlechten. Offenbar ist es der Weihnachtsgeschichte also egal, ob wir sie für wirklich halten oder nicht, sie funktioniert munter vor sich hin.

Und das beweist, dass sie damals Wirklichkeit war? Meinst du das?

Nein, das meine ich nicht. Wobei es reichlich unwahrscheinlich ist, dass sich eine rein fiktive Geschichte 2000 Jahre lang als Bestseller hält. Wo Rauch ist, wird wohl auch Feuer sein. Aber grundsätzlich sind die großen Geschichten der Menschheit so lebensecht, dass sie gar keine Tatsächlichkeit brauchen, um wahr zu sein. Der Schweizer Schriftsteller Peter Bichsel hat einmal gesagt, er glaube an Gott, auch wenn er wisse, dass es ihn nicht gebe. Für Bichsel mache ich eine Flasche Roten auf, wenn er hier ankommt. Und dann essen wir einen Weihnachtsbraten.

Aha. Wo ist »hier«?

Im »Himmel«. Zumindest hat Papst Pius XII. gesagt, dass ich dort bin, und wer wäre ich als Gottesmutter, dem Heiligen Vater zu widersprechen? Pius hat 1950 »die leibliche Aufnahme Mariens in den Himmel« verkündet. Und zwar, weil ich als Mutter Jesu wegen meiner einzigartigen Verbindung zu dessen Erlösungstat als die »Ersterlöste« an der Auferstehungsgestalt Christi teilgenommen hätte.

Grundgütiger!

Sei froh, wenn du evangelisch-reformiert bist. Es ist weniger kompliziert.

Eine letzte Frage, heilige Jungfrau: Wo bist du tatsächlich?

Während der Weihnachtstage bin ich sehr gern in Kirchen oder bei Konzerten. Inkognito natürlich, damit die Leute nicht um Selfies mit mir betteln. Gelegentlich schlendere ich auch über Weihnachtsmärkte und staune, was für Fusel die Leute sich als Glühwein andrehen lassen. Die meiste Zeit im Jahr verbringe ich aber in Lazaretten, Flüchtlingslagern und Gefängnissen, in umkämpften Gebieten, auf Friedhöfen, in Krankenwagen und Arbeitslagern und anderen Höllen. Und bevor du auf die Idee kommst, jetzt auch noch nach dem Sinn des Ganzen zu fragen: Dieses Fass machen wir heute nicht mehr auf.

Das macht Sinn. Aber ein versöhnlicher Schluss wäre schön.

Dann schreib doch einfach einen. Dieses Interview ist ja sowieso fingiert. Du könntest mich zum Beispiel fragen, was mein Lieblingslied sei.

Was würdest du antworten?

Sicher kein Ave-Maria.

Sondern?

»What if God is one of us«, von Joan Osborne. Mieser Clip, dröge Stimme, lahmer Rhythmus und ein zäher Song, viel schlechter als die meisten Ave-Marias, aber der Text! Allein der Name des Songs: »Was, wenn Gott einer von uns ist?« Stell dir diese Frage, sie eröffnet dir eine Welt.

Und? Ist Gott einer von uns?

Ganz sicher ist er einer von uns. Womöglich ist er sogar einer in uns. Vielleicht...

Vielleicht was?

Vielleicht ist ja der Mensch der Stall, in dem Gott geboren wird.

Quellen

Einiges in diesem Buch habe ich wahrheitsgetreu erfunden. Den Rest habe ich wahrheitsgetreu abgekupfert. Wo sich Quellen widersprachen – und sie widersprachen sich erschreckend oft –, habe ich eben gewählt, was mir am wahrscheinlichsten schien.

Perfekt ist keine Quelle, doch einige scheinen mir recht ordentlich. Den folgenden Quellen habe ich viel entnommen und möchte das an dieser Stelle auch herzlich verdanken:

Alice von Battenberg

»Alice, Princess Andrew of Greece«, Hugo Vickers, St. Martin's Griffin, 2003.

»Philip und Elizabeth – Portrait of a Marriage«, Gyles Brandreth, W. W. Northon & Company, 2004.

Lutz Baumgartner und Dietrich Bonhoeffer

»Der Prozess gegen Dietrich Bonhoeffer und die Freilassung seiner Mörder«, Christoph U. Schminck-Gustavus, Dietz, 1995.

»Bonhoeffer und seine Richter«, Elke Endrass, Kreuz, 2006.

»Offiziere gegen Hitler«, Fabian von Schlabrendorff, Fischer, 1959.

»Begegnungen in 5 Jahrzehnten«, Fabian von Schlabrendorff, Rainer Wunderlich Verlag, 1979.

»Canaris«, Heinz Höhne, Bertelsmann, 1976.

»Verschwörung gegen den Krieg«, Harold C. Deutsch, Beck, 1969.

»Das Komplott«, Harold C. Deutsch, Neue Diana Press, 1974.

»Odessa – die wahre Geschichte«, Uki Goñi, Assoziation A, 2006.

»Das Personenlexikon zum Dritten Reich«, Ernst Klee, Fischer, 2003.

»Von guten Mächten wunderbar geborgen«, Dietrich Bonhoeffer, Gütersloher Verlagshaus, 2001.

»Bonhoeffer«, Eric Metaxas, SCM Hänssler, 2017.

»Dietrich Bonhoeffer aktuell«, Rainer Mayer, Peter Zimmerling, Brunnen, 2013.

Gedenkstätte Flossenbürg, Archive.

memorial-archives.international

Winston Churchill

»Winston Churchill«, Sebastian Haffner, Rowohlt, 1989.

»Der Zweite Weltkrieg«, Winston Churchill, Fischer Verlag, 2003.

»Mit den Augen der anderen – Die Rezeption des deutschen Widerstandes gegen den Nationalsozialismus in Großbritannien nach 1945.« Referat Dr. Alexandra Richie, Evangelische Akademie Berlin, 2014.

Mary Ann Graves

»The Donner Party Chronicles«, Frank Mullen jr., Nevada Humanities Committee, Reno, 1997.

»Unfortunate Emmigrants«, Kristin Johnson, Utah State University Press, 1996.

»History of the Donner Party«, C. F. McGlashan, Stanford University Press, 1879/1947.

Elizabeth Christ Trump

»The Trumps – Three Generations of Builders«, Gwenda Blair, Simon&Schuster, 2001.

»Zu viel und nie genug«, Mary L. Trump, Heyne, 2020.

»Die Wahrheit über Trump«, Michael d'Antonio, Econ, 2015.

»Die toxische Macht der Narzissten«, Marie-France Hirigoyen, C.H.Beck, 2020.

»Narzissmus, Verführung und Macht«, Bärbel Wardetzki, Europa-Verlag, 2017.

James Bedford
Internet und Presse

Charlie Lindbergh
»Die Lindberghs«, Joyce Milton, Hoffmann und Campe, 1995.
»Charles Lindbergh«, A. Scott Berg, Karl Blessing Verlag, 1998.
»Anne Morrow Lindbergh – Her life«, Susan Hertog, Random House, 1999.
»Stunden von Gold, Stunden von Blei. Tagebücher 1929–1932«, Anne Morrow Lindbergh, Piper.
»Verschlossene Räume, offene Türen. Tagebücher 1933–1935«, Anne Morrow Lindbergh, Piper.
»Blume und Nessel. Tagebücher 1936-1939«, Anne Morrow Lindbergh, Piper.
»Welt ohne Frieden. Tagebücher 1939–1944«, Anne Morrow Lindbergh, Piper.
»Das Doppelleben des Charles Lindbergh«, Rudolf Schröck, Heyne, 2005.
»Stationen meines Lebens«, Charles Lindbergh, Molden, 1976.

Katharina Morel
»Vom Feldlager ins Grand Hotel«, Walter Troxler, LIT, 2016.
»Napoleon und seine Zeit«, Geo Epoche Nr. 55.

Sarah Forbes Bonetta
»At Her Majesty's request«, Walter Dean Myers, Scholastic Inc., 1999.
»Dahomey and the Dahomans« I und II, Frederick E. Forbes, Longman, 1851.

Jedem Ende wohnt ein Anfang inne.
Wer Willi Näf nicht entkommen lassen will,
nimmt seine Verfolgung am besten hier auf:
www.willinaef.ch
facebook: geistschreiber
instagram: geistschreiber

© 2022 adeo Verlag
in der SCM Verlagsgruppe GmbH
Dillerberg 1, 35614 Aßlar

1. Auflage 2022
Best.-Nr. 835329
ISBN 978-3-86334-329-3

Kohlezeichnungen Cover und Innenteil: peinturas
Umschlaggestaltung: Andreas Sonnhüter · grafikbuero-sonnhueter.de
Satz: Uhl + Massopust, Aalen
Druck und Verarbeitung: GGP Media GmbH, Pößneck
Printed in Germany

www.adeo-verlag.de